KiWi
PAPERBACK

938

W0086472

Das Buch:

Eine Auswahl der besten Focus-Kolumnen von Harald Schmidt, dem General-Entertainer des deutschen Fernsehens.

Wöchentlich nimmt Harald Schmidt seine Leser mit auf die Reise in seine Gedankenwelt und sieht mit Schmidt-Blick auf die Welt. Das Ergebnis sind kleine Meisterwerke – Blitz-Essays, in denen die Pointen genauso krachen wie in den TV-Sendungen des Meisters.

»Wie Hölderlin, Hegel und der Personenkraftwagen ist Harald Schmidt eines der großen schwäbischen Geschenke an die Menschheit …« *Stephan Wackwitz*

»Der Mann verkörpert die letzten Werte des Abendlandes.« *Bettina Böttinger*

Der Autor:

Harald Schmidt, geboren 1957, Kabarettist, Schauspieler und Gastgeber der Harald-Schmidt-Show in der ARD.

Weitere Titel bei KiWi:

»Tränen im Aquarium«, KiWi 318, 1983. »Warum?«, KiWi 452, 1997. »Wohin?«, KiWi 557, 1999. »Quadrupelfuge«, KiWi 704, 2002. »Avenue Montaigne«, KiWi 817, 2004.

Harald Schmidt

Avenue Montaigne
& Quadrupelfuge

Kiepenheuer & Witsch

1. Auflage 2006

Avenue Montaigne
© 2004, 2006 by Verlag Kiepenheuer & Witsch, Köln
Quadrupelfuge
© 2002, 2006 by Verlag Kiepenheuer & Witsch, Köln
Umschlaggestaltung: Barbara Thoben, Köln
Umschlagfotos: © Ralf Juergens, Köln
Gesamtherstellung: Clausen & Bosse, Leck
ISBN 3-462-03673-4

Inhaltsverzeichnis

Avenue Montaigne

Roman, très nouveau

Inhalt

Der Glas-Gatte oder Kamasutra zum Reinbeißen
Medien, Sport und Rosenkriege 109

Mein nächster Job!
Wirtschaft, Arbeit & Soziales 137

»... nur, um wieder heimzukommen.«
Reisen, Urlaub, Eisenbahn 159

Inside Trainspotting
Kleine Alltagssoziologie 181

Vorwort

Nur völlig Ungeübte werden nicht auf Anhieb erkennen, dass es sich bei vorliegendem Werk um einen Roman handelt. Wird das Schnalzen der Kennerzunge das Geschrei der Ignoranten übertönen können?

Wir sollten Menschen nicht verurteilen, die sagen: »Da hat er wieder alte FOCUS-Kolumnen für ein Taschenbuch zusammengekloppt. Für Geld macht der doch alles. Der kann den Hals nicht voll kriegen.«

Zum einen enthalten solche Analysen Körnersäcke voll Wahrheit. Zum anderen entlarven sie den Analytiker als literarischen Laien.

Wer so was sagt, liest auch Bestseller! Der ist nicht zu Hause in der Welt eines Flaubert, Tolstoi oder Proust.

Vorwort (2)

Ich übrigens auch nicht. Aber gerade das könnte uns ja verbinden, den Leser und mich. Das Zusammenhanglose zum Prinzip erklären, die Inhaltsleere als Freiraum für die Fantasie begreifen, die Belanglosigkeit der Themen als Chance zum Atemholen – kurz: ein schier unendliches Angebot, wo keine Nachfrage herrscht.

Fast schrecke ich vor folgender Plattitüde zurück: Das wirklich Bewegende an diesem Roman sind die ungeschriebenen Sätze, die leeren Seiten.

Ich habe zu danken: Saul und Norma für ihre unendliche Geduld. N'Kotcho und Elfriede für die Plätzchen, ebenso wie Hinnerk, Babette und Jeremey, deren Gastfreundschaft mich manchmal beschämt hat.

Vorwort (3)

Mein besonderer Dank und meine ganze Liebe gelten meiner Frau Heinz, sowie unseren Kindern Sascha, Trudel und Feronika. Außerdem meinen Kindern Olav und Coyote, von denen meine Frau bisher nix wusste.

Aber da sie diesen Roman eh nie liest (sie guckt den ganzen Tag nur Soaps in der Reha), wird sie es auch nie erfahren.

Port Bou, 1. Jänner 2004

ENDLICH EUROPA

Die Revolution geht weiter! Ich meine die Revolution des Romanaufbaus (Einleitung – Hauptteil – Schluss). Wem dieses epochale Kapitel über die Zukunft unseres Kontinents am Beginn von Avenue Montaigne *zu früh erscheint, der sollte es einfach später lesen. Im Rahmen des* action reading *kann man es übrigens auch rausreißen und wegwerfen. Oder hinten reinkleben. Oder einzelne Seiten hier und wieder andere da. Es ändert nichts an der herzergreifenden Vision eines freien, geeinten Europas unter amerikanischer Führung mit UN-Mandat. Unter besonderer Berücksichtigung des deutsch-französischen Verhältnisses. Fast scheint mir, als führte Dr. Kohl an dieser Stelle die Feder.*

Unter Tränen blättern wir um.

Keine Hektik!

Heute widmen wir uns der Frage, warum es Menschen eilig haben. Warum sie auf der Autobahn drängeln respektive sich weigern, im Reißverschlussverfahren andere Autos einfädeln zu lassen. Ein wichtiger Grund hierfür ist sicher der gute alte Neid: Ich lass doch keinen Benz rein. Aus demselben Anlass drängelt vermutlich auch ein Opel-Irgendwas mittels Lichthupe einen BMW: Wenn ich mir so ein Teil schon nicht leisten kann, soll es wenigstens Platz machen. Nur – warum? Weshalb wollen Menschen so schnell von A nach B? Vielleicht ist es in A grässlich, langweilig oder unerträglich. Aber ist es in B besser? Wenn A Arbeitsplatz bedeutet und B das B wie Zuhause ist, wäre das Ganze vielleicht noch nachvollziehbar, aber auch nur vielleicht.

An dieser Stelle darf durchaus mal die Behauptung riskiert werden, dass es für die meisten Menschen völlig wursch sein kann, wo sie gerade sind. Ob auf Schicht, im Auto oder daheim – Jacke wie Hose, gehupft wie gesprungen, da dreh ich die Hand nicht rum. Warum will denn einer schnell heim? Im Garten werkeln? Den Keller aufräumen? Die Fototapete ankleben? Hat doch alles Zeit. Macht doch vor allem auch überhaupt keinen Unterschied, wenn es nicht gemacht wird. Den meisten, die man so links und rechts im Stau sieht, möchte man zurufen: Dein Auto ist hässlich, du siehst fertig aus – warum steigst du nicht einfach aus und machst mal halblang? Irgendwann holt dich sowieso der Herzkasper, und dann ist es auch egal, ob du den Benz noch reingelassen hast. Gut, das ist jetzt philosophisch extrem hochgestochen formuliert, aber es geht auch anders. Denken wir doch mal an unsere mediterranen Traumländer, wo schon die Philosophen extrem locker drauf waren – geh mir aus der Sonne und so.

Wovon schwärmt jede Referendarin, wenn sie nach sechs Wochen aus Griechenland zurückkommt? Genau! Alte Männer vorm Kaffee, alte Frauen aufm Markt! Diese Ruhe, diese Gelassenheit, diese – sprechen wir es ruhig aus – Weisheit! Bei den Jungen sieht's natürlich anders aus. Mopedgeknatter rund um die Uhr und die Piazza, auf zwei Rädern durch die Serpentine und ein Gehupe, dass dir die Ohren abfallen. Aber wir wollen das Klischee nicht außer Acht lassen: Italiener hupen anders! Lebensfroh! Ciao Bella! Der Italiener hat es eilig, weil er schnell ans Meer muss oder zu seinem Espresso, der Deutsche hat einen Werkstatttermin für seine Winterreifen. Die müssen runter, und er selber muss ins Straßencafé, jetzt, wo das Wetter so schön ist. Im Straßencafé könnte man übrigens prima damit anfangen, ein bisschen transalpiner zu wirken, indem man den Zucker überwiegend neben den Cappuccino streut. Hat mir mal irgendein Pepe oder Alfredo verraten, ein lieber italienischer Freund und Barkeeper, dass er die Deutschen schon daran erkennt, wie sie ihren Zucker pingeligst in den Cappuccino zirkeln, während die Italiener ihn locker über den halben Tisch verstreuen, weil sie einerseits schon wieder einem feschen Rock nachschauen müssen, andererseits aber hinter ihren meterdicken Sonnenbrillen die Tasse nicht erkennen können.

Fassen wir zusammen, wo es nichts zusammenzufassen gibt: ein bisschen mehr Gelassenheit angesichts des schönen Frühlingswetters. Haustür nicht mehr abschließen, Wagen offen stehen lassen, schmutzige Schuhe wegwerfen, Trinkgeld in D-Mark-Denke geben. Allerdings immer dran denken, dass andere möglicherweise noch nicht so weit sind. Wenn man selbst den Benz reinlässt, kann das den Hintermann leicht aggressiv machen. Ist vielleicht kein Deutscher.

Korruption

Da kann schon mal leichte Langeweile aufkommen, wenn man in Sachen SPD-Korruption täglich mit neuen Pulsbeschleunigern wie Wuppertal oder Mülheim konfrontiert wird. Interessiert das überhaupt jemanden? Wir vermuten: nein. Volkes Stimme dürfte eher verkünden: Die da oben machen sich eh die Taschen voll! Aus sportlichen Gründen sollte man erwähnen: Die da unten würden auch gern, haben aber keine so richtige Gelegenheit. Stellen wir also fest: Korruption gehört dazu, sie ist eine zutiefst demokratische Einrichtung, grundsätzlich kann jeder jeden bestechen, gerade die traditionelle SPD-Klientel verfügt über schon fast künstlerische Gestaltungsmöglichkeiten (Handwerker ohne Rechnung, Putzfrauen ohne Lohnsteuerkarte usw.). Was also stört uns an den aktuellen Fällen? Es ist der Mief von Ortsvereinen, die Armseligkeit der Summen, der Dilettantismus in der Durchführung. Jedes Mal, wenn in den Nachrichten ein neuer Fall angekündigt wird, weiß man: Jetzt kommen gleich wieder hässliche Männer mit schlecht geschnittenen Haaren, nikotingelben Bärten und grauenhaften Anzügen, die mit ihren hässlichen Aktentaschen, Plauze über dem Gürtel hängend, dass der Hemdknopf fast abspringt, ins Gebäude der Staatsanwaltschaft watscheln, um in stundenlangen Verhören zuzugeben, für wie wenig Geld sie welchen Schwachsinn veranstaltet haben. Seien wir ehrlich: Der Skandal um den Altkanzler Dr. Kohl hatte einen Hauch mehr Klasse. Züge von Shakespeare: Jahrhundertealte Männerfreundschaften zerbrachen, Tränen an Krankenbetten wurden der Heuchelei bezichtigt, eine ganze Partei fast in den Abgrund gerissen, der Chef persönlich zog am Rande der Beugehaft alle Pfeile auf sich, um am Schluss mit gewonnener Stärke seine Truppen frisch zu formieren.

Chapeau! Und damit willkommen in Frankreich, unserem liebsten Nachbarn, wo Korruption mit Chic und Charme zelebriert wird, dass man vor Neid erblassen möchte. Wird man dort mit hässlichen 70er-Jahre-Bauten gequält? Mais non! Fast immer ist gleich der Élysée-Palast im Bild, mindestens aber ein stilvolles Ministerium, welches den ästhetischen Ansprüchen eines Otto Schily angemessen wäre.

Vor allem aber: elegante Frauen von Format, heimliche Langzeitkurtisanen, erst auf dem Totenbett zugegebene Kinder, Edelnutten, die am Verhandlungstisch sitzen. So was in der neuen Mitte schon mal gesichtet? Armes Deutschland! Kaum, dass mal die Millionengrenze bei den Bestechungssummen gestreift wird. Wo sind die tollen Weiber, die Jachten, die Landschlösser? Immer nur Puff im Westerwald.

An Italien dürfen wir erst gar nicht denken! Unser Traumland in Sachen Mode, Kunst, Essen und überhaupt! Hat man je gehört, dass Herr Berlusconi mit Begriffen wie »Spendenquittung« oder »Müllverbrennungsanlage« in Zusammenhang gebracht worden wäre, außer dass er Letztere wahrscheinlich gekauft hätte? Madonna! Wieder mal ist Deutschland Schlusslicht. Ortsverein statt Ewige Stadt. Langjährige Freunde von Präsident Mitterrand, die dem Druck des gleichermaßen sozialistischen wie royalen Führungsstils nicht mehr gewachsen waren, haben gezeigt, wie sich Korruptionsopfer mit Stil verabschieden: Jagdgewehr und Mund auf. Zur Sonne, zur Freiheit!

Denkzettel

Hilfe! Jetzt auch noch die Franzosen! Zwei Ereignisse machen es für den deutschen Zeitungsleser derzeit anstrengend, einerseits zum Feuilleton und andererseits zur Illustrierten zu greifen: Monsieur Le Pen und Frau Borer-Fielding (die übrigens optisch und vom Typ her ganz gut zu Le Pen passen würde, ohne ihr natürlich politisch zu nahe treten zu wollen. Aber die Ex von Le Pen hat sich ja auch halb nackt . . .).

Es ist unseren Schweizer Freunden zu danken, dass sie die Ex-Miss-Irgendwas aus unserem Blickfeld abberufen haben. Entgegen anders lautenden Berichten: Sooo toll sieht sie auch nicht aus, und wenn sie tatsächlich der Glanz der Berliner Gesellschaft gewesen sein sollte, so sagt das eher etwas über den Zustand ebendieser Gesellschaft aus, in der das intellektuelle Niveau vorwiegend von Friseuren definiert wird, und das ist auch gut so. Also bitte: keine Berichte mehr über Shawne Borer-Fielding oder umgekehrt, ab in die Alpen, Schneefallgrenze auf sie runterziehen und grüezi.

Greifen wir nun leicht echauffiert zum Feuilleton, und was müssen wir dort seit Tagen ertragen? Greinende französische Intellektuelle! Der eine will nur noch schweigen (bitte gleich anfangen), der andere sich nur noch für Blumen und die Liebe begeistern (nicht das Schlechteste), der Dritte schämt sich wie derzeit viele seiner Landsleute. Liebe französische Intellektuelle! Müssen wir euch euer Wahlsystem erklären? Kann nix passieren! Als Weltmeister solltet ihr wissen: Zu Hause kann man ruhig 0:5 verlieren, wenn man auswärts schon 8:0 gewonnen hat.

Das Volk (natürlicher Feind des Intellektuellen, Anm. d. Verf.) hat in gewissen Teilen »denen da oben« einen Denkzettel verpasst: ein schöner nachbarschaftlicher Trend, der es elegant ermöglicht, Paris neben Magdeburg zu stellen. Hat auch nix zu bedeuten, war auch nur ein Denkzettel. Es wird nicht mehr gewählt, es werden nur noch Denkzettel verpasst. Pourquoi pas? Und sagt mal, ist das mit eurem Monsieur Chirac wirklich so schlimm? Können ihn echt nur fünf weitere Amtsjahre vor dem Kadi retten? Oh, là, là! Aber bitte, das ist euer Problem.

Weint nicht unsere Zeitungen voll. Die brauchen wir für die eigenen Leute. Zum Beispiel für den Herausforderer unseres Kanzlers, der charismatechnisch stark an den gerade abgegangenen Monsieur Jospin erinnert. Er wird's auch nicht leicht haben, weil die Weiber eher auf unseren Amtsinhaber stehen. Was wir nicht haben, ist ein Le Pen. Gründe dafür sind bekannt, ansonsten schaut doch mal ins Geschichtsbuch, oder fragt die Großeltern. Ab und zu haben wir mal ein Le Pennchen, so auf regionaler Ebene, und dann erschrecken alle ganz doll, und beim nächsten Mal ist er wieder weg.

Also, liebe Franzosen: Schluss mit dem Gejammere, immerhin habt ihr Depardieu, Huppert und Zidane. Und wem das nicht hilft: Geht doch einfach noch mal in »Amélie«. Echt, wir beneiden euch!

Élysée-Vertrag

Wichtige Info für die Generationen Golf, Guido und Gel: Wenn am 22. Januar in Frankreich die Champagnerkorken knallen und in Deutschland die Pfandbüchsenverschlüsse zischen, dann feiern wir hüben und drüben 40 Jahre Élysée-Vertrag. Vive l'amour! Dem Bundestag hat man aus diesem Anlass einen Trip nach Paris vergällt, dabei wäre es wünschenswert gewesen, unsere Parlamentarier hätten sich vor Ort mal davon überzeugt, dass es noch was anderes gibt als zu kurze Anoraks. In Paris trägt man nämlich Mäntel! Und zwar fast knöchellang. Die Frauen (alle Models) und die Männer (ausnahmslos Charmeure mit genetisch bedingt festgewachsener Zigarette an der Unterlippe) flanieren somit wohlig eingehüllt über die Boulevards, anstatt fröstelnd mit vor der Brust gekreuzten Armen noch rasch was einzukaufen. Gut, solche gibt es auch, und zwar nicht zu knapp, aber die müssen wir hier leider ausblenden. Die hamwa selber, uns interessiert das Paris der übers nächtliche Kopfsteinpflaster jagenden Kutschen, der drallen Kurtisanen sowie der brennenden Barrikaden, auf denen sich glühende Revolutionäre das Hemd über ihrer girondistischen Sixpackbrust aufreißen. Schließlich leben wir 2003. Ahnungslosen Schülern sei erklärt: Frankreich gliedert sich in zwei Teile – Paris und den Rest!

Früher gab es noch die Côte d'Azur, aber die wurde mit dem Ende des Kalten Krieges an Russland abgetreten, weil der Russe es gern warm hat, wenn er seine Babuschka in Nizza ausführt und ihr kohlenhydratgeformter Körper keinen Zentimeter ohne Prada-, Gucci-, Versace-, Guess- . . . -Etiketten mehr aufweist.

Die Franzosen sind Alkoholiker. Das führt aber nicht wie bei uns zu Verwahrlosung oder Lallen während Wahlkampfauftritten, sondern zur gesellschaftlichen Untertreibung in Grand

Cru, Premier Grand Cru, Vin de Pays und Appellation contrôlée. Et permanente. Schade, dass die Reisegruppe Thierse (vormittags Eiffelturm, Nachmittag zur freien Verfügung, Treffen 18 Uhr am Louvre, Haupteingang) nicht Augenzeuge werden konnte, wie Grandseigneurs parfümumwölkte Klassefrauen zum Kaviarfrühstück in den ersten Stock manövrierten. Echt, det is noch besser als KaDeWe. Wenn tout Paris mal frische Luft braucht, fährt es nach Deauville in der Normandie. Dort malt es entweder Seerosen oder greift impressionistisch in die Tasten oder lässt sich lasziv am Strand fotografieren oder sitzt zu viert im Auto auf dem Parkplatz, isst Pizza und hört dröhnend laut Musik, die ihre Wurzeln in der Heimat der Eltern hat.

Für viele junge Leser sind oben angeführte Details sicher zu kenntnisreich und wissenschaftlich. Zeugen sie doch von einer jahrelangen liebevollen Beschäftigung mit dem ehemaligen Erbfeind, die vor allem auf zwei Säulen ruht: dem Schüleraustausch und der Fahrt mit der Kumpelmutterente nach dem Abi. Beides sollte unser Staat dringend fördern, bringt fürs Leben mehr als Minijobs. Lesen Sie dazu demnächst auch meinen Exklusivbericht: wie als Interrailer nach einer Nacht vor der Gare de l'Est mein ganzes Geld fast weg war, weil ich nicht wusste, dass es in Paris noch andere Bahnhöfe gibt.

Room-Service

Neulich las ich von einem Engländer, der auf seinem Grabstein *Room-Service, please* stehen haben wollte.

Eine großartige Idee, leider ist er dann doch davon abgerückt. Room-Service ist nämlich eine der segensreichsten Erfindungen überhaupt. Anhand des Room-Service lässt sich blitzartig die Qualität eines Hotels ermitteln. Room-Service bietet weiterhin die Möglichkeit, ein komplettes Wochenende im Hotelzimmer zu verbringen, anstatt in überfüllten Städten wie Florenz oder London sinnlos draußen rumzutappen. Wer unbedingt am Wochenende verreisen muss (Stichwort: Billigflieger), weil es in irgendwelchen Metropolen atmosphärisch so toll ist oder irre Ausstellungen laufen oder wirklich hippe Läden zum Shoppen einladen, der wird schon sehen, was er davon hat. Bei Siffwetter ist die Atmosphäre gleich null, vor den Ausstellungen sind endlose Schlangen, und die hippen Läden findet man nur in Begleitung eines in der Stadt Lebenden, der einem dafür das ganze Weekend die Ohren voll quasselt. Reisen wir also per Bahn nach Barcelona oder Wien (Linien- und Charterflüge werden immer unerträglicher, und ein Privatjet kann sich erst ab einer Challenger oder Falcon aufwärts vom Ruch der Würdelosigkeit befreien. In diesen kleinen Propellerdingern lassen sich höchstens leicht drogensüchtige Soapies zu Events fliegen, wo sie von des Zigarettenschmuggels verdächtigten Konzernen als Pressefutter verheizt werden).

Im Hotel erst mal rein in den Hotelbademantel. In einem Spitzenhotel ist dieser sehr flauschig und hat die Größe einer mittleren Sozialwohnung. Ist der Bademantel zu kurz und bretthart, besteht auch die Spaß- und Wellness-Abteilung aus einer leicht übergewichtigen Auszubildenden, die gern die

Dampfsauna aufschließt, »wenn man eine Stunde vorher Bescheid sagt«: Forget it.

Dann wird bestellt. Todsichere Festgerichte sind in jedem Hotel das Clubsandwich und der Caesar's Salad. Der Schinken im Clubsandwich ist auf den Punkt kross gebraten, die Chips ohne das kleinste schwarze Fleckchen, auch nach dem Herausziehen des Spießchens bleibt das Sandwich mehrstöckig ohne Verrutschtendenz stehen.

Der Caesar's Salad wird in einer ausreichend großen Schüssel serviert, die Salatblätter sind absolut frisch und makellos, die Croûtons perfekt gebräunt und der Käse beiläufig drübergeraspelt. Schnell dem Personal das Trinkgeld in die Hand gedrückt und die Rechnung quittiert, damit sie einem nicht mit Wo-soll-ich's-hinstellen-Rumgebastel am Klapptischchen wertvolle Urlaubszeit stehlen. Sodann greift man zu mitgeführten Reiseführern und Bildbänden über die besuchte Stadt, um sich in aller Ruhe das anzuschauen, was in Büchern tausendmal besser kommt als im Original.

Vom Frühstück auf dem Zimmer ist übrigens abzuraten. Sicher, man will sich natürlich nicht der Gefahr aussetzen, die mich kürzlich im Frühstücksraum in Lausanne ereilte: ein Uhrenmensch aus Deutschland, der mit mir mal »charitymäßig was machen wollte«. Aber Hotelfrühstück ist sinnlos überteuert, und auf dem Zimmer nervt es irgendwie. Ganz und gar unmöglich ist natürlich Frühstücken im Bett. Wer so was macht, lässt auch von RTL seine Hochzeit filmen. Nein, wir checken aus, gehen samt irgendwie blöden Köfferchen auf Rollen in eine Billigbäckerei um die Ecke und trinken Kaffee aus dem Becher, bevor wir wieder nach Hause fahren. Irre was erlebt.

Urlaubswünsche

Dies ist nicht der Ort, um dem Kanzler Ratschläge für seine Urlaubsplanung zu erteilen. Vielmehr darf tief gegründelt werden, ob unsere Politiker überhaupt Urlaub machen sollten. Nicht dass man den Staatenlenkern, Volksvertretern und führenden Repräsentanten Stunden der Muße missgönne, aber wäre es nicht sinnvoller, die gute alte Sommerfrische wieder aufleben zu lassen? Der Kanzler zieht samt Hofstaat für zwei oder drei Monate an eines seiner Güter an der Ostsee oder nördlich von Hamburg und tut dort Gutes für sein Volk, nur dem Rat seiner Gattin lauschend. Gut, der Kanzler besitzt jetzt kein Gut wie weiland Bismarck. Aber das ließe sich ja ändern. Wie bukolisch entspannt wirkte unser Regierungschef jüngst unterm alten Baumbestand auf Schloss Neuhardenberg! Hätte es verwundern können, wenn er zu später Stunde zur Querflöte gegriffen hätte, um dem Zirpen der Grillen ad hoc einen Kontrapunctus zu unterlegen? Natürlich würden wir auch jubeln, zöge der Kanzler zur Erfrischung an Körper und Seele ins Land, wo die Zitronen blühen. Aber dann auch bitte für mindestens ein halbes Jahr, ganz wie ein Goethe oder Lord Byron. Wir wünschen uns Schilder und Gedenktafeln: Hier wohnte Gerhard Schröder im Juli 2003. Vielleicht legte der Kanzler gerade an der amalfitanischen Küste Hand an eine Zitrone, als er vom Rücktritt Silvio Berlusconis erfuhr. So was kommt oft überraschend. Dann könnte der Kanzler zum Weltkanzler reifen, indem er Gnade walten lässt (»Berlusconi ist auch nur ein Mensch. Menschen machen Fehler. Er hat eine zweite Chance verdient. Muss ja nicht grade in der EU sein«).

Vielleicht entdeckt der Kanzler auch in der Lüneburger Heide das Nordic Walking. Weiß Gerhard Schröder eigentlich, dass halb Deutschland mit Skistöcken über den Asphalt hetzt? Das mag jetzt eine sehr äußerliche Beschreibung sein, aber so wirkt es auf den ahnungslosen Betrachter. Sicher, auch früher wurden im Hochsommer Menschen gesichtet, die mit Skistöcken unterwegs waren. Sie endeten aber, es muss leider gesagt werden, in der Nervenheilanstalt. Es scheint, als hätte das deutsche Volk auf Nordic Walking gewartet, Gehen reicht nicht mehr. Walking verbrennt nicht genug. Nordic Walking kann die Rettung sein. Natürlich mit Herzfrequenzmessgerät. Ohne Herzfrequenzmessgerät geht überhaupt nichts mehr! Bin ich aerob genug? Kann ich mehr kcal/h verbrennen, als der Dax pro Tag an Punkten zulegt?

Natürlich sind es auch keine Skistöcke, sondern Poles. Geringes Eigengewicht, extreme Belastbarkeit, lange Lebensdauer. Das wünscht man auch den Benutzern. Wir anderen aber hängen den Herzfrequenzmesser an den Lebensbaum, setzen uns mit mehreren Weizenbieren und einer gegrillten Schweinehaxe und wünschen uns, dass irgendein italienischer Staatssekretär den Joggern mal zuruft: »Wisst ihr eigentlich, wie blöd die meisten von euch dabei aussehen?«

IGLU

Der Finne hat es gut! Viel Geld für Strom braucht er nicht, weil es eh das ganze Jahr dunkel ist, sein Kino besteht aus einem weltweit geschätzten Regisseur, und würde sich Russlands nördlicher Nachbar nicht so fett ernähren, könnte er bei erstklassiger Wasserqualität vermutlich noch älter werden als bisher. Genügt das alles nicht? Nein! Finnische Kinder sind so gescheit, dass es heller blitzt als der Polarstern! Was Wunder, dass immer mehr deutsche Eltern ihren Kindern in den Ohren liegen mit: »Schau dir bitte mal die Finnen an.« Aber wir holen auf! Dank unserer Jüngsten! Waren wir bei PISA noch dümmer als selbst die UNO erlaubt, haben wir uns laut der neuesten Umfrage IGLU (Internationale Grundschul-Lese-Untersuchung) so nahe an die Finnen herangelesen wie etwa Schalke an die Bayern gespielt. Es lebe unsere Grundschule, es leben unsere Viertklässler! Hoch, hoch, hoch!

Kleiner historischer Exkurs: Zu meiner Zeit gab es Volksschule, Hauptschule, Mittel- (später Real-)schule und Gymnasium. Und natürlich die Hilfsschule. Wer gut im Sport war, aber mit zehn immer noch nicht die bis 20.000 Meter wasserdichte Uhr lesen konnte, blieb auf der Hauptschule und stieg später ins Elektrofachgeschäft des Vaters ein, vorausgesetzt, er nahm nicht mit seiner Susi (schwäbisch für 500er-Suzuki) am Sonntag die dritte Kurve der Neuffener Steige zu eng. Wer ganz okay war, aber irgendwie nix so richtig konnte, ging auf die Mittelschule, der Rest wurde zwischen Hilfsschule und Gymnasium aufgeteilt. Das war gut so. Wir wurden dreimal Weltmeister, und alle waren zufrieden. Aus Platzgründen ist es notwendig, jetzt direkt zur Gentechnologie zu kommen. Leicht vereinfacht wissen wir nämlich seit PISA und IGLU: Unsere süßen Viertklässler können lesen, dass es eine wahre Freude ist, während an die hormonell außer Rand und Band geratenen Teenager nicht mehr ranzukommen ist. Bildungsmäßig. Kein Wunder: Shakira, Britney Spears, Eminem – wo ist da noch Platz für den ACI? Nirgends, aber nur ein kleiner Schritt zur DNA: Es muss doch möglich sein, ethisch, moralisch, menschlich, biologisch, technisch und schulisch, Kinder über einen längeren Zeitraum auf dem Niveau von Viertklässlern zu halten. Nicht unbedingt geistig, das schafft auch RTL 2. Aber was die Lernbegeisterung angeht. So ließe sich der Zeitpunkt der »Selektion« länger hinausschieben. (Achtung! Gemeint ist die Auswahl im Hinblick auf weiterführende Schulen! Puh!!!) Wohlwollend ist an dieser Stelle zu vermerken, dass es kein anständiges Feuilleton versäumt hat, »Selektion« oder »selektieren« in »Gänsefüßchen« zu setzen, um Missverständnisse zu vermeiden. Wo bleibt die Kommission, die einen anführungsstrichelchenfreien Begriff im Sinn von selektieren aus den vielen Möglichkeiten der deutschen Sprache aussortiert? In anderen Punkten ist unsere politisch korrekte Sprache schon weiter. Manche Schüler, so lesen wir, tun sich schwerer auf Grund von Migrationsproblematik oder bildungsfernen Elternhäusern. Das klingt doch sehr nach Pädagogikstudium, da ist die Schwellenangst nicht weit. Lesen Sie deshalb demnächst: warum Migrationsproblematik mehr bedeutet, als dass beim Lesen das Kopftuch vor die Augen rutscht.

Horrornachrichten

Kurz zur Info der aktuelle Zwischenstand aller Gebiete, auf denen Deutschland momentan versagt: Fußball, Leichtathletik, Forschung, Fleiß, Kinder (sowohl erziehen als auch machen), Reformen und Mobilität. Neu in dieser Woche: zu alte Lehrer und zu wenig Organspender. Nicht schlecht für einen potenziellen Beitrittskandidaten zur Dritten Welt. Zwar könnte der persönliche Augenschein derzeit den Eindruck vermitteln, dass es sich in Deutschland ganz prima leben lässt (schönes Wetter, schöne Frauen, volle Straßencafés), aber dieser Eindruck ist falsch. Gefährlich falsch. Scheuen wir uns nicht, zu sagen: tödlich falsch.

Die Verhältnisse in Deutschland sind derart dramatisch, dass sogar die großen Katastrophen einen Bogen um uns machen: Hurrikan, Erdbeben, Seuchen – immer nur woanders. Mit einem regional begrenzten Hochwasser alle paar Jahre werden wir auf Klimakonferenzen bald eine ähnliche Rolle spielen wie Österreich im internationalen Fußball. Küss die Hand, liebe Nachbarn, das soll nicht als Arroganz missverstanden werden. Eher als nackte Überlebensangst.

Zukunft sichern heißt von den Nachbarn lernen. Mit diesem Megaslogan hätte vielleicht sogar die SPD in Bayern noch was reißen können. Wohin das Auge blickt – bei den Nachbarn brummt's! Polen: schwindelnd hohe Anleihenrendite und Supermacht bei der Friedenssicherung im Irak. Schweiz: traumhafte Zuwachsraten im Export von Sterbehilfe-Know-how. England: schonungslose Aufklärung jedweder Art von unschönen Vorkommnissen. Frankreich: Kein Land hat die Hitzewelle des vergangenen Sommers so charmant verarbeitet wie die Grande Nation. Italien: Top-Lebenskünstler als Regierungschef (um nur einen von zahllosen positiven Aspekten zu nennen).

Und jetzt auch noch Spanien: einsame europäische Spitze mit 33,7 Organspenden pro Jahr, fast dreimal so viel wie in Deutschland. Abgeschlagen auf den Plätzen hinter Frankreich, Italien, Ungarn und Großbritannien.

Erstaunlich, dass die Medaillenränge von drei schwer katholischen Nationen belegt werden. Hier scheint man begriffen zu haben, dass für die Auferstehung der irdische Leib nur von geringer Bedeutung ist. Dagegen will man im Land eines Martin Luther offenbar verstärkt mit eigener Leber vor dem Jüngsten Gericht erscheinen. Aber wie schon der Kanzler sagt: Religion ist Privatsache. Hüten wir uns auch vor den Zynikern, die voreilig einen menschenverachtenden Zusammenhang zwischen zu alten Lehrern und zu wenig Organspendern herstellen. Das sollten wir den kranken Hirnen der »Tatort«-Autoren überlassen.

Aber ein bisschen Zusammenhang möcht schon sein: Zwei Qualitäten bekommen unsere Schüler derzeit international bestätigt – keine Manieren und keine Ahnung. Nun haben Statistiker herausgefunden, dass es eine Verbindung zwischen Alphabetisierung und Geburtenkontrolle gibt. Auf Bohlendeutsch: Je dummer, desto plopp! Könnte man da nicht mehrere Fliegen in einem Fass nach Athen tragen? In der Art wie »Na ja, er verwechselt immer noch Buchstaben mit Zahlen, aber zu seinen Kindern ist er rührend. Zu allen sieben.« Lesen Sie dazu demnächst: Dicke gegen Alte – wer im kommenden Bürgerkrieg aufpassen muss.

Unser Wald

Eins vorab zur Info: Dies ist das Wetter der Biergärten. Dies sind die Abende der Tische im Freien. Der Pegel steigt, die Laune wird südlich. Wo die Kellner lange Schürzen tragen, werden am Nebentisch Statements auffallend oft mit dem Satz eingeleitet: »Man darf es ja leider nicht laut sagen, aber . . .« Dann folgt fast immer der Themen-Dreier Friedman, Arbeitslose und Wie unsereins im Ausland behandelt wird. Was man »leider nicht laut« sagen darf, wird alsbald keinesfalls leise, sondern höchstens nicht ganz so laut gesagt. Dies ist nicht nur unschön, sondern leichtsinnig. Der Wind trägt es von Tisch zu Tisch, und schnell ist so eine junge Landtagsabgeordnetenkarriere beendet, noch bevor sie richtig begonnen hat. Rätselhaft bleibt auch, warum der Deutsche, der sich im Ausland schlecht behandelt fühlt, dort keinesfalls auf Deutsche treffen will. Das Gütesiegel »kaum Deutsche« wird in der Heimat vor allem Ländern aufgepappt, in denen es vor Deutschen nur so wimmelt. »Ich war tauchen in Ägypten.« – »Ist es da nicht sehr voll?« – »Doch, aber in unserer Ecke waren kaum Deutsche.« Wenn selbst in ägyptischen Tauchecken kaum Deutsche sind, wo sind sie dann? Daheim? Im deutschen Wald? Eher nicht. Denn kaum einer dürfte sich in diesen Tagen so einsam und verlassen, wenn nicht sogar verraten vorkommen, wie unser deutscher Wald. Ohne Wald hätte das neunzehnte Jahrhundert gar nicht stattgefunden. Man streiche Begriffe wie Forst, finstrer Tann oder Blätterdach, und komplette Regalbretter bleiben leer, deutsche Opern dauern nur noch zehn Minuten. Seinen unbestrittenen Höhepunkt aber erlebte der deutsche Wald in den mordshippen 80ern. Waldsterben, ein Weltmarkenartikel made in Germany, das es als le Waldsterben sogar ins Romanische schaffte.

Kein Kabarettprogramm in jenen Tagen ohne mindestens drei Nummern zum Thema saurer Regen, gefolgt von Robbenschlachten und NATO-Doppelbeschluss. Die hellsten Köpfe schafften gar mühelos die Verbindung von SS-20 zum Waldsterben (Raketenwald!). Wer damals das Kabarett verließ, tat es in der Gewissheit: Weihnachten ist der Schwarzwald weg! Und jetzt das: Ministerin Künast gibt Entwarnung! Zwar ist der Wald nicht gesund, aber die Wende ist eingeleitet, Blätter und Nadeln in Sicht. Wurde das irgendwie zur Kenntnis genommen? Bejubelt? Auch nur größer gefeiert? Leider muss man es laut schreiben: Mittlerweile scheint dem Deutschen sein Wald am Arsch vorbeizugehen! Daran ist nur der Pazifismus schuld. Wer's nicht glaubt, kann in jenem Werk nachschlagen, das auch in diesem Sommer unter keiner mit Handtuch reservierter europäischer Strandliege fehlen sollte: Elias Canetti, Masse und Macht. (Hanser): »Heer und Wald waren für den Deutschen, ohne dass er sich darüber im Klaren war, auf jede Weise zusammengeflossen.« Und jetzt, da der Zustand des Waldes besser ist als der unserer Bundeswehr, soll er uns plötzlich wurscht sein? Ich gehe erst mal baden!

Nix Latte macchiato!

Der Aufschwung ist da! Da muss man nur mal auf den Dax schauen: Commerzbank (plus 70 %), MLP (plus 36 %), SAP (plus 48 %) – alle seit Jahresbeginn. Dass diese Werte vereinzelt in jüngster Zeit auch nach unten tendierten, kann nur Nörgler interessieren. Davon haben wir mehr als genug. Sogar mehr als notwendig. Nörgler sind unser wichtigstes Kapital. Als Exportnation können wir durchaus Länder mit Nörglern beliefern, die selber knapp sind. Italien zum Beispiel. Wahrscheinlich nörgelt auch der Italiener, aber anders. Theatralischer. Sinnlicher. Gestikuliert ausufernd über seinem Espresso, schaut dabei aber den Frauen hinterher und genießt die Sonne. Nie ist der Deutsche deutscher, als wenn er italienisch sein will. Südlich. Mediterran.

Deutschen sollte in Deutschland das Trinken von Café Latte macchiato verboten werden.

Vor allem draußen. Das Trinken von Latte macchiato in unseren blumenkübelverseuchten Fußgängerzonen muss zunehmend als anmaßend empfunden werden. Vortäuschung unpassender Lebensfreude. Was uns zusteht, ist Säure produzierender Bohnenkaffee mit zwei Milchplastikpöttchen. Der Deutsche bekleckert sich auch anders. Ein Italiener, stehend in einer dunkelbraun holzgetäfelten Konditorei, kann gleichzeitig Zucker neben den Kaffee streuen und sich mit Puderzucker vom Croissant bestäuben, und immer hat es was von Marcello Mastroianni. Wenn dem Deutschen die Kondensmilch aufs schräg gestreifte Modehemd spritzt, sind die Trillerpfeifen von Ver.di nicht weit.

Der Italiener kriegt die Selbstbestäubung gar nicht mit: a) schaut er nicht hin, b) schaut er gerade einer Frau hinterher, und c) sieht er hinter seiner Sonnenbrille sowieso nichts.

Völlig unverständlich ist im Land von Agenda, Dosenpfand und ausgeklammertem Zahnersatz das ständige Rumgenörgel an unseren Fußballern. Dank wäre angebrachter. Zum Billigtarif rennen sie sich künftig auf fast allen Kanälen die Lunge aus dem Leib. Unsere Nationalmannschaft muss sich mit Häme voll kübeln lassen, weil sie den Färöern erst kurz nach Schluss zwei Dinger reingehängt hat. In diesem Zusammenhang: sofortiges Saltoverbot für Miroslav Klose? Passt nicht für einen, der zwischen Saudis und Färöern nichts macht außer sich Strähnchen. Und trotzdem werden wir Europameister. War immer so. Wer denn bitte sonst? Das fußballerische Resteuropa setzt sich doch aus klassischen Abreisenationen zusammen. Spätestens im Viertelfinale. Frankreich? Vorbei. Spanien? Alles Ausländer. Italien? Geil, aber grausam (Stichwort Champions-League-Finale). England? Wird gebraucht im Finale. Gut – Tschechien, Holland, da wird man sehen, aber es geht jetzt ja mehr ums Grundsätzliche. Nur so nebenbei – kürzlich habe ich die befreiende Wirkung des Wegwerfens von Pfanddosen erfahren. An einer Autobahnraststätte. Büchse gekauft. Bon gekriegt. 25 Cent für die Rückgabe. Schwupp! machte die Büchse auf dem Weg in den Müll. Nie waren 25 Cent therapeutisch wertvoller angelegt. Deutschland ist toll. Aber nur, wenn es so deutsch ist, dass es deutscher nicht mehr geht.

UNSERE LIEBE BRAUCHT KEINEN PASS ...
Politik und Politiker

Ehrlich! Es würde mich nicht wundern, wenn die Mächtigen gleich mächtig ans Zittern kämen!

Gründlicher als auf den folgenden Seiten ist denen da oben in jüngster Zeit wohl nie die Maske runtergerissen worden. Worthülsen werden entlarvt (schonungslos), Floskeln hinterfragt (kritisch), Missstände angeprangert (ohne Rücksicht auf Parteizugehörigkeit). Dies alles in einer Sprache, die ob ihrer chirurgischen Präzision frösteln macht. Kluge, Enzensberger, Habermas – hier wird eine große Tradition nicht nur fortgesetzt, sondern ins Unendliche erweitert. Keine Ahnung ob das geht – klingt aber bedeutend.

Das Frühstück

Plötzlich ist das Frühstück zur bedeutendsten politischen Mahlzeit dieser Tage geworden.

Vom K-Frühstück war zu lesen. Durfte Angela Merkel sich wünschen, was auf den Tisch kam? Schließlich war es doch ihr letztes Frühstück als potenzielle Kanzlerkandidatin.

Wie unterscheiden sich die Frühstücksgewohnheiten der beiden Schmausenden? Von Edmund Stoiber wäre vorstellbar, dass er eine Mischung aus rustikal light und Wall Street zu sich nimmt: eine halbe, dünn mit Margarine (bei Presseterminen mit bayerischer Butter) bestrichene Semmel, dünn mit einer Scheibe Käse belegt, dazu zwei Tassen Kaffee (Dallmayr? Spräche pro domo, haha!), die zweite Tasse aber – und hier rückt er in die entscheidende Nähe zu Michael Douglas –, die zweite Tasse schon im Stehen, mit Krawatte nach hinten geschlagen. Erfolgreiche Machertypen haben die Krawatte beim Frühstück immer über die Schulter zurückgeschlagen, wegen Kleckern. Absolute Big Shots frühstücken überhaupt nur im Stehen, an einer supermodernen Theke in der Küchenmitte, wobei ihnen das puerto-ricanische Hausmädchen den Frischgepressten stumm hinstellt (»Danke, Consuela«, ohne Anschauen). Allerdings kann sich kein deutscher Spitzenpolitiker in diesen Zeiten vom puerto-ricanischen Küchenmädchen Orangensaft pressen lassen. Eher schon könnte er es heiraten (Exklusiv: »Unsere Liebe braucht keinen Pass«). Was aber frühstückt Angela Merkel? Der Begriff »Stulle« drängt sich auf. Zwei fingerbreite Scheiben mit richtig Butter und dazu ordentlich lecker Marmelade drauf. Und noch Kaffee, bitte. Mmh! Milch und Zucker – zwei Varianten sind bei einem K-Frühstück für die Abdankende denkbar: A) Anlässlich des bevorstehenden Karriereknicks vergeht einem der Appetit, man nippt gequält an einer Tasse Kamillentee, ohne den Beutel rauszunehmen. Basta! Variante B) käme im barocken Bayern vielleicht besser an: Man lässt es noch mal richtig krachen! Mit vollem Mund mümmelt man dem Frühstückssieger zu: »Von mir aus könnse Kanzler wern ...«, und fragt nach kurzer Pause: »Hamse ooch Nutella?« Schock! Hat der bayerische MP Nutella im Haus? Konnte man ahnen, dass die CDU-Vorsitzende so was will? Huscht die Gattin schnell durch den Garten rüber zur Nachbarin, Nutella borgen? An so einem Tag will man es dann fast doch wirklich an nichts fehlen lassen. Die arme Frau. Die weite Reise. Der Verzicht. Als Gast sollte man bei solchen Gelegenheiten auch die sauteure Marmelade aufmachen, die eigentlich immer nur pro forma auf dem Tisch steht in der Hoffnung, dass sie keiner aufmacht. Englische Zitronenkonfitüre aus dem unverschämt teuren Laden auf dem Flughafen. Es wäre zu wünschen, dass Angela Merkel bei den Dankesworten von Herrn Stoiber aufgestanden und zum Kühlschrank gegangen wäre: »Watt hamse denn so wurschtmäßig da?« Links die Nutella-Stulle mit Zitronenmarmelade drauf, rechts einen Ring Krakauer, jemütlich kauen und dabei denken: Nu mach mal, Alter!

Lesen Sie demnächst: Franz Müntefering Geheimplan für die Ortsverbände: Pilsfrühstück mit dem Kanzler! Ex, Gerd!

Poppolitik

Das deutsche Showbiz greift in die Phase des Wahlkampfs ein, von der wir alle glauben sollen, es wäre die heiße. Beliebte Künstler wie Sasha und Smudo haben ihre Unterstützung für Gerhard Schröder (amtierender Kanzler, Anm. d. Verf.) bekannt gegeben und sich aus diesem Grund rätselhafterweise mit Franz Müntefering getroffen. Damit stehen sie in einer schönen Tradition, die Älteren unter uns etwa werden sich gern noch an die Grüne Raupe erinnern, die sich voller Künstler, überwiegend aus der Kategorie »Klein-« vor Jahren unter dem Zeichen der Sonnenblume durchs Land schlängelte. Was Wahlkampfmanager beachten sollten: Häufig bieten sich bei solchen Unterstützungskampagnen Kunstschaffende an, deren letzter Verkaufserfolg eindeutig im letzten Jahrhundert zu datieren ist. Im Falle von Sasha kann davon zweifelsfrei nicht die Rede sein, aber man weiß ja nicht, wer da noch so alles kommt. Alerte Referenten sollten vielleicht mal rasch die Mitwirkendenliste diverser Aids-, Behinderten- oder Antirassismusgalas der letzten Monate überprüfen – 90 Prozent der dort Mitwirkenden tritt man nicht zu nahe mit der Behauptung, ihre CD fände man im Plattenladen erst mithilfe eines freundlichen Verkäufers. Um das Gutmenschengejaule etwas zu dämpfen: Wer eine oder mehrere gute Sache(n) unterstützen möchte, kann durchaus spenden oder mal eine Woche für Pflegefälle einholen gehen, er muss ja nicht gleich zur Klampfe greifen.

Seien wir aber dankbar, dass sich unsere Entertainment-Elite korrekt und anständig verhält, denn Schlimmes ist aus den USA zu hören. Michael Jackson etwa, dessen Plattenverkaufszahlen einen baldigen Auftritt in einem PDS-Zelt befürchten lassen, hat den Sony-Boss Tommy Mottola als Teufel und Rassisten beschimpft, was Unfug ist, denn immerhin war Tommy

Mottola mal mit Mariah Carey verheiratet. Sony wiederum schoss zurück mit der Behauptung, Jackson verdanke seinen Niedergang seinem »bizarren Aussehen« und seinem »Ruf als Kinderschänder«. Zwei ebenfalls unschöne Vorwürfe, die in einer aufgeheizten Medienlandschaft auch hierzulande schnell mal Volksmusikanten treffen könnten, die sich musikalisch dem Kanzlerkandidaten verbunden fühlen. Noch schlimmer ergeht es Mr. Michael Ovitz, einst mächtigster Manager in Hollywood. Während deutsche Manager ihre Künstler entweder heiraten oder wegschließen, hat Herr Ovitz viele Millionen Dollar für seine Schutzbefohlenen herausgeholt. Seinen Karriereknick schiebt er auf die »schwule Mafia« von Hollywood. Gibt's das? Wäre das nicht ein geradezu kölscher Schritt nach vorn, wenn das organisierte Verbrechen Homosexuelle in seinen Reihen akzeptierte, wo doch der Filmfan bislang eher Sätze wie: »Schmeißt die verdammte Schwuchtel in den Hudson« kannte? Deutsches Showgeschäft, du hast es besser!

Bonusmeilen

Wie sehr will man unsere Abgeordneten noch demütigen? Für eine Hand voll Euro mehr als die frugale Aufwandsentschädigung müssen sie sich herber Kritik aussetzen, fern von der Familie Trost im Alkohol suchen, sich bei quälenden Wahlkreisbesuchen duzen lassen, und dann sitzen bei Christiansen doch immer nur die gleichen. Jetzt hat man auch noch die Bonusmeilen entdeckt, eine der subtilsten Demütigungsmechanismen, die das Informationszeitalter zu bieten hat. Mr. Cool und Lady Locker kennen das System: Für nahezu unvorstellbar viele Flüge kann man irgendwann mal Saarbrücken – Nürnberg umsonst fliegen. Oder man darf auf der Strecke Düsseldorf – New York für zwei Stunden 17 Minuten von der Holzklasse in die Business upgraden. Häufig droht auch ein Wellness-Wochenende mit Leihwagen, vorausgesetzt man ist einundzwanzigmal Frankfurt – Singapur geflogen. Radikal anders gesagt: Für Meilen gibt's was, das man häufig gar nicht möchte, und für die richtig interessanten Prämien kommt man eigentlich gar nicht mehr aus dem Flugzeug. Wir merken uns: Gerade von Angehörigen des mittleren Managements werden gern auch Gebiete überflogen, die selbst die NATO meidet, um die Meilen voll zu kriegen.

Nun also unsere Volksvertreter! Bei allem Spaß an der Häme: Das haben sie nicht verdient! Öffentlich ihr desaströses finanzielles Dasein eingestehen zu müssen, offen legen zu sollen, welcher Flug als dienstlich, privat oder halb privat zu werten ist, wobei gerade die Kategorie halb privat auch grundehrlichen Werktätigen geläufig sein dürfte, die zum Schulungswochenende nach Baunatal die Gattin mitnehmen und den Aufpreis selber zahlen. Warum orientieren wir uns in diesem Fall nicht an unseren amerikanischen Freunden? Holprig formuliert, haben

US-Politiker den Privatjet schon mit der Muttermilch eingesogen. Die Herren Rumsfeld oder Cheney müssen sich bestimmt von eifrigen Referenten erklären lassen, was man landläufig unter einem Linienflug versteht. Opa hat mit Alkoholschmuggel den Grundstein gelegt, Daddy im Ölgeschäft die erste Milliarde gemacht, und wenn der Enkel im Suff nicht mehr als einmal von der Brücke fährt, macht er in der Politik Karriere – so läuft es jenseits des Atlantiks, und wir sind stolz darauf! Allerdings gibt es auch im europäischen Haus unter mediterraner Sonne leuchtende Beispiele: Hat man je gedacht, dass Silvio Berlusconi die Verwandtschaft auf Bonusmeilen nach Rimini schickt? Mamma mia! Gebt unseren Politikern Konzerne, Zeitungen oder Sender, aber erspart ihnen die Welt des Meilensammelns.

PS: Anfrage an den bayerischen Kanzlerkandidaten: Ist schon bekannt, wie laut F. J. Strauß selig auf seiner Wolke darüber lacht, aus welchen Gründen deutsche Politiker heutzutage zurücktreten?

Anfang 2003

Erst mal was Grundsätzliches: Kaum sind die Ferien vorbei, kommt der Schnee! Rekordminusgrade. Zugefrorene Meerbusen. Deutschland als weißer Weihnachtsstandort endgültig abgemeldet? Warum nicht auch hier Verkrustungen aufbrechen, tief greifend reformieren, nachhaltig strukturwandeln? Nur mit mehr Flexibilität kann unsere Gesellschaft auch in Zukunft Schneeflöckchen Weißröckchen auf dem Tannenbaum besingen. Und das geht so: Der Kanzler erklärt spontan, wann Weihnachten ist! Ähnlich wie beim Ladenschlussgesetz (dem Hammerthema vor dem Dosenpfand, wir erinnern uns) können wir uns als Exportvizeweltmeister nicht länger auf einen veralteten 24. Dezember festlegen. »Ja is' denn heut schon Weihnachten?« will keiner fragen, wenn draußen die Blüten treiben. Zukünftig warten wir ab, bis eine Schneedecke von mindestens zehn Zentimetern dauerhaft zu erwarten ist, und dann verkündet der Kanzler via Programmänderung: »Weihnachten! Alle Mann feiern!«

Dies könnte wahlentscheidend sein! Der Kanzler, der uns weiße Weihnachten zurückgebracht hat! Zumal die gerade überstandene Flut leider alles andere als wahlkampftauglich war: ein bisschen Flutwut in Köln-Rodenkirchen, fröhlich Schlamm schippende Moselaner und durchaus optimistische Wertheimer, die nie wegziehen würden, weil das Hochwasser halt mit dazugehört. Da bleibt auch den ARD-Regionalstars nur der ehrliche Kampf Mann gegen Dialekt, denn immer wieder spült die Flut Landesstudiomitarbeiter in Schwimmwesten in die »Tagesthemen«, die sonst »Das Erste« allenfalls aus der Programmzeitschrift kennen.

Während wir uns also postsilvestrig fragen, ob ein Einstieg bei MLP in diesen Tagen lohnend sein könnte, taucht der

Motorsegler am EZB-Hochhaus auf. Gut, dass es Manfred Stolpe gibt. Niemand kann überrascht sein, sollte die Geschichte den virilen Endsechziger eines Tages zum größten deutschen Verkehrsminister aller Zeiten erklären. Vergiss den Irak, Stolpe sagt uns, worauf es jetzt ankommt: Sicherheit auf Kleinflugplätzen! Schon gehört, Mister Annan? Denn eins muss man unseren offenbar geistig Verwirrten lassen: Fliegen können sie! Das sind die Worte der ersten Jahreswoche: offenbar und angeblich. Denn auch von einer angeblichen Affäre des Kanzlers müssen wir lesen, gehört haben wir ja schon länger davon. Nach international üblichen Gepflogenheiten hat sich der erotisch offenbar unverwirrte Kanzler allerdings mittels prozessualer Schritte zu einer eher üblichen Vorgehensweise entschlossen. Der große Sozialist Mitterrand hat überhaupt nie reagiert, König Juan Carlos von Spanien ruft gut gelaunt der Presse zu: »Findet's doch raus, Ihr seid doch Journalisten«, und die Ikone Clinton hat direkt erklärt: »I never had sex with this woman.« Mach et, Kanzler!

Diplomatie

Der arme Gerd! Wie man ihn so unter frühlingshafter Sonne auf Lanzarote stehen sah, hätte man am liebsten gerufen: »Junge, häng noch ein paar Tage dran.« Hierzulande kommt es für ihn dieser Tage ja knüppeldicke: NATO, Amis, Presse – eigentlich alle. Was war geschehen?

Der Gerd ist gegen Krieg. Das ist gut so, das sind fast alle, denn im Krieg kriegt man leicht staubige Schuhe, und wenn es noch schlimmer kommt, muss man den Rotwein aus unpassenden Gläsern trinken. Als Laie hat man bisher geglaubt, wer als Politiker gegen Krieg ist, kann schon mal den Frack bürsten, denn der Friedensnobelpreis ist so gut wie gebongt. Falsch! Wir lernen: Wer als zum Beispiel Bundeskanzler gegen Krieg ist, sollte sich sehr genau überlegen, wo und wie er dies mitteilt. Auf keinen Fall in Goslar. Hier ist Meisterdiplomatie notwendig, und das geht so: MP Gabriel war zu diesem Zeitpunkt eh nicht mehr zu retten. Der Kanzler hätte also Videogrüße nach Goslar schicken können, so wie es im Fernsehgeschäft üblich ist, wenn Arabella die 200.000. Sendung feiert. Null Provokation unserer amerikanischen Freunde, null Unterschied im Wahlergebnis für Sigmar G.

Und jetzt auch noch Willem zwo. Unsereins, bekennend wacklig in historischen Angelegenheiten, fragt: War das nicht der mit dem Arm? Ist uns da bisher was entgangen? Nein, alles o. k. beim Gerd. Nur laut soll der alte Kaiser gewesen sein und ein bisschen dröhnend. Da kann, wer will, jetzt gewisse Parallelen ziehen, aber wenn es zu dicke kommt, könnte Doris entscheidend eingreifen. Überhaupt, recht still ist die ehemals putzmuntere Kanzlergattin geworden. Oder wirkt sie im Hintergrund? Telefonate mit Laura Bush, unter Tränen bekennend: »Aber wir Frauen lassen uns nicht auseinander bringen?«

Vielleicht wirkt sie bereits beruhigend auf den Gemahl ein, so wie man es aus dem eigenen Umfeld kennt, wo Zigarettenkippen vor dem nachbarlichen Carport jahrelang Musterprozesse nach sich ziehen können: »Lass doch beim Herrn Bush mal fünfe grade sein, ich treff sie doch jeden Tag beim Einkaufen, ich muss es doch wieder ausbaden, und die Kinder fahren im selben Bus.« Im Bus fuhr auch gern Altkanzler Dr. Kohl (akute Delling-Überleitung!), und der wird mittlerweile auch von vielen Nicht-CDU-Wählern vermisst. Tendenz: Das wäre dem Dicken nicht passiert. Was dem akuten Kanzler fehlt, ist eine Strickjacke, in der er bei einem Grillabend in Texas Luft aus der Sache lassen könnte.

Erinnern wir uns an Helmut K. im Kaukasus (Strickjacke), an der Atlantikküste, französischerseits (Windblouson), oder mit Boris (Jelzin) in der Sauna (vermutlich nackt): Immer konnte er in der großen Politikerfamillje Vertrauen schaffen. Merkwürdigerweise wirkt die Parole »Deutschland ist eine riesige Pfalz« beruhigend auf die Freunde, während die Devise »Wir machen es wie in Niedersachsen« Trouble bedeutet. Was soll da der arme Joschka, halb deutsch, halb englisch, noch reißen?

Fazit: Weltpolitik ist ganz einfach. Vorausgesetzt, man spricht eher leise, kann man ansonsten machen, was man will. Vielleicht schafft ja der Mann in Bagdad für Deutschland, was die 68er nur auf Plakate malten: »Ami go home« und »Raus aus der NATO«.

Der Friedrich

Friedrich Merz hat das Monopol auf eine interessante Vorgehensweise in der deutschen Politik: den Kurzrücktritt. Im Gegensatz zu anderen Kurzaktionen (Sekundenschlaf am Steuer, Quickie in der Besenkammer) hat der Kurzrücktritt keine Auswirkung auf Leben (Quickie) und Tod (Schlaf). Sein tänzerischer Charakter (vorwärts – rückwärts – seitwärts – schließen) bringt vielmehr Bewegung in die Politik: Schaut her, der Friedrich Merz tritt wieder zurück. Auch könnte er für heitere Zurufe in der Bundestagskantine sorgen: »Na, heute schon zurückgetreten?«

So was lockert, gerade in schweren Zeiten. Natürlich hat Herr Merz seinen Rücktritt nicht genehmigt bekommen. Als Stellvertreter muss er ihn sich nämlich von der Vorsitzenden genehmigen lassen, und die kann unmöglich auf den Einzigen in der Partei verzichten, der eine Einkommensteuererklärung ausfüllen kann. Das ist jetzt vielleicht etwas ungenau formuliert, aber so ähnlich stand es in allen Zeitungen: »In Sachen Wirtschaft und Finanzen hat die Union nur einen, den Merz.«

Da kann es dem gemeinen Wähler schon mulmig werden, wenn die große Volkspartei, für die Zwei-Drittel-Mehrheiten vielleicht bald so selbstverständlich werden wie drei Gegentore für den FC Bayern, wenn ausgerechnet diese Partei also nur einen hat, der sich auskennt. Wie sieht's dann erst bei den Parteien aus, die keiner mehr wählt? Mit deutschen Wahlen sieht es überhaupt ein bisschen so aus wie mit dem deutschen Film: Schön, dass es sie gibt, aber hingehen tut man nicht. Abgesehen von »Schuh des Manitu« und »Good Bye, Lenin!«. Das waren Renner. Was also will das Volk? Einen lustigen Indianer mit schwulem Zwillingsbruder einerseits. Andererseits aber auch mehrere Jahre im Koma verbringen, und wenn man aufwacht, ist alles so wie früher. Zumindest sieht's so aus. Zusammengefasst wäre das dann irgendwas zwischen FDP und Manfred Stolpe, aber dafür gibt's nicht mal Geld von der Filmförderung.

Der Interimsrücktritt von Friedrich Merz erinnert unsereins an einen Bekannten aus der Jugendzeit, der fast diese gesamte Jugendzeit in einem einzigen, sehr auffälligen Pullover verbrachte. In genau diesem Pullover ging er eines Nachmittags samt Strumpfmaske zwecks Banküberfall in die örtliche Sparkasse. Der überfallene Angestellte sagte: »Mensch, Erwin (Name geändert), jetzt lass doch den Quatsch.« Ende des Banküberfalls. Keine Anzeige. Ob es so gelaufen ist im Vorstand der CDU, wissen wir nicht. Aber ob es was Schulhofmäßiges hatte, ob der Rolli und der Ede den Friedrich festgehalten haben, und die Angie hat ihn geboxt, das würde uns schon interessieren. Vielleicht erfahren wir es beim nächsten Rücktritt.

Der Abweichler

Heute wollen wir uns mit einer neuen Spezies in der politischen Landschaft beschäftigen: mit dem Abweichler. Zwar ist er auch früher schon vereinzelt in Erscheinung getreten, sein gehäuftes Auftreten in diesem Herbst kann aber nicht nur eine Folge des hochwasserfreien Sommers sein und bedarf der messerscharfen Analyse.

Der Abweichler gehört zur Gattung der Hinterbänkler. Ruhig und zufrieden verbringt er seine Legislaturperioden in den schattigen Gefilden unseres Bundestags, fernab von lärmigen Plätzen wie Regierungsbank oder Fraktionsvorsitz. Er ist aber keineswegs faul. Die Aktivsten kennt man auch als Kanalarbeiter, nicht zu verwechseln mit der Kanalratte (Fachausdruck für den Teil eines Musikduos, der singen kann).

Der natürliche Feind des Abweichlers ist der Parteivorsitzende oder »Kanzler«. Wenn der mal was von ihm will, fällt dem Abweichler schlagartig sein Gewissen ein. Das ist schön, einerseits. Da freut sich das Grundgesetz. Andererseits ist es aber megaundankbar. Denn ohne den Vorsitzenden wäre der Abweichler nichts. Null. Niente. Vielleicht irgendwas Gewerkschaftliches in Hessen ziemlich Süd, aber keinesfalls ein in den Abendnachrichten gewürdigter Gigant der eigenen Meinung. Laien erkennen Abweichler an Lehrerbärten, offenen Hemden und tonnenschweren Aktentaschen (männliche Variante) und irgendwie sehr komischen roten Haaren sowie Brillen, groß wie die von Elvis in der Endphase (die Damen). Abweichler lassen nicht alles mit sich machen. Auch nicht vom »Kanzler«, obwohl der persönlich dem Abweichler seinen Job besorgt hat, letzten Sommer, mit Flut und Irak und so. Genau genommen gäbe es ohne den »Kanzler« nicht mal was, wovon der Abweichler abweichen könnte. Ist dem Abweichler aber wurscht. Den

»Kanzler« persönlich sieht er sowieso eher selten, außer bei der täglichen Rücktrittsdrohung. Ansonsten hat er es mit zwei knüppelharten Typen zu tun, bekannt als Fraktionsvorsitzender und Generalsekretär.

Diese beiden müssen für den »Kanzler« den Laden am Laufen halten, sonst schmeißt er sie raus. Also nur den Generalsekretär, der Fraktionsvorsitzende ist unrausschmeißbar. Irgendwo sach ich jetzt mal, ist der für die Partei nämlich wichtiger als der »Kanzler«, aber das steht jetzt nicht auf der Tagesordnung. Basta. Franz und Olaf (so heißen die Kanzlerkumpels privat) lauern den Abweichlern auf dem Nachhauseweg auf. Schwitzkasten, Brille verbiegen, Aktentasche übern Zaun schmeißen – die zwei probieren alles, um den Abweichler am Abweichen zu hindern. Sollte der dann immer noch nicht spuren, wird er von Franz vor allen anderen auf dem Pausenhof des Reichstags »Feigling« genannt. Der »Kanzler« lässt sich derweil die Haare an den Seiten kurz schneiden. Was soll er auch sonst machen? Seht euch mal bitte schön genau an, wie das 1982 war! Und seht euch noch genauer an, wie lange das gedauert hat, bis man wieder zurück war. Man. Im Klartext heißt das ihr. Dann kommt der Dicke wieder, 16 Jahre lang, und dann ist Schluss mit »Tagesschau« und »Christiansen«. Fragt nicht, was der Parteivorsitzende für euch tun kann. Fragt, was ihr für den »Kanzler« tun könnt.

Armer Olaf

Bisher hieß es immer, der beschissenste Job, den die westliche Welt zu vergeben hat, sei der des amerikanischen Vizepräsidenten. Einerseits muss das nicht länger richtig sein, was man so hört (»Dick Cheney runs the country«). Andererseits stammt dieses Zitat vielleicht aus einer Zeit, bevor es die Generalsekretäre der großen Parteien gab. Ist das ein Traumjob? Macht den jemand wirklich freiwillig? Antworten Kinder auf die Frage: »Was willst du mal werden?« – »Generalsekretär«?

Wenn man Insidern glauben darf, lenkt ein Generalsekretär die Geschicke der Partei. Eigentlich meint man ja, das macht der Parteivorsitzende. Aber der ist für die große Linie zuständig. So wie beispielsweise Herr Rummenigge der Vorstandsvorsitzende der FC Bayern München AG ist, aber es gibt natürlich noch den Franz. Und den Uli. Bei den Bayern ist das klar. Meistens. Bei der SPD ist es nicht so klar. Immer öfter. Die SPD hat auch einen Franz. Aber die Franz-Funktion hat dort eher der Gerd. Dafür haben die Bayern eindeutig keinen Olaf. Olaf hat jetzt in Bochum eine böse Watschen gekriegt. Zwar mit einem Ergebnis, das die SPD in hundert Jahren nicht kriegen wird (52,58 %). Aber es ist halt ein Unterschied, ob du ein Olaf bist oder die SPD. Ein bissel ist diese 50plus-Watschen für den Olaf ungerecht, weil eigentlich hat er nichts gemacht. Was vielleicht ein Fehler war. Gemacht hat er schon was. Aber vielleicht nicht ganz richtig. Vielleicht hat er doch das Wichtige getan, aber falsch. In so einem Ortsverein ist es häufig gemütlich. Da schwärmt man auch mal von Willys Zeiten. Da will man auch was fürs rote Herz. So einer von denen in Berlin trifft da vielleicht nicht immer den richtigen Ton. Wenn er dazu noch aus Hamburg kommt. Fußballerisch gesehen kann man sich den Job von Olaf Scholz vielleicht so vorstellen:

Ausverkauftes Olympiastadion. In der Pause geht Kalle Rummenigge mit dem Mikro aufs Feld und gibt bekannt:

1. Olli Kahn geht ohne Ablöse nach Dortmund.

2. Wir verzichten fünf Jahre lang freiwillig auf die Teilnahme an der Champions League.

3. Heimspiele finden in Zukunft in Unterhaching statt.

4. Eintrittspreise werden ab sofort verdreifacht.

Die Begeisterung kann man sich vorstellen. Was würde in so einem Fall beim FC Bayern geschehen? Der Franz würde kommen und die Vorteile des Abschieds von Olli Kahn erklären und wie schön das Stadion in Unterhaching eigentlich ist und dass es Wichtigeres gibt im Leben als die Champions League. Und dann würde er einen Ball vom Weißbierglas schießen, und alle würden feuchte Augen kriegen und sagen: Und der Kalle war ja auch ein Superfußballer.

Aber der Gerd ist kein Franz. Wenn Franz spricht, steht Gerd nur hinten und drückt die Daumen. Und über die fußballerischen Leistungen von Olaf Scholz ist nichts bekannt. Der Gerd sagt über den Olaf, dass er eine ganz große Nachwuchshoffnung der SPD ist und immer besser wird.

Ob Sigmar Gabriel ein Fläschchen Schampus aufgemacht hat, als er das hörte?

Unser China

Der Kanzler hat's gut. Wird ihm hier der Stress zu viel, macht er für ein paar Tage rüber nach China. Keine Basis, keine Niedersachsen, kein Gerster – nur jubelnde Chinesen, wo immer sich der deutsche Regierungschef in Begleitung unserer führenden Wirtschaftsköpfe zeigt. Diese zeigen sich rundum begeistert: vom »rasanten Wachstum« mindestens ebenso wie von der »politischen Offenheit«.

Verständlich, denn mit beidem sieht es ja hierzulande eher trüb aus. Vor allem in Fragen der politischen Offenheit können wir von der chinesischen Führung einiges lernen. Musste je ein chinesischer Partei- und Regierungschef mit Rücktritt drohen? Bleibt nicht dem überwiegenden Teil unserer chinesischen Freunde das Zahlen von Krankenkassenbeiträgen erspart? Gibt es im Mandarin-Wörterbuch eine Seite, auf der sich »Renteneintrittsalter« finden lässt? Die Liste der sozialstaatlichen Vorzüge ließe sich beliebig erweitern. Und jetzt kaufen sie uns auch noch den alten Atomkrempel aus Hanau ab. Natürlich beobachten wir das mit einem roten und einem grünen Auge. Aber erstens ist es ein Unterschied, ob so ein Atomding im dicht besiedelten Rhein-Main-Gebiet steht oder irgendwo zwischen Hongkong und Gobi. Platz hat der Chinese ja massenhaft. Und außerdem nutzt er das alles nur friedlich. Das hamse uns versprochen. Es wäre also alles eitel Sonnenschein und der Satz des Kanzlers vor der Mauer (der chinesischen, um Abo-Kündigungen im Osten zu vermeiden wg. Missverständnis) – »Ich bin ein Chinese« – nicht mehr fern, gäbe es nicht das ungezogene Taiwan. Das war unsereinem bisher eher nicht so bekannt, aber der Taiwaner ist gegen die Einheit wie früher die SPD. Wenn wir den Kanzler richtig verstanden haben, ist der Taiwaner eine Art Ossi, aber noch viel undankbarer. Deswegen kriegt er von uns auch keine

Waffen. Da kann der Kanzler ganz schön stur sein. Es müsste einen nicht wundern, wenn er demnächst in einer Shanghai-Bar drei ahnungslosen Taiwanern zuzischt: »Euch mach ich fertig.« Weil sich doch China (das richtige, kanzlerbegeisterte) damals so herzzerreißend für die deutsche Einheit eingesetzt hat (wir erinnern uns), wünscht sich Gerhard Schröder jetzt auch ein vereintes China.

Das ginge schneller als eine Holzmann-Rettung: Taiwan tritt einfach dem rasant wachsenden und politisch offenen China bei, und fertig ist die Laube. Stattdessen will die taiwanesische Regierung das Volk abstimmen lassen. Ja, wo simmer denn? Vielleicht ist dies der richtige Zeitpunkt, um den Begriff »Menschenrechte« mal ins Spiel zu bringen. Bloß, damit es mal gesagt ist. Menschenrechte klingt ja schon länger irgendwie nur noch nach Kabarett, und man will sich bei den Chinesen ja auch nicht einmischen. Wo doch alles so schon wächst und brummt, dass man es bis nach Deutschland hört. Und man eigentlich zufrieden wie ein führender Wirtschaftskopf nicken kann, dass die störenden Menschenrechte gar nicht angesprochen werden, damit das Brummen nicht verstummt.

Nur als kleine Schmonzette zum Schluss: Ich habe mal einen Chinesen gefragt, warum man keine Chinesen bei der Tour de France sieht, wo sie doch ein Volk von Radlern sind. Antwort: »Die Berge hoch freiwillig? Chinesen hassen das Rad. Die fahren bloß, weil sie kein Auto haben.« Da könnte der Kanzler Abhilfe schaffen.

Club Deutschland

Gehen unsere Reformen weit genug? Wie wäre es mit dem Umbau unseres Staates in einen Ferienclub? Immer mehr Deutsche, vor allem Familien, wissen inzwischen die lockere Atmosphäre eines Cluburlaubs zu schätzen – prima Klima, toller Service und vor allem: kindgerecht. Ein Hauch von Sozialismus mit kanarischem Antlitz weht über eine Zone, in der alle zumindest so gleich sind, dass es nur noch Vornamen gibt: Hallo, ich bin der Gerd!

Flögen einem Kanzler, der sich so präsentiert, die Reformen nicht wie von allein zu? Alles eine Frage der Präsentation, neudeutsch: Verkaufe. Zum Beispiel klingt es unangenehm bis martialisch, wenn von einem erweiterten Einsatz der Bundeswehr in Zentralasien die Rede ist. Aber wer kann sich noch dagegenstellen, wenn es heißt: Bikertrip mit Peter und seinen Jungs im wilden Hindukusch. Am besten noch garniert mit der Zauberformel *off road*. Zahnersatz, Hüftgelenk, Kur gestrichen? Da schaltet auch der Gutwilligste gleich ab. Wie wäre es mit der Ankündigung: Fitness und Spaß mit Ulla? Bitte Sportklamotten mitbringen! In zwangloser Open-Air-Atmo wird je nach Leistungsvermögen der aktuelle Bodycheck durchgeführt: Stufe A (hat sich schon seit Jahren nicht mehr von der Couch erhoben), Stufe B (holt Zigaretten selbst, aber mit dem Taxi) und Olympiastufe C (schafft es innerhalb eines Werbeblocks zum Kühlschrank und zurück).

Natürlich vermeiden wir auch den hässlichen Abturner *Kassenbeiträge*. Stattdessen sprechen wir von *Clubgebühr*, noch besser *fee*. Wer so in Stimmung gebracht wurde, freut sich auf den Abend, wenn es heißt: Blackjack mit Hans! Können wir uns ein Schmunzeln verkneifen, wenn es klar wird, dass sich hinter *Mr. Las Vegas* der gute alte Hans Eichel verbirgt? Ist es nicht geradezu erotisierend, bei gedämpftem Licht am grünen Filztisch Haus und Hof zu verspielen, statt plötzlich Gewerbesteuer auf den Rasenmäher oder so zahlen zu müssen?

Auch Freunde des Föderalismus werden begeistert sein: Selbstverständlich wird jedes bisherige Bundesland ein eigener Club (als GmbH, Infos hierzu bei Wolfgang ab 11 Uhr an der Business-Theke). Logo, alle wollen in die 5-Sterne-Clubs Bayern und Baden-Württemberg. Da sind Wartelisten unvermeidlich. Deshalb bieten weniger attraktive Clubs wie Niedersachsen oder Mc Pomm Schnupperwochen (inkl. Gratisschampus beim Themendinner »Raststätte« mit Manfred und den Jungs von Toll Collect. Dresscode: Brummifahrer). Durch ein spielerisches Punktesystem könnten zum Beispiel Familien, die zehn Jahre Aufenthalt in NRW nachweisen, nach Baden-Württemberg upgegraded werden. Gut, nicht gleich ins Markgräflerland, aber immerhin in den Großraum Mannheim. Was die Arbeitsplätze betrifft, verhält es sich wie mit den Liegen am Pool: Ab sechs Uhr morgens sind die Handtücher drauf. Zwar will Clubby Wolfgang noch ein paar zusätzliche Liegen organisieren, aber irgendwann ist der Beckenrand dicht. Tendenz der Clubleitung: weg vom Pool, runter an den Strand.

Ach so, bezahlt werden muss das Ganze auch irgendwie. Aber dafür haben wir ja unsere Politiker.

Wer so in Stimmung gebracht wurde, freut sich auf den Abend, wenn es heißt: Blackjack mit Hans!

LEBENSLUST BIS 100!
Börse, Steuern und Finanzen

Man möge mir verzeihen. Auch ich bin nur ein Übermensch. Auf das nächste Kapitel bin ich stolz. Es ist das Ergebnis glänzender Recherche, die jedoch nicht vordergründig spürbar wird. Vielmehr fließt sie subkutan in ein Netz, Gewebe und Geflecht aus Andeutungen, Rätseln, Mysterien und Luftnummern ein.

In Spiegelungen ebenso wie in Reflexionen benutzt sie Zahlen, um dahinter Buchstaben spürbar zu machen. Wer jemals beobachtet hat, wie der Honig vom Löffel in die poröse Celluliteoberfläche des Toastbrots sinkt, kann ahnen. Milliarden werden zerstäubt, Kaskaden von Nanosekunden um den Erdball gejagt. Ich nehm noch'n Pils, Herr DeLillo!

Euro-Start

Plötzlich, am Silvesternachmittag, hat es mich erwischt: Die D-Mark muss weg! Raus aus dem Geldbeutel! Trotz aller Zusicherungen des Einzelhandels und zweier Kassen und Übergangszeiten und überhaupt. Wohin mit den Scheinen? Für 300 Mark an der Tankstelle Schokolade kaufen? 150 Fernsehzeitschriften? Hoffnungslos überteuerten Schampus? Die Lösung: Trinkgeld! Zeitung gekauft, Zehner gegeben – stimmt so. Essen gegangen, 120 Mark gekostet, 150 – guten Rutsch! Zwar stand ich dem Starter-Kit eher ablehnend gegenüber, aber an Neujahr konnte ich es dann doch kaum erwarten, die neuen Scheine am Automaten zu ziehen. 500 wollte ich haben, aber es gab nur 70 der neuen Wunderwährung. Panne, Kratzer im Magnetstreifen oder Automat schon alle? Keine Ahnung, aber mein Start in ein dermaßen vereintes Europa begann mit 70 Euro. Immerhin 30 mehr als damals, als alle mit 40 – schluchz! – D-Mark angefangen haben.

Man kann nicht sagen, dass die Medien uns nicht genügend auf den Euro vorbereitet hätten. Zigtausend Artikel – der Euro politisch, wirtschaftlich, erotisch, künstlerisch und so weiter, Geschichte der D-Mark, Abschied von der D-Mark, Mythos, Sicherheit, Heimat, Stärke – wirklich, kein Aspektlein, das nicht bedacht worden wäre.

Nun also war ich einer von 300 Millionen Europäern aus zwölf Ländern, der mit 70 Euro in den Händen die Frage von »Krieg und Frieden« (der Altkanzler) hoffentlich in Richtung Frieden mitentscheiden konnte. Nie mehr Krieg in Europa, und unseren Jungs alles Gute auf dem Weg zum Horn von Afrika. Schon wieder was Neues, denn noch Silvester hätte ich das Horn von Afrika nicht auf der Landkarte zeigen können. Aber man lernt schnell.

Wer am Neujahrstag nagelneues Bargeld ausgeben wollte, musste leider feststellen: Für ein Land, das wirtschaftlich am Abgrund taumelt, hat bei uns ziemlich viel zu am 1. 1. Aber es gibt ja die Kioskbesitzer, und sie bestehen den Ich-hab-schon-das-neue-Wechselgeld-Test bravourös! Zwei Schokoriegel, den in der Dunkelheit leicht blässlich wirkenden Fünf-Euro-Schein hin und irgendwas an Münzen zurück, was sehr neu glänzt.

Jetzt bloß cool bleiben und die neuen Münzen einfach einstecken, nicht einzeln umdrehen und prüfen, ob es stimmt, und gucken, was ist was. Wird schon stimmen. Und die Ein-Euro-Münze sticht raus, die sollte man sich schnell einprägen, denn das sind ja immerhin – huch, bloß nicht! Beinahe hätte ich gesagt: »Fast zwei Mark«, aber das sollte man sich jetzt ganz schnell abgewöhnen, dieses Umrechnen. Ein Euro ist ein Euro ist ein Euro – Feierabend. Dass bleifrei Super 1,01 Euro kostet, sieht ja auch viel schöner aus als – na, Sie wissen schon.

Kurz: Euro-Euphorie allüberall. Menschen strömen in die Geschäfte, zeigen sich gegenseitig die Scheine, und wir kündigen für demnächst schon mal an: Wer kümmert sich um die Psyche von Menschen, die seit dem ersten Januar nur noch zweistellige Millionäre sind?

Aktien 2002

Mittwoch, 9. Januar 2002, 12.46 Uhr. Der Schreiber dieser Zeilen sitzt vor dem Fernseher und starrt auf den Monitor. Keine Talk-Show, keine Kochtipps, keine Serienwiederholung: n-tv-Text, Seite 212.

Der gute alte Dax! Wir erinnern uns: Seit einer guten Woche leben wir in der Zeit des Halbeinkünfteverfahrens. Gewinne aus Aktienverkäufen können ab sofort mit den Verlusten aus dem letzten Jahr verrechnet werden, und zwar nur zur Hälfte. Die Gewinne. Was die Verluste doppelt so wertvoll macht. Das ist Börsenphilosophie, die das Zeug zum Bestseller hat: Wenn die Gewinne nur halb angerechnet werden, steigt der Wert der Verluste um das Doppelte. Deshalb hat meine Wenigkeit in den letzten Stunden des gerade vergangenen Jahres ja noch »Verluste realisiert«, was das Zeug hält. Sich innerhalb der Spekulationsfrist von allem verabschiedet, was in den Miesen war. Also von allem. Kann ja in diesem Jahr mit gigantischen Gewinnen verrechnet werden, zehn Jahre lang. SAP gekauft bei 155, verkauft mit 144, macht elf Euro Verlust pro Aktie.

12.55 Uhr, SAP stehen bei 157. Würde bedeuten, 2 Euro Gewinn pro Aktie. Aber ich hab ja verkauft. Wegen Halbeinkünfte, Gegenrechnen usw. Siehe oben. Trotzdem kriecht so ein leichtes Ärgergefühl in mir hoch. Schluck: 12.57 Uhr, SAP gehen hoch auf 157,50. Denn 11 Euro Verlust lassen sich zwar gegenrechnen, aber mittlerweile 2,50 Euro Gewinn könnte man ausgeben. Aber irgendwann kracht SAP bestimmt wieder runter, dann wird eingestiegen, und dann werden die ganzen Verluste in so was von Gewinne umgewandelt, dass der Halbleiter nur so pfeift. So wie damals, als bei 220 nachgekauft wurde, als sie von 280 runtergekracht sind. Dann bei 182 (kamen von 182), bei 163 (kamen von ... Sie wissen schon), bei 145, bei 122 ... bei 109 wäre ich auch gern noch mal eingestiegen. Hatte aber leider kein Geld mehr. *Never catch a falling knife*. Heißt es ja. Aber how deep can a knife fall? Das sagt einem natürlich mal wieder keiner! Irgendwie echt gemein, diese Börse.

Nun sitzen wir also vor dem – würg! 13.07 Uhr, SAP sind auf 158 –, wir sitzen also vor dem Schirm und stehen vor der Frage: Wo soll man am Beginn des noch so jungen Jahres rein? Hätte man vor einem Jahr wissen können – SAP, 13.09, 158,80 Euro –, dass Puma im süßen, kleinen MDAX hundertfuffzigirgendwas Prozent Plus macht? Und Dauerkonkurrent Adidas der beste Dax-Wert wird? Hätte man sich denken können, wo doch alle Welt in Turnschuhen rumläuft. War aber eigentlich schon immer so, trotzdem habe ich mit Adidas (Aktien, nicht Jogginganzügen) schon mal Pech gehabt. Schwor damals: Finger weg von Sportausrüstern! War vielleicht ein Fehler, das so pauschal zu machen. Wohin also soll ich mich wenden. Müsste doch mit dem Teufel zugehen, wenn Telekom in diesem Jahr nicht wie irre nach oben knallt. Geht wahrscheinlich auch mit dem Teufel zu. Wahnsinn: 13.15 Uhr! SAP abgestürzt von 158,50 auf 158,20! Das ist die Trendwende! Wenn sie unter 140 sind, bin ich wieder drin. Vielleicht ziemlich wahrscheinlich ganz ehrlich. 13.17 Uhr, 158,30 Euro. Klarer Fall von Seitwärtsbewegung.

Pleite?

Der ebenso normale wie anständige Zeitungsleser sieht sich in jüngster Zeit gehäuft mit Begriffen konfrontiert, welche bislang eher dem Bereich des Wirtschaftslebens zugeordnet wurden: Insolvenz, Put, Option, Sperrminorität, Minderheitsgesellschaft und Ähnliches. Da statistisch gesehen jeder Bundesbürger in diesen Tagen mit einer Insolvenz zu schaffen hat (als Verursacher, Verwalter oder Bestandteil der Konkursmasse), sollen hier die Grundbegriffe unseres modernen Wirtschaftslebens einer präzisen Deutung zugeführt werden.

1. Kredit: ist das, was Sie von Ihrer Bank nicht kriegen. Es sei denn, Sie bieten Sicherheiten. Beispiel: Sie wollen ein schmuckes Reihenendhaus im Wert von DM 600.000 erwerben (die wichtigtuerische Rechnerei in Euro überlassen wir den herzlosen Bürokraten). Klar, dass Ihnen Ihre Hausbank das Geld zu Superkonditionen (4 Prozent, 50 Jahre fest, 200 Prozent Auszahlung) leiht, vorausgesetzt, Sie können als Sicherheit für die Bank 30 Mehrfamilienhäuser, ein Aktiendepot mit 20 Millionen und Omas Rente bieten. Also Möbelwagen schon mal bestellen.

2. Insolvent: sind 98 Prozent aller deutschen Haushalte, ohne es zu wissen. Dispokredit am Anschlag, und wenn das 246-teilige Kaffeeservice per Nachnahme geliefert wird, muss hektisch in allen Blumentöpfen gesucht werden, ob der Osterhase vielleicht irgendwo unbemerkt Bargeld deponiert hat.

3. Ausländische Investoren: sind fast immer böse. Haben Geld ohne Ende. Befehlen als Tycoon oder Mogul ihren Zeitungen, wer Regierungschef werden muss. Im Gegensatz dazu der deutsche Verleger. Megalieb, superanständig und an Politik total

uninteressiert. Natürlicher Feind des Moguls ist der Ministerpräsident, auch bekannt als Stammzelle der Meinungsfreiheit. Er verhindert schlimmes Wirken ausländischer Staatschefs in unserer Presse, außer wenn er dagegen nix machen kann.

4. WM-Rechte: siehe unter Schweiz.

5. Put: auch bekannt als Put-Option. Golfer wissen: Putten liegt gefährlich nahe am Einlochen, in diesem Fall eher am Eingelochtwerden. Man kauft was (Sender, Zeitungen, Staat), allerdings mit garantiertem Rückgaberecht. Auch das kennt unsereins vom mittlerweile höchstrichterlich verbesserten Haustürkauf: bei Nichtgefallen Geld zurück. Funktioniert allerdings nur, wenn auch Geld da ist. Sonst kann statt Rückgabe einzelner Kaffeetassen das ganze Service übernommen werden. Aber wohin damit im Schrank, und vor allem: Was soll man mit dem Service, wenn keiner weiß, wie man richtig Kaffee kocht?

6. Profivereine: sympathische Sportler, unterteilt in geldgierige Millionarios und vom Untergang bedrohte Clubs. Liste mit Namen, bei denen Zweiteres durchaus wünschenswert wäre, kann beim zuständigen Amtsgericht eingesehen werden.

7. Pay-TV: Hier kann man live sehen, wie der FC absteigt.

8. Pygmäe: Medienfachbegriff für das altdeutsche Senderchef.

9. Wertlos, werthaltig: Begriffe, die vielleicht von kompetenter Seite noch mal geprüft werden sollten. Siehe auch Put.

10. Fazit: Alles nicht so einfach.

100.000 Euro

Der neuesten Ausgabe des Fachblatts »Impulse« entnehme ich, dass meine Abendgage für Auftritte bei Messen und Betriebsfeiern mittlerweile bei 100.000 Euro (i. W. zweihunderttausend Mark) liegt. Platz eins der Abgreiferliste. So was liest man gern. Allerdings bin ich bei derartigen Veranstaltungen schon lange nicht mehr aufgetreten. Einerseits lassen mir nämlich meine Tätigkeiten als König der Late Night (Deutschland, Schweiz, Österreich) und Retter des zeitgenössischen Stadttheaters (Selbsteinschätzung) dafür kaum noch Zeit, andererseits gibt es einen viel entscheidenderen Grund: Galas sind echt total anstrengend! Sie erfordern Vorbereitung, Beschäftigung mit dem Produkt des Kunden und anschließende gesetzte Essen, in denen beispielsweise die Gattin eines Vorstandsmitglieds einem ihre Einschätzung der aktuellen Showszene erläutert. Ich will offen sein: Um einer welkenden Hobbymalerin zu erklären, dass Frank Elstner nicht mehr die »Montagsmaler« moderiert, sind 100.000 Euro zu wenig. Natürlich, ich möchte nicht arrogant erscheinen, es gab Zeiten, in denen man schon für 100.000 Mark im Privatjet nach St. Moritz geflogen wäre, aber damals war ich jung und brauchte das Geld. Ich habe auch nie jenen kalten Winterabend vergessen, an dem ich für einen einstelligen Tausenderbetrag in Königswinter aufgetreten bin, bei der Weihnachtsfeier eines führenden deutschen Konfitürenherstellers. Bei diesem Auftritt trug ich übrigens die schwarze Leihhose des örtlichen Tontechnikers, da ich auf Grund partnerschaftlicher Differenzen damals nicht in die Wohnung kam, um meinen Smoking abzuholen. Jochen Busse, der nach mir auftrat, trug nicht nur seinen eigenen Anzug, er kam auch viel besser an. Wenden wir uns nun den Kolleginnen und Kollegen zu, von denen oben erwähnte Liste berichtet, dass sie schon für 15.000

Euro zu haben sind. Ich will ihre Namen hier nicht noch mal hinausposaunen, denn für umgerechnet 30.000 Mark bei einer Gala auftreten zu müssen, ist bitter. Dabei handelt es sich maximal um einen Jeanshersteller der nicht ganz so coolen Sorte oder um den 70. Geburtstag eines mittelständischen Selfmademan, der dann um Mitternacht »My Way« singt und anschließend in der Tanzcombo Schlagzeug spielt (ohne Jackett, der Enkel hält auf Video fest). Mit ziemlicher Sicherheit ist der Veranstaltungsort 200 Kilometer vom nächsten Flughafen entfernt, und wenn einem der Jubiläumsbuchhalter gegen halb drei Uhr morgens endlich den Scheck überreicht, fängt er meistens an, noch wegen der Mehrwertsteuer zu diskutieren, und erlaubt sich die Frechheit, dass er »sein Geld auch mal so leicht verdienen möchte«.

Lesen Sie demnächst: Wie ein bekannter Entertainer mal »auf eigene Kosten vier Bläser« für die Weihnachtsfeier von Bayer Leverkusen engagierte und trotzdem gegen den Dorf-DJ abstank, den »sie nach Mitternacht für 300 Mark hatten«.

Anlageberatung

»Ich schau schon lange nicht mehr rein!« Die aktuelle Methode, mit der das Volk von Aktionären (siehe auch T-Aktie in längst verblassten guten Zeiten) durch Depotblickabstinenz das qualvolle Warten auf bessere Zeiten lindern will. Wir unterscheiden drei Typen von Ruinierten: Der a) noch Glückliche, der nur seine Gewinne aus der goldenen Zeit am Neuen Markt dahinrauschen sieht, der b) immer verzweifelter Werdende, der bereits deftig im Minus ist, weil auch Substanzwerte der Old Economy schlanke 60 Prozent seit Jahresbeginn ins Minus gerauscht sind, und c) der sich mit Strick auf dem Weg in die Garage Befindliche, der auf Kredit noch mal bei Intershop nachgekauft hat, um mit den erwarteten bombastischen Gewinnen Karibikstrände zu pflastern. Schon lange hat man die Weisheit nicht mehr gehört, dass auf lange Sicht Aktien schon immer alle anderen Arten von Anlagen geschlagen haben. Mag ja stimmen. Aber wie lange? Auch hat man einigermaßen die Regel *Never catch a falling knife* befolgt, aber irgendwann bitte schön muss das Messer doch mal auf dem Boden liegen. Und dann heißt es: nachkaufen! Nur: wovon? Wer traut sich noch, das mühsam zusammengekratzte Festgeld in Papiere zu investieren, von denen man nicht weiß, ob sie sich jemals wieder erholen? Überhaupt, wie sich der Klang der Worte gewandelt hat: Festgeld – dafür hätte man vor zwei Jahren schallendes Gelächter geerntet. Das war was für Spießer und Zauderer. Heute hat es einen ebenso pulsbeschleunigenden Sound wie Rentenfonds. Nur wer es am eigenen Körper erlebt hat, kennt das nahezu erotisierende Gefühl, einen Rentenfonds mit plus 1,3 Prozent im letzten Jahr zu besitzen. Zur Erinnerung: IT-Werte, die 2000 nur 1,3 Prozent pro Tag machten, wurden von Analysten in Lichtgeschwindigkeit auf Verkaufen gestuft. Und damit soll des

Klagens auch ein Ende sein. Denn es gab durchaus Anlagen, die sich äußerst zufrieden stellend entwickelt haben: Zerobonds aus Beitrittskandidatenländern der EU zum Beispiel. Natürlich – man weiß nicht, wie es aussieht, wenn die Dinger fällig werden, und Argentinien hat nie den Wunsch nach EU-Mitgliedschaft geäußert, aber verglichen mit Dax-Giganten kann man eine sensationelle Rendite von fünf Prozent!!! oder so erwarten (außer natürlich, das Land geht Pleite, also das Schuldnerland ohne z. B. einen Superminister). Schon vernimmt man auf Fluren und in Kneipen wieder ein fiebriges Zischen: Rumänien, Litauen ... das scheinen die Plätze zu sein, die bald mit ihrem Reichtum nicht mehr wissen, wohin. Silicon Valley in den Karpaten? Nuggets am baltischen Strand? Wenn man's nur wüsste! Oder verzehnfacht sich im nächsten Halbjahr die Commerzbank? Knallt MLP bis Weihnachten auf 40 Euro hoch? Ärger dann noch kurz vor dem Fest, weil man sich langfristig in Bukarest gebunden hat? Oder doch lieber einen Windräderfonds in der Eifel? Haffa, hilf!

.

Sparen

In voradventlichen Artikeln sind nun zuhauf Tipps zu lesen, wie wir alle sparen können (auf Befehl von Kanzler und Superminister): Pulli an statt Heizung hoch, Teebeutel zum Trocknen aufhängen, Leitungswasser statt Sprudel undsoweiterundsofort. Gleichzeitig sollen wir aber auch konsumieren, was das Zeug hält, um die Konjunktur anzukurbeln. Denn Vati als Heimwerker schädigt den anständigen kleinen Waschmaschinenreparateur, der für seine Dienstleistung inklusive Anfahrt uns so eine schöne Rechnung plus Mehrwertsteuer stellen könnte und damit sinnvoll zur Rettung des Sozialsystems beitrüge.

Was also tun?

Wieder mal ist alles so einfach! Hierzu ist es allerdings notwendig, dass wir uns an das Wort Humankapital gewöhnen, welches bei vielen eine eher abwehrende Haltung provoziert, weil es so menschenverachtend klingt, irgendwie. Human klingt doch sehr human im Sinn von den Humboldts und Menschenrechten, und Kapital ist ja schon eo ipso und per se böse, von da ist es bekanntlich nur noch ein kleiner Schritt zum Kapitalismus, und den kann ja bei allen Vorzügen mit all seinen negativen Auswirkungen doch ernsthaft niemand wollen. Aber gefehlt, und zwar sehr weit! Humankapital sind Muttis Kopf und Vatis Hände – kurz: das Beste, was wir haben. Deshalb sollen wir ja auch schön lieb zu den beiden sein, denn wenn Mutti erst mal zu Hause bleibt und Vati an Schläuchen hängt, reicht es nicht mal für den aufgehängten Teebeutel. Investieren wir also in uns selbst, eine höhere Rendite kann nirgends erwirtschaftet werden. Zum Beispiel in der Ausbildung: Wer hunderttausend Euro in eine Spitzenausbildung mit Auslandsaufenthalt, mehreren Doktortiteln und Abschlüssen in Pi, Pa und vielleicht sogar Po investiert, erhält später locker zwanzigtausend Euro mehr

Gehalt, macht eine Rendite von zwanzig Prozent (kann sein, dass in dieser Rechnung kleine Ungenauigkeiten enthalten sind, aber um Details kümmern sich die Referenten). Wichtigstes Gut: Gesundheit! Weg mit den Zigaretten, obwohl hier kurz mal Dr. Sprachpenibel einschreiten muss: Selbst der kettigste Kettenraucher verqualmt im Laufe seines (kurzen? zu langen? Hier streiten die Rentenversicherungsexperten) Lebens nicht ein Eigenheim, sondern den Wert eines Autos? Tödlich! Hurtig zu Fuß gegangen, Arterien freigehalten, Nahverkehr subventioniert, im Taxi UN-Mandate verwirklicht – die Liste der Vorteile muss hier aus Platzgründen abgebrochen werden.

Der top ausgebildete, pumperlgsunde Spitzenverdiener sitzt also in seinem gemieteten Solarenergiehaus (warum es wirtschaftlicher Irrsinn ist, lebenslang Raten für die eigenen vier Wände abzustottern, folgt an anderer Stelle) und fragt sich: Die Solarheizung bollert, die Teekräuter kommen aus dem eigenen Garten, statt Kino lesen wir ein gutes Buch, kalt duschen ist viel gesünder – wie kann ich bei derart kostenbewusster Lebensführung verhindern, dass das Geld im Keller schimmelt? Wird echt schwer. Man könnte vielleicht einen Ferrari kaufen, aber nur am Wochenende fahren. Oder man beteiligt sich an einem Time-Sharing-Modell für Ferienwohnungen auf den Kanaren. Oder man kauft ein Mietshaus, das pro Jahr um zwei Prozent im Wert steigt und mit Gewinn steuerfrei verkauft werden kann, nach Ablauf der Spekulationsfrist von zehn Jahren. Oder zwanzig. Oder dreißig. Oder irgendwie gar nicht. Für Einzelheiten wenden Sie sich bitte an Hans E. in B. ...

Optimissimo

Es reicht! Deutschland ist schön! Fast könnte man den Eindruck gewinnen, immer mehr Deutsche sprechen mittlerweile den 22. September in einer ähnlichen Tonlage aus wie den 11. September. Halt! Setzen! Keine Vergleiche! Doch der September hat es in sich, da braucht es keine Wirtschaftsweisen. Aber jetzt wurde genug gejammert, jetzt wird in die Hände gespuckt (gern auch in die eigenen), jetzt wird ein neuer Hauptverantwortlicher für die Misere ins Zentrum der Aufmerksamkeit gerückt: das Individuum. Bisher saß das Individuum beispielsweise in einem lammfellgefütterten Mantel in seinem Mittelklassewagen und nahm übel. Dass es nicht reingelassen wurde. Beim Einfädeln, ins Parkhaus, in den Sozialstaat. Neben dem Individuum saß ein weiteres, weibliches Individuum im Anorak und mit unten angesetzten Brillenbügeln und nahm per Gesichtsausdruck noch übler, was für den Betrachter fast noch schwerer zu verkraften war. Warum müssen zwei Individuen Samstagvormittag in die Stadt? Wo doch, wie jeder weiß, alles dicht ist. Straßen, Geschäfte, Parkhäuser. Warum geben die Individuen ihr Geld nicht dem Staat (Modell Münti), sondern tragen es in die Konsumtempel? (Eine leicht veraltete Bezeichnung, die aber durchaus wieder en vogue kommen sollte, sie hat so was Religiöses.) Ganz einfach: Während der Woche muss das Individuum arbeiten, und samstags bekämpft es die Deflation. So weit, so staatstragend. Warum also ist die Atmosphäre zwischen dem Individuum und seinem Staat derzeit so vergiftet, eisig, gespannt oder bemehltaut? Weil das Individuum von seinen Verbänden aufgehetzt wird. Zwangsläufig ist das Individuum quasi per Geburt in etliche Verbände eingebunden, die ihm einträchtig zurufen: Es muss was geschehen, aber nicht bei dir! Wir müssen den Gürtel enger schnallen, aber nicht deinen!

Ohne Medikamente wirst du nur noch 80! Und wenn das alles nix nutzt, wandern wir ab.

Kann man es dem Individuum (inzwischen bis auf drei Autos an die Parkhausschranke vorgerückt) da übel nehmen, wenn es zustimmend nickt? Never ever, um es mit Uschi Glas zu sagen.

Merkwürdigerweise trifft man bei vielen Individuen auf Verständnis, wenn unsere mittlerweile multinational operierenden Konzerne dorthin abwandern wollen, wo es alles das nicht gibt, was das Individuum und seine Verbände in all den Jahren erstritten haben: schönen Lohn, schönen Urlaub, schöne frühe Rente, schöne Kur und so. Übrigens hat kürzlich ein schlauer Kopf darauf hingewiesen, dass es keine multinationalen Konzerne gibt, sondern hauptsächlich amerikanische, die sich über die ganze Welt verteilen. Aber die geben uns ja jetzt wieder die Hand.

Fazit: Deutschland ist toll! Kanzler ist der Beste! Die Opposition nur am Nörgeln! Und wo das Individuum grade ins Parkhaus einfährt: Ein bisschen später schöne Rente, ein bisschen weniger Medikamente zum Wegwerfen nach Ablauf des Verfallsdatums, nur noch zweimal schöne Ferien pro Jahr – dann klappt's auch mit dem Nachbarn.

Der Fedor

Schon wieder dieser Undank! Da haben der Franz und sein Fedor Radmann die WM 2006 nach Deutschland geholt, und jetzt ist in Teilen unserer Presse von angeblicher Spezlwirtschaft und Amigomentalität seitens des Fedor zu lesen, der mal hier beteiligt und mal dort verflochten sein soll.

Die Zeiten sind schlimm genug, sehen wir das Ganze also positiv! Der Fedor-Faktor könnte für viele Deutsche in den nächsten Jahren ganz entscheidend werden, schließlich droht uns auch noch Olympia 2012. Logo, im Sinn von logisch, denn zum Logo 2006, das uns auch ein Spezl von Fedor eingebrockt haben soll, kommen wir später. Logo also, dass WM 2006 und Olympia 2012 für Deutschland der pure Wahnsinn in vorteilsmäßiger Hinsicht wären, eine komplette Neustrukturierung unserer krisengeschüttelten Region scheint nicht unwahrscheinlich: Völker der Welt zu Gast – speziell Abteilung Jugend, Verzehnfachung des Arbeitsplatzangebots in der Kellnerindustrie, laserstrahlgetriebene Straßenbahnen zwischen FJS-Airport und Duisburg, um nur die wichtigsten Vorteile zu nennen. Dazu braucht's einen Franz, aber weil du dich als Franz halt nicht mit Detailschmarrn abgeben kannst, muss ein Fedor her. So wie auch ein Kanzler seinen Münte hat oder ein Stoiber seine Merkel (Leser außerhalb Bayerns können beim letzten Paar die Namen gern umdrehen, so viel Pressefreiheit muss sein). Auch meine Wenigkeit erhielt von zwei Bewerbungskomitees die Einladung, sich für Olympia in Deutschland zu engagieren. Bei derlei Aktivität ist Vorsicht geboten, man will ja nicht mit irgendwelchen Dressurreitern im Zustand des Gnadenbrots irgendwo im Hintergrund die Daumen hochrecken.

Bei einem Telefonat mit einem Herrn in vermutlich schwer verantwortlicher Position versuchte dieser, mir das Glück der

Auserwähltheit zu vermitteln, bei einer solchen Aktion mitwirken zu dürfen. Er wirkte leicht eingeschnappt, als ich ihm übermittelte: »Wenn ich Olympia höre, denke ich erst mal an Geld.« Ist doch so! Olympia und WM dienen dazu, sich die Taschen voll zu machen. Diesen Grundgedanken versucht doch auch ein Fedor zu vermitteln. Dabei geht es gar nicht um den schon rein optisch grundsympathisch rüberkommenden Herrn Radmann, es geht um den Fedor in uns allen. Natürlich braucht man auch ein paar Freiwillige in kurzen Hosen, die rennen, bis sie schwitzen. Die Bevölkerung aber ist aufgerufen: Enrichissez-vous! 60 Millionen sollen während der WM 2006 allein für kulturelle Belange ausgegeben werden. Da muss doch ranzukommen sein?! Werden Sie Veranstalter der Eröffnungsveranstaltung! Da liegt das Geld quasi auf dem Rasen. Lassen Sie sich Ihre Gartenparty von irgendeinem Sponsor bezahlen, als kulturelles Get-together. Wer spätestens nach Olympia nicht saniert ist, der ist selbst schuld!

GOD'S OWN COUNTRY
Unsere Amis

Zeit für den director's cut. *Für jene Szenen, die man dem Regisseur fast immer zu Recht aus dem Film geschmissen hat und die er dann irgendwann ziemlich eitel wieder reinmontiert, um die DVD voller zu machen. Folgende Szene fehlte also im Roman:*

Kurz nach sieben Uhr morgens. Ein Hotelzimmer in Tallahasee. Der Ort war ein anderer, aber ich bin mir ziemlich sicher, dass man Tallahasee so schreibt. Deshalb. Ein Schluck Wodka aus der Flasche. Verdammtes Schriftstellerleben. In den morning news *(klingt authentisch) ein Bericht über 183 Soldaten, die nach 306 Tagen aus dem Irak nach Kentucky zurückkehren. Jubelnde Familien. Mehrere Grad unter null. Die Army hat Luftpumpen bereitgestellt, weil etliche der Privatwagenreifen der GIs während der 306 Tage auf dem Parkplatz Luft verloren haben. Great. Schlüssel im Sand nicht verloren?*

Kriegsgefangene

Der linke Stammtisch hat ein leichtes Problem: Was haben wir im Fall der Gefangenen von Guantanamo zu denken? Sie wissen schon: Käfige, Ketten an den Füßen, Bart ab. Sicher, die Genfer Konventionen sollten für alle gelten. Irgendwo. Gut, Menschenrechte dürfen bei Kriegsgefangenen nicht verletzt werden, klaro. Aber dann bricht überraschend ungebremst aus sanften Globalisierungsgegnergesichtern der Schrei nach Rache hervor: Die haben es nicht besser verdient! Hoppla. Alttestamentarische Anwandlungen bei Menschen, die sonst spezielle Froschparkplätze fordern und ihre Frauen während der Brunft über die Straße tragen? Es wird am Wein genippt, dann folgt: »Für das, was die gemacht haben, gehört es ihnen nicht anders.« Das klingt völkerrechtlich fundiert, allerdings – Einspruch, Euer Ehren – wer hat genau was gemacht? Wann und wo? Nicht, dass es uns übermäßig interessieren würde, aber wegen der uneingeschränkten Solidarität, Sie wissen schon. Denn wie zu hören ist, sollen unsere amerikanischen Freunde auch mit dem Irak immer unzufriedener werden. Und Somalia ist auch noch in der Relegation. Unser lieber Freund George W. Bush spricht gar von einer »Achse des Bösen«.

Da kann man nur hoffen, dass bei ihm die Radaufhängung noch in Ordnung ist, sollte er anfangen, an dieser Achse rumzuschrauben. Überhaupt das Böse. Nehmen wir mal Maxima, die holländische Superbraut argentinischer Abstammung. Böse? Wer so was auch nur denkt, sollte sofort, mit Betäubungsmitteln voll gepumpt, in die Karibik geflogen werden, was von vielen Europäern heutzutage vielleicht nicht mehr auf Anhieb als Strafe empfunden wird. Aber ihr Herr Papa! Nix Genaues weiß unsereins nicht, aber angeblich soll er in dunklen Zeiten argentinischer Geschichte ein paar Mal zu oft im Stadion gewesen sein.

Jetzt geht es ihm in Holland wie bei uns dem Hund in der Metzgerei. Wir dürfen hier nicht rein! Ist zwar Sache unserer holländischen Nachbarn, aber irgendwo auch hart. War doch die Hochzeit seiner Tochter. Schluchz!

Hätte man da nicht die Menschlichkeit siegen lassen können? Soll er zwar auch nicht gemacht haben, aber wir sind doch besser. Das isses doch! Wenn böse Länder ihre Kriegsgefangenen schlecht behandeln – die sind dazu ja förmlich verpflichtet, deswegen sind sie ja böse. Aber unsere Freunde und wir! Gutes Beispiel und so. Kein abgebrochener Psychologiestudent wird sich bei uns finden, der nicht aus dem Bauch raus bereit wäre, einem mehrfach vorbestraften Brutalinski Weihnachten bei Mutti zu ermöglichen, wenn er dabei auf Ehrenwort niemand umbringt. Aber diese Bartlosen, deren Overalls ungefähr dieselbe Farbe haben wie die Fähnchen in Amsterdam, die haben so was von keine Lobby! Nicht mal U2, die doch sonst Zigtausende im Dienst der Menschlichkeit zwangsbeschallen. Dafür sitzt Bono in New York rum und wirkt schwer kritisch globalisiert. Wie ernst kann man jemanden nehmen, des Füßchen im Diskussionsfauteuil nur mit Mühe den Boden erreichen? In the name of love!

Mulholland Drive

Im exklusiven Kreis der Lynch-Fans gesteht man sich entspannt: Es ist nicht notwendig, den Inhalt hundertprozentig zu kapieren. Obwohl beim jüngsten Werk durchaus ein oder zwei Handlungsstränge sauber nachzuerzählen wären: Ehrgeizige, Doris-Day-cleane Jungschauspielerin kommt nach Hollywood zum Casting. Trifft auf rätselhaftes Unfallopfer, das ihr am Schluss die Rolle samt Regisseur wegschnappt. Falls das so ist. Denn eigentlich ist in diesem Film nichts so, wie es ist. Da fällt mir auf: Falls Sie den Film noch sehen wollen, sollten Sie jetzt vielleicht nicht weiterlesen oder sich zumindest ab und zu mal die Augen zuhalten, da ich aus künstlerischen Gründen einzelne Überraschungen verraten muss. Zum Beispiel den Langhaarigen, der völlig überraschend wegen seines Adressbuchs erschossen wird, obwohl er und sein Killer sich grade noch kaputtgelacht haben. Jetzt nicht weiterlesen, denn dass die Kugel durch die dünne Wand geht und noch die Dicke im Büro nebenan streift, ist doch wirklich eine tolle Überraschung. Und wie es dann weitergeht! Ich sage nur Staubsauger! Aber o. k., nehmen wir mal was, wo nix verraten wird, aber doch typisch ist für die Atmosphäre: das irre kichernde Rentnerpärchen vom Flughafen. Kichern sie wirklich irre? Oder lachen sie ganz einfach ein total nettes Deutschländerwürstchen-guck-mal-sie-fahren-unsere-Autos-Seniorenlachen. Und nur, weil man in einem Film von David Lynch sitzt, weiß man: Das kann nicht nur ein liebes Rentnerpärchen sein, die sind komplett irre, die drehen gleich durch. Man sollte die Szene mal testhalber in ein RTL-Movie reinschneiden, ob die dann auch noch irre wirken. Übrigens: Als der Gorilla um die Ecke kam, bin ich echt erschrocken! Das verrät jetzt nicht zu viel, aber Achtung, wenn der Gorilla kommt. Jetzt mal was für alle, wo den Film schon kennen: Ist das am Schluss eine andere Schauspielerin, wenn die nette Blonde so fertig ist und heulend masturbiert? Oder haben sie die Adrette vom Anfang so toll hingekriegt, mit Abmagern und Schminke? Sie merken schon, der Film ist Klasse, aber ich sag's mal so: Sie müssen Fan sein. Zum Beispiel bei der Szene, in der der eine den Kaffee auf die Serviette spuckt. Stimmt's?

Haben Sie auf die Brustwarzen des Mädchens im blauen Pulli geachtet, die mit den beiden abgerissenen Typen aus dem Diner kommt und sich eine Zigarette ansteckt? Dafür gehen wir in David-Lynch-Filme. Ich zumindest. Man kann nicht sagen, dass der Regisseur diese Brustwarzen forciert hat, aber sie fallen sofort auf. Mir wenigstens. Überhaupt sind die Frauen bei David (Fanbezeichnung) mal wieder Spitze. Auch in kleinen Rollen. Zum Beispiel Nikki, die Assistentin in der Casting-Agentur. Oder die blonde Freundin des Regisseurs, die er im Bett mit ..., aber das soll jetzt wirklich nicht verraten werden. Der Hammer ist doch aber echt, wie raffiniert der David das gefilmt hat, wenn die Dunkelhaarige von der Couch rüberkommt und im Halbdunkel bei Betty im Schlafzimmer steht, weil ... gehn Se doch einfach rein.

Unsere Amis

Was ist der Amerikaner? Anlässlich des Besuchs unseres lieben Freundes George W. sollte diese Frage wieder einmal tief schürfend erörtert werden. Zunächst einmal ist der Amerikaner freundlich: »Hi, I'm Jeff.« Die Abneigung gegen Floskeln und Pauschalurteile verbietet es, an dieser Stelle noch mal darauf hinzuweisen, was wir den Amerikanern alles zu verdanken haben. Weiß übrigens jemand, warum der Ami beim Essen die linke Hand unter dem Tisch hat? Wenn er sie neben dem Teller hätte, könnte er bequemer nach dem Scotch (double, no ice) greifen, den er zum Steak trinkt. Ein Amerikaner liebt seine Firma. Mein neuer Freund Jack, der auf die Frage nach seinem Beruf lässig antwortete: »I'm in the video business« (Er beaufsichtigt Blockbuster-Videofilialen in Texas), kann über Blockbuster-Videos sprechen, dass es einem die Tränen in die Augen treibt. Unbelievable, such a wonderful company, great. Nie habe ich einen katholischen Priester mit ähnlicher Andacht vom Vatikan sprechen hören wie Jack von Blockbuster. Übrigens auch von Starbucks-Coffee, für den Jack zusätzlich noch eine Art Franchisenehmer zu sein scheint (Wir wissen: Unser amerikanischer Durchschnittsfreund hat bis zu drei Jobs. Great. Wonderful. Unbelievable).

Das Entscheidende, sagt Jack nach einem Schluck Scotch, ist bei Starbucks nicht der Kaffee, sondern die Atmosphäre. Obwohl der Kaffee natürlich auch marvellous ist. 28-mal kommt der Durchschnitts-Starbuck-Kunde pro Monat in seinen Laden. Die dritte Anlaufstelle nach Heim und Office. We make him feel comfortable. Am Tisch neben Jack sitzt Norma aus Aspen/Colorado. Registered Republican (»I love Mrs. Bush, the mother of our president«). Norma interessiert sich sehr für deutsche Politik. Sie weiß, dass our government plant, to move to another city. Oh, schon passiert? Wonderful. Neben Norma sitzt Aaron aus Fort Lauderdale/Florida. Vor 45 Jahren mit seinen Eltern eingewandert aus Kolumbien. Aaron sagt: »I love my Porsche. I really do. I love my Porsche more than my children.« Als Aktionär darf man an dieser Stelle weinen. Allerdings hat Aarons neuer Porsche etwas weniger horsepower als bisher, denn where the hell sollte er ihn in Florida auch ausfahren without going to jail?

Auch God's Own Country muss also gewisse Nachteile in Kauf nehmen. Bei vanilla icecream mit butterscotch sauce (»For twenty years I feel great with my low-cholesterolpills«) halten wir fest: Dick Cheney runs the country. Rudy Giuliani will be the next vice-president. Clinton is absolutely mesmerizing, both on men and women.

Have fun!

Die Korrekturen

Ein Buch erobert die Welt: *Die Korrekturen* von Jonathan Franzen. Hymnen in den Feuilletons, Spitzenplätze auf den Bestsellerlisten – da wird sich mancher den mehr als 700 Seiten starken Roman kaufen und dann »irgendwie noch nicht dazugekommen sein, ihn zu lesen«. Nicht nötig! Hier sind die sechs besten Statements, mit denen Sie in diesem Sommer bei jedem unerwarteten Literaturtalk problemlos mithalten können.

1. Das Buch ist sen-sa-tio-nell, aber zu lang! (Querverweis auf Buddenbrooks an dieser Stelle nicht schlecht, auf dem Plattitüdenwanderweg dann weiter über Mann-Verfilmung und Vroni Ferres zum aktuellen *Jedermann*.) Die Passagen über Metallverarbeitung und der Vortrag von Professor Kraußkopf hätten gekürzt werden können. Allerdings: Wenn man den Roman vom Ende her betrachtet, dann doch nicht irgendwie.

2. Mit Mutter Enid hat Franzen eine große Frauenfigur in der Weltliteratur geschaffen. Ein Denkmal für alle Mütter, die durchhalten, den Laden zusammenzuhalten. Vergleiche hierzu auch Zitat Heiner Müller: »Hoffnung ist ein Mangel an Information.« Ähnliches gelang übrigens auch Martin Walser mit seiner Susi Gern in *Lebenslauf der Liebe*: durchhalten, kranken Mann ertragen. (Für die Oberstufe: Vergleichen Sie die Einschätzung der Juden durch Enid in Franzens Roman mit vergleichbaren Passagen in deutschen Bestsellern! Könnte hier eine Gefährliche-Tendenz-in-Romanen-Debatte nach Ende der Bonusmeilendiskussion den Wahlkampf beleben, eventuell Strafanzeige Münti/Rowohlt?)

3. Der absolute Hammer, wie Franzen sich in unterschiedlichsten Bereichen auskennt; Gerümpel im Keller eines Mittlerer-

Westen-Einfamilienhauses, Spitzengastronomie, Universität, Literatur-AG, Feinkostladen New York, Kreuzfahrt.

4. Eine Fülle brillanter Details: Abendessen in St. Jude mit Gary und Chip als Kinder, Gary im Sanitätsfachhandel, Anruf der Künstleragentin (»Wundervoll, wundervoll, wundervoll, wunder-voll«), Beschreibung von Bewegungsabläufen bei Parkinson (»Schneebesen, Einsammeln eines imaginären Pokerspiels«), Ankunft der Eltern in New York.

5. Megaidee: Aufteilung der Tischtennisplatte in Himmelsrichtungen, Mexican-A für Mutter und Sohn.

6. Ein bisher eher vernachlässigtes Small-Talk-Gebiet könnte ausführlicher gewürdigt werden: Kreuzfahrten! Beginnend mit einem salopp-überraschenden Kreuzfahrten-sind-ganz-anders-Einstieg hin zur saukomischen Beschreibung der Ereignisse auf der Gunnar Myrdal bei Franzen. Darf der Leser lachen, wenn Parkinsonpatient Alfred in einem todhässlichen Regenmantel vom sechsten Deck am Fenster des Salons vorbeifliegt, in dem seine Gattin Enid gerade einen Vortrag über Investmentbanking hört? Darf er sich vor Lachen geradezu wegschmeißen, wenn er die Beschreibung eines Mutter-Tochter-Verhältnisses liest, wobei die Tochter (Kunsttherapeutin) ermordet wurde und die Eltern die Kreuzfahrt unternehmen, um am Tag der Hinrichtung des Mörders auf See zu sein?

Besser aber, den ganzen Roman lesen. Denn, um es mit den Worten eines befreundeten Verlagschefs zu sagen: »Hier kommt Weltliteratur.« Und nicht vergessen: Auch Houellebecqs *Plattform* und Philip Roths *Der menschliche Makel* werden noch vor Jahresende abgefragt. Hefte raus!

Versöhnungsangebot

Vielleicht wird es für unseren Kanzler einfacher, das je nach Quelle gespannte, frostige, überschattete oder vergiftete Verhältnis zu unseren amerikanischen Freunden wieder in einen Zustand zu versetzen, in dem es keinem Atlantiker schlechter geht als vor der Flut, wenn er nicht so sehr politisch als vielmehr künstlerisch denkt. Denn gut: Die Amerikaner haben uns von den Nazis befreit (absolut vergleichsfreier, historisch und moralisch einwandfreier Satz, darf auch in Anwesenheit von 20 plus x Betriebsräten gesagt werden), aber fast noch dankbarer sind ihnen viele für das, was später kam: Elvis, Jeans, »Star Wars« usw.

Wenn wir Außenstehenden den Fotos der postwählerischen Feierrunde im Willy-Brandt-Haus glauben dürfen, dann war der Kanzler von deutschen Künstlern umgeben, deren Amerikatreue den Bereich der Hörigkeit doch zumindest manchmal streift. Zum Beispiel die Scorpions. Kommen aus Hannover, singen aber englisch. Werden in den USA gefeiert, ohne den deutschen Weg je wirklich verlassen zu haben. Pfiffen den Ostblock weg (»Wind of Change«), trotzdem trägt der Sänger eine Mütze wie drüben vor zehn Jahren. Eine internationale Spitzenband mit deutschen Wurzeln, die bei einem kleinen Privatkonzert auf der Ranch von Präsident Bush den mächtigsten Mann der Welt davon überzeugen könnte: In Germany ist der stairway to heaven vom TÜV gesichert.

Des Weiteren Wolfgang Niedecken, wahlweise bekannt als deutscher Springsteen oder kölscher Dylan. Der ideale Repräsentant für kritische Ostküstengeister, den ehrlich arbeitenden next-door neighbour oder ehemalige Flower-Power-People, die es heute unter Kaliforniens Sonne zu bescheidenem, ökologisch fundiertem Wohlstand gebracht haben. Niedecken ist in allen

Bereichen auf einer Höhe mit Dylan und dem Boss, vereinzelt wahrgenommene zeitliche Rückstände entsprechen einem normalen Jetlag. Idealer Ort für ein Übergabekonzert musikalischer Verbundenheitsadressen: *An der toten Brücke.* Dort könnte auch einer warten, der den Kanzler laut Presseberichten am Wahlabend umarmt hat: Karl Dall, für den es vermutlich keine amerikanische Entsprechung gibt. Allerdings wäre die deutsche Humorlegende gut vorstellbar in Las Vegas, nicht unbedingt in einem der großen Hotels, aber etwas weiter unten am Strip, wo die Wüste schon deutlich spürbar wird.

Wie wäre es also, wenn der Kanzler einen Rosinenbomber voll mit deutschen Kulturschaffenden gen Westen schickt, die den Amerikanern zeigen: Wir sind zwar nicht born in the USA, aber wir haben alle eure Platten gekauft.

Der Gerd hat das nicht so gemeint, es war doch Wahlkampf. Es müsste einen nicht wundern, setzte sich Condoleezza Rice dann an den Flügel und spielt wie damals als Kind in der Kirche im tiefen Süden. Und leise schnippen die Deutschen mit, emotional richtig auf zwei und vier, denn von eins und drei haben uns die Amerikaner damals doch endgültig befreit.

Kinowochenende

Ich gehe gern ins Kino. Das gute alte Motto »Im Kino hat man mehr vom Film« kann ich nur unterschreiben. Vor allem in Nachmittagsvorstellungen wird als Beiprogramm noch das keineswegs schüchterne Turtelverhalten junger Pärchen geboten, die im Polstergestühl Sexualpraktiken demonstrieren, die vielleicht die Ehe ihrer Eltern hätten retten können.

Am letzten Wochenende standen zwei Filme auf dem Programm. Insomnia mit Al Pacino und Minority Report von Steven Spielberg, ach so – und mit Tom Cruise. Hierzu gilt es zunächst festzuhalten, dass unseren deutschen Landesbühnen viel Unrecht getan wurde. Kaum haben nämlich dort in beispielsweise einer Shakespeare-Aufführung vier Herzöge jüngste Testamentsänderungen des Königs entgegenzunehmen, stehen sie in einer Reihe und wirken andächtig oder schütteln ungläubig das Haupt. Solches geschieht auch im Minority Report, wenn die Mitarbeiter in der Pre-Crime-Zentrale wieder mal Unglaubliches erfahren. Dazu tragen sie vorwiegend schwarze Pyjamas, wie man sie schon seit Enterprise kennt. Modisch dürfen wir uns also von der Zukunft so um 2050 nicht allzu viel erwarten. Doch halt! Hier die positive Nachricht: Auch dann wird es noch Gap geben, denn dort kauft Mr. Cruise für die stoppelbirnige Agatha ein, die Morde voraussehen kann. Auch andere Firmen erfreuen sich in 50 Jahren noch bester Gesundheit: Pepsi, American Express, Nokia, Guinness und vor allem Lexus, wobei wir doch bitte nicht hoffen wollen, dass der Lexus 2050 so aussieht wie im Film. Ziemlich teuer soll das Opus gewesen sein, was vor allem auf den riesigen technischen Aufwand bei den Verfolgungsjagden zurückzuführen sein dürfte. Denn Agatha und die beiden anderen Pre-Cogs liegen zwar in einer ziemlich wissenschaftlich klingenden Hightech-Lösung, aber der Raum sieht weniger aus wie Hollywood, sondern eher wie Wellness-Center Euskirchen. Auch der gute alte Hubschrauber sieht in Bälde aus wie eine riesige Blechschnecke, wogegen die fliegenden Einsatzkommandos mit ihren Helmen und Feuerrucksäcken doch stark Sehnsucht nach Karlsson vom Dach aufkommen lassen, der auch nicht viel weniger mobil war, aber entschieden mehr Charme hatte. Dabei zeigt der Film durchaus Humor: Zu Moon River wird eben nicht mehr bei Tiffany eingekauft, sondern in einer Einkaufspassage à la Bielefeld. Und der böse Kindermörder Leo Crow wird von Mr. Cruise gewürgt, als hätte er ein »e« hinten dran und schon was mit Nicole Kidman gehabt, bevor Tom Cruise Penelope Cruz auch nur gesehen hatte. Fazit: Bevor am Schluss Tom Cruise in einem Rama-Licht die Hand auf den Schwangerenbauch legt, hat man ein imponierendes Meisterwerk aus der Kawumm-und-guck-mal-was-heute-am-Computer-alles-möglich-ist-Schule gesehen, für das man gern 70 Cent Aufschlag wegen Überlänge zahlt, denn kürzer ist so viel Inhalt wirklich nicht zu transportieren.

Insomnia hat Normallänge, arbeitet dafür aber mit Schauspielern. Vor allem dem grandiosen Al Pacino, aber auch einer wunderbaren Hilary Swank. Robin Williams hat diesmal keinen Teppichboden im Gesicht, was sich sonst in seinen Rollen als unlustiger Gutmensch kaum vermeiden lässt. Leider kann man die besten Szenen nicht beschreiben, sonst würde zu viel der äußerst spannenden Handlung verraten werden. Am besten beide Filme anschauen und dann selbst entscheiden, wovon das Kino in Zukunft mehr braucht.

Wallace-Kreuzfahrt

Neulich hat mir Frau Luzia Braun das Buch *Schrecklich amüsant – aber in Zukunft ohne mich* von David Foster Wallace geschickt mit der lieben Frage, ob man darüber vielleicht mal für aspekte reden könnte. Leider nicht, weil ich doch jetzt darüber schreibe.

Trotzdem vielen Dank für das Buch, ich hätte es mir eh gekauft. David Foster Wallace ist nämlich ein Megageheimtipp der amerikanischen Literaturszene.

Damit sind wir gleich bei einer Wallace'schen Spezialität, der Fußnote. Im erwähnten – grandiosen – Buch nehmen die Fußnoten teilweise mehr Platz ein als der Haupttext, überhaupt verschwimmt der Unterschied zwischen Haupttext und Fußnote, und Dave hätte bestimmt Verständnis dafür, dass ich hier mal per Fußnote darauf hinweise, dass es natürlich nur für einen Hobbyliteraten wie mich ein Geheimtipp ist, für die Cracks längst ein Etablierter, vielleicht ein junger Don DeLillo. Gleich noch eine Zwischenfrage hinterher: Ist DFW ein Status-Autor (wie DeLillo) oder ein Contract-Autor wie Jonathan Franzen? Für alle, die jetzt sagen: »Hä?« – der Artikel von Franzen in der FAZ (5. 11. 02) muss doch noch irgendwo rumliegen. Oder vielleicht das Original im New Yorker? Kurz: Es gibt Autoren, die man kapiert (Contract), und solche, die man abbricht. Zurück zum Haupttext. David Foster Wallace beschreibt im Auftrag eines Hochglanzmagazins eine siebentägige Karibikkreuzfahrt auf einem Luxusdampfer der absoluten Spitzenklasse. Gleich zu Beginn habe ich übrigens den Witz nicht kapiert, warum das Schiff, das eigentlich Zenith heißt, von potenziellen Scherzbolden sofort in Nadir umgetauft werden muss. Ärgerlich, wahrscheinlich eine mythologische Spielerei, und da ist bei mir tiefes Dunkel. David Foster Wallace gelingt jetzt das Kunststück, die

Kreuzfahrt bis auf die letzte Schiffsschraube zu demontieren, ohne sie zu denunzieren. Alles ist so, wie im Katalog versprochen: grandios, perfekt, überwältigend. Der Wasserstrahl in der Dusche ist so stark, dass er einen an die Wand nagelt (im Gegensatz zu Wallace daheim), Room-Service sooft man will und 24 Stunden, Raumpflegerin Petra bringt das Zimmer exakt jedes Mal dann in Ordnung, wenn Wallace es für mehr als 30 Minuten verlässt (er macht den Test mit 29 und 31 Minuten), und von Kellner Tibor über einen 13-jährigen Jungen mit Toupet bis zum Captain Video tummelt sich ein Personal an Bord, das man unbeschreiblich nennen könnte, wenn Wallace es nicht doch beschreiben könnte. Der ideale Ort, um dieses Buch zu lesen, ist selbstverständlich ein Luxuskreuzfahrtdampfer. Werden Sie Ihr eigener David Foster Wallace. Schaffen auch Sie es, bis zehn Uhr morgens schon das fünfte Handtuch für den Liegestuhl bekommen zu haben! Überprüfen Sie ihr Hasspotenzial aufs griechische Schiffspersonal! Entdecken Sie den kleinen Rassisten in sich, wenn Sie beim Einchecken die Mitreisenden nach dem Aussehen religiös zuordnen! Entdecken Sie die ganze Depression des untergegangenen Ostblocks im Gesicht des Kellners, der beim Mexikoabend mit Pflichtsombrero Chili schöpft. Eine Kreuzfahrt dieser Kategorie ist ein fulminantes Erlebnis, und mit dem Buch von David Foster Wallace ein Ereignis. Erschienen im mare-Verlag, und – Hinweis von Heinz Besserwiss, ohne das Original zu kennen: glänzend übersetzt von Marcus Ingendaay. Literaturwissenschaftlicher Beweis: Das spürt man.

Super-Spreader

Jetzt rächt es sich, dass unsereiner den Asiaten immer so pauschal gesehen hat. Wahlweise als Japsen oder Schlitzauge (natürlich nur bis zur Erfindung der political correctness), das mit den Füßen voran durch klirrende Restaurantscheiben irgendwelchen Vietnamveteranen in den Teller springt. Hätte man sich schon früher mit den fundamentalen Unterschieden zwischen Chinesen, Japanern, Vietnamesen oder Filipinos beschäftigt, müsste man jetzt nicht hysterisch werden, wenn im Kino zwei Reihen hinter einem ein asiatischer Mitbürger niest. Ist der schon lang in Deutschland? Wann war er zum letzten Mal in Hongkong? Hat er eine Tante in Toronto? Kurz: Hat er SARS, und hab ich's jetzt auch? Erstaunlich, dass die neueste Epidemie bei uns bisher vergleichsweise wenig Schlagzeilen macht. Gut, es gab Wichtigeres. Erst der Krieg im Irak, jetzt das Buch von Effe. Aber normalerweise sind wir doch in Sachen Panik vorn mit dabei, wenn wieder mal der Weltuntergang im Angebot ist. Oder hat sich die Information durchgesetzt, dass die Seuche in China zwar zu Panikreaktionen führt, nüchtern betrachtet aber bisher eine Sterblichkeitsrate aufweist, die mit der einer starken Grippewelle vergleichbar ist? Schon gibt es die These von der kompletten Ausrottung des Erregers, trüge nur die ganze Welt vier Wochen lang einen Mundschutz. Aber wer will das schon? Bis 67 arbeiten, Urlaub in Richtung Heimat umbuchen und dann noch Mundschutz?

Ja, gibt's denn nirgends mehr a Freud? Na logo! Denn dem medizinisch interessierten Laien ruft SARS wieder mal ins Gedächtnis, dass Viren die eigentlichen Stars auf unserem Planeten sind, dicht gefolgt von Bakterien. Viren brauchen kein Radar, keine Luftbetankung, kein Navigationssystem. Ein bisschen Hatschi, ein bisschen Schleimhaut – und schon geht's los, rund um die Welt. Auch wenn es Olaf Scholz nicht gern hört, so ein Virus baut sich schneller um als der Sozialstaat. Kaum hat man was entschlüsselt – wusch, hat sich der kleine Frechdachs neu sortiert und springt vom Affen auf das Suppenhuhn oder sonst wohin. Überhaupt der Affe: erst AIDS und dann SARS. Weiß der US-Präsident, welche Bedrohung vom Affen ausgeht, virentechnisch gesprochen? Muss die Achse des Bösen erweitert werden? Nun soll man nicht gleich alles negativ sehen. Schließlich verdanken wir SARS zwei wunderbare Begriffe für den erweiterten Sprachgebrauch. Zum einen Kreuzimmunität. Was zunächst wie die Horrorvision des bayerischen Klassenzimmerbeauftragten klingt, wird in Wahrheit als Ursache dafür vermutet, dass sich Kinder bis 15 Jahre weit seltener mit SARS infizieren als Erwachsene. Der zweite Begriff ist ein Traum: Super-Spreader. Was kann man sich darunter nicht alles vorstellen: ein neues Raketensystem, eine neue Madonna-CD, das zeitgemäße megaelektrolytische Erfrischungsgetränk oder ganz einfach nur einen gewissen Typ Spielerfrau auf der VIP-Tribüne. Machen Sie mit, finden Sie's raus: Was ist ein Super-Spreader? Der nächste ist näher, als man denkt.

Prosit Gesundheit!

Lammfellfrieden

Ist mir da was entgangen, oder hat die Lammfelljacke ein Come-back erlebt? Dieses Kleidungsstück, das für gewöhnlich in den Werbebeilagen unserer Tageszeitungen von den nicht allerteuersten Models präsentiert wird, schien doch eher vor etwa zwanzig Jahren seine Modekarriere beendet zu haben. Jetzt fiel mir während eines sonntagnachmittäglichen Rheinspaziergangs auf, dass vor allem Ehepaare Mitte fünfzig lammfellgefütterte Jacken und Mäntel nicht nur tragen, sondern mit enormem Selbstbewusstsein geradezu spazieren führen. Dazu trägt der Herr rustikale Hüte mit breiter Krempe, die Dame vor allem strotzendes Ego. Man hakt sich unter, als hätte man das ewige Leben schriftlich. Die komplette Spaziergängerprozession entlang des Rheins vermittelt: Wir haben es geschafft! Wir sind für den Frieden! Wir gehen nicht einfach nur spazieren, wir gehen bewusst spazieren! Wir tun etwas für unsere Gesundheit. Zwar fängt man von vorbeigehenden Paaren Fetzen auf wie: »... hätte schon früher zum Anwalt gehen sollen ...« oder »... wollte der Arzt sich nicht mal ansehen ...«, oder im Café wenig später hört man es von allen Tischen: Der Pazifismus hat den Stammtisch erreicht! Wehmütig erinnert sich der Kabarettist in uns an die Zeit, als an dem verqualmten Tisch gleich am Eingang vier alte Männer mit zusammen sechs Armen saßen und vor dem Russen warnten. Heute sitzen dort Endfünfzigerpaare in Jeanshemden mit Franz-und-Sybille-Beckenbauer-Brillen und fordern Beweise. Ausreichende. Am Tisch nebenan hören wir von einem Herrn mit Genscher-Wangen und Wussow-Tränensäcken die Worte »Öl« und »Nordkorea«. In der Ecke vor dem Kachelofen erklärt ein Anfangsdreißiger mit Medienglatze/-brille seiner Begleiterin die psychologische Situation des US-Präsidenten: »Rache für den Vater! Warum hat

der denn damals kurz vor Bagdad gestoppt?« Ja, warum eigent-
lich? Häufig wird in der Weltgeschichte gestoppt. Hitler hat
in der Normandie die Panzer gestoppt. Achtung: Dies ist kein
Vergleich! Es handelt sich hier lediglich um die Schilderung
zweier Stoppvorgänge, die nichts miteinander zu tun haben!
Vorstellbar als Kategorie beim Großen Preis »Stopps in der
Weltgeschichte, über die die Historiker immer noch rätseln«.
Stopps 100, bitte.

Während die große Demo in Berlin friedlich verlief, lässt sich
bei der Diskussion im Fachwerkstüberl doch eine erfreuliche
Penetranz bis Militanz registrieren. Auch dank Alkoholzufuhr
sind die Köpfe ziemlich gerötet, als der lokale Weltsicherheitsrat
zunehmend aggressiv die Versatzstücke wiedergibt, die man
sich in den letzten Wochen so zusammengelesen hat: Condoleezza Rice war früher ein Tanker. Dick Cheney wird von der
Industrie bezahlt. Rumsfeld wohnt bei Bremen. Colin Powell
hat in Deutschland studiert. Bush ist eine Marionette. Die Sehnsucht nach dem Ewiggestrigen wächst.

Sie saßen an einem Tisch in einer Kneipe, und wenn man
vom Winter 44 nichts hören wollte, ging man einfach nicht hin.
Warum machen es die neuen Pazifisten nicht ein bisschen europäischer, wie unsere irischen Freunde: an der Theke stumm vor
sich hin trinken und am Schluss lautlos vom Hocker fallen.

Nichts wirkt friedlicher.

DER GLAS-GATTE oder
KAMASUTRA ZUM REINBEISSEN
Medien, Sport und Rosenkriege

Die meisten Promis sind dumm. Damit tritt man niemandem zu nahe, denn keiner würde sich freiwillig als Promi bezeichnen. Man ist Schauspieler, Filmemacher, Musiker oder sonst was, aber Promis – das sind immer die anderen.

Ein Promi ist jemand, der dauernd in der Zeitung steht, weil er dauernd in der Zeitung steht. Wenn er mal auszieht, dann in die Nähe, damit die Kinder nicht darunter leiden. Wenn er säuft, dann richtig. Wenn er aus der Chemo kommt, geht er in die nächste Talk-Show und sagt: »Ich habe den Krebs besiegt.« Sollte das ein Irrtum sein (verfluchter Krebs! Schon wieder holt er einen unserer Besten!), geht seine Witwe in die übernächste Talk-Show und klagt entweder an. Den Arzt. Die Presse. Sich selbst. Oder stellt vor. Den Neuen. Er half mir, mein Schicksal zu meistern.

Häufig sind Promis enttäuscht. Von der Presse. Von den Fans. Vom Leben. Dann rechnen sie ab. Natürlich in der Presse. Ziemlich dumm. Aber einmal Promi, immer Promi.

PR-Berater

Wer braucht eigentlich einen PR-Berater? Menschen, die es nicht selber können! Menschen, über die es eigentlich nichts zu berichten gibt. Ihnen redet man ein, »professionelle Pressearbeit« könnte ihre Leistung nicht nur in einem besseren Licht erscheinen lassen, sondern überhaupt einer interessierten Öffentlichkeit zur Kenntnis bringen. Der PR-Berater denkt sich zitierfähige Sprüche für Menschen aus, denen sonst nichts einfällt. Der PR-Berater veranstaltet Salons, in denen B- und C-Leute mit Sektglas in der Hand und 360-Grad-Gewinde auf dem Hals herumstehen in der Hoffnung, gleich Connections zu knüpfen oder einen Deal einzufädeln. Das tun sie auch, aber wertlos, weil mit anderen B- und C-Leuten. A-Leute gehen nicht in Salons, sie haben zu tun. A-Leute brauchen auch keine PR-Berater, denn sie sind durch ihre eigene Leistung so interessant, dass die Presse von alleine auf sie zukommt. A-Leute benötigen eine kleine Privat-Guerilla, die ihnen die Presse vom Leib hält.

Die Unterstufe zum PR-Berater ist die Pressetante. Sie verfügt über eine gewisse Restattraktivität und strahlt für Journalisten eine potenzielle sexuelle Verfügbarkeit aus. Pressetanten begrüßen Journalisten mit Küsschen links, Küsschen rechts, und waren selber nicht besonders erfolgreich als Journalistin tätig, sonst wären sie jetzt nicht Pressetante. Im Sommer tragen Pressetanten auch bei großer Hitze häufig lange Lederhosen. Sie begleiten B-Moderatoren zu Terminen, die diese überhaupt nur wahrnehmen müssen, weil sie maximal B-Moderatoren sind. Pressetanten sind mit allen Journalisten per du. Sie signalisieren der Journaille, dass sie eigentlich auf deren Seite stehen, dass sie ihre Sorgen und Nöte verstehen, dass sie alles tun werden, damit die Kollegin von der Presse ihre Story kriegt. Man glaubt es nicht: Aber häufig werden Pressetanten von solchen Journalistinnen beneidet, die weder als Schreiberin zur Spitze gehören noch über genügend Attraktivität verfügen, um einen Interviewpartner in die Kiste zu kriegen. Diese Journalistinnen träumen ihrerseits von einem Wechsel auf die andere Seite, um beispielsweise für einen Fernsehsender Programme zu verkaufen, denen sie bisher extrem kritisch gegenüberstanden.

Als Warnung sei gesagt: Wer PR-Berater ist, sieht auch so aus. Er hat es nötig, darauf hinzuweisen, dass sein Laden »keine Klitsche« ist. Seine Lieblingsfloskel ist »banal«. Er hat 60.000 Adressen in seiner Kartei, die er komplett in der Pfeife rauchen kann. Er verleiht Geld an Leute, die brutto nicht von netto unterscheiden können, und zwar zu banküblichen Zinsen. Gut, dass R. W. Fassbinder das nicht mehr erleben musste!

Kinderbuch

»Ich schreibe gerade ein Kinderbuch.« Häufig ist dieser Satz von Menschen zu hören, welche derzeit eine freiwillige Schaffenspause in ihrem eigentlichen künstlerischen Kerngebiet, etwa der Filmschauspielerei, eingelegt haben. Warum eigentlich nicht? Wer allabendlich die Geschichten von all den Maxen, Bobos, Annes und Lottas vorliest, kann durchaus auf die Idee verfallen: Kann ich auch! Für den Anfang sollte man vielleicht nicht gleich versuchen, besser als Astrid Lindgren selig zu sein. Deshalb beginnen viele schauspielernde Kinderbuchnovizen mit einem Kinderbuch mit vielen großen, tollen, mehrseitigen Bildern und ein bisschen Text drin. Die Bilder muss man ja nicht auch noch selbst malen. Irgendeine Schwippschwägerin findet sich schon, nachdem deren Mann und Kinder aus dem Haus sind. Jetzt noch rasch eine Hauptfigur ausgedacht, und dann aber los! Ideal ist ein freches Mädchen, ungefähr acht Jahre alt, das sich morgens im Schokoladenbach wäscht. Im Schokoladenbach gleich hinter dem Haus Pusteblume, in dem das Mädchen wohnt, fließt nur die köstlichste Schokolade, statt Steine liegen im Bach riesige Haselnüsse, das Ufer besteht aus Marzipan. Natürlich gilt es, allzu auffällige Parallelen zur unerreichbaren Pippi zu vermeiden, deshalb sollte man vielleicht ein weißes Pferd weglassen, und vielleicht ist Papa ja auch kein Pirat. Aber was dann? Wie wär's mit Architekt, der große Häuser baut, in denen sich Kinder leider gar nicht wohl fühlen, bis das kleine Mädchen eines Tages mit ihrer Freundin Bibi Biber (Achtung, Merchandising!) einen großen Damm baut, der den Schokoladenbach in eins von Papas neuen Häusern leitet, und als Erwachsene und Kinder knöcheltief in Nougatschokolade durch die Zimmer waten, erkennt Papa, dass er bisher alles falsch gemacht hat. Und Mutti? Sitzt im Rollstuhl und schaut traurig aus dem Fenster. Und wenn das kleine Mädchen (Anna? Paula? Karla?) sie fragt: »Mama, was fehlt dir denn?«, antwortet sie immer nur: »Ach, meine kleine Annapaulakarla, das verstehst du noch nicht.« Dann ist Annapaulakarla immer sehr, sehr traurig und läuft zum Schokoladenbach, wo Bibi Biber ihre Tränen in Honig verwandelt, denn Biber am Schokoladenbach können so was. Damit hätten wir schon mal locker zehn bis 15 Seiten voll, denn ein Haus kann jeder malen, und der Schokoladenbach ist einfach ein dicker, brauner Strich von links oben nach rechts unten wie der Verlauf der E.M.TV-Aktie. Und natürlich sind die Möglichkeiten bestens, dass Mutti am Schluss der Geschichte wieder laufen kann. Denn erst mal denkt Vati um und baut in Zukunft nur noch Häuser nach den Plänen von Annapaulakarla, und zwar aus Pfefferkuchen. Kein Mensch sagt mehr Pfefferkuchen, aber in unseren Kinderbüchern wird gepfefferkucht, dass es nur so bröselt. Als Mutti zum ersten Mal so ein Pfefferkuchenhaus sieht, laufen ihr vor Freude dicke Kullertränen auf die Kniescheiben, und plötzlich hört man ein Geräusch, als ob das Eis auf dem Teich (aus dem Weihnachtsbuch »Annapaulakarla und die Eiszwillinge«) zerspringt.

Da kapiert auch der müdeste Vorleser: Nicht Muttis Kniescheiben waren kaputt, sondern ihr Herz war gefroren, weil Vati so kalte Häuser gebaut hat. Jetzt aber springt sie auf, läuft mit ihrer Tochter zum Schokoladenbach, und als sie den Rollstuhl reinwirft, verwandelt er sich in eine Waffel. Jetzt aber Licht aus und gute Nacht.

TV-Karneval

Es ist ein schönes Gefühl für uns Zuschauer, an den Abenden dieser Tage die Wahl zu haben zwischen etwa fünf bis acht Karnevalsübertragungen. Karneval bringt Quote und kostet nichts. Also das Fernsehen: Es ist zu befürchten, dass unsere lieben Karnevalisten mit dieser Tatsache gar nicht genügend vertraut sind und sich mit ein paar Euro abspeisen lassen vor lauter Begeisterung, im Fernsehen zu sein. Dabei scheint ein Betrag von mindestens 500.000 Euro für eine mehrstündige Sitzung durchaus angemessen, 10.000 Euro für einen Spitzenbüttenredner wären noch relativ günstig. Ohne die Zahlen zu kennen, könnte ich mir vorstellen, dass angesichts solcher Summen manchem Jeck die Kappe ins Gesicht rutscht respektive die Gummibrüste ans Kinn schnappen.

Doch ehrlich, holde Närrinnen und Narrhallesen, langt bei den nächsten Übertragungen ruhig mal richtig zu. Ihr macht doch das Programm! Eure Zuschauer sind es doch, die Stimmung machen! ARD und ZDF hängen doch maximal ein paar Lampen rein (die sonst im Lager vor sich hinstauben würden), der Ü-Wagen und die Kameras freuen sich auch, wenn sie mal bewegt werden, und das Team ist total erleichtert, weil es endlich wieder dienstlich bechern darf.

Natürlich ist Sitzung nicht gleich Sitzung. Als Faustregel kann man sagen: je provinzieller, desto besser! Tiefste Pfalz und höchstes Sauerland – da geht die Lucie richtig ab. Ohne Rücksicht auf Reimschema und allzu große Aktualität wird vor allem unter der Gürtellinie kräftig zugelangt. Erfrischend dabei: Das Weltbild scheint sich seit den 50er-Jahren nicht allzu dramatisch verändert zu haben: Der Mann geht in die Kneipe, die Frau wartet zu Hause mit dem Nudelholz. Tata! Die »holden« Damen im Publikum sind durchweg »bezaubernd und charmant« und dürfen aus Sicht des Karnevalisten auch mal vom Haushaltsgeld was abzwacken, ohne »dass der Alte es merkt«. Herzlichen Glückwunsch zu 25 Jahren »Emma«! Wer fremdgeht, tut dies mit der Leiter am Fenster, wenn er nicht gleich impotent ist, was für eine unerhebliche Zahl von Pointen die Basis darstellt. Das Schönste aber: In unseren Bütten ist die Schwiegermutter noch präsent, dass die Familienministerin Tränen in den Augen haben muss. Als vorwiegend »Drachen« oder »Hexe« macht sie dem Schwiegersohn das Leben schwer, auch gern als »Besen« muss sie mehrmals pro Sitzung herhalten. Intakte Großfamilienstrukturen in Zeiten, wo man andernorts nicht mal per Gentest ein noch so zartes Stammbäumchen pflanzen kann.

Schlimm sind allerdings synthetisch zusammengenagelte Pseudositzungen etwa im ZDF, moderiert von D-Personal, das die Teppichhäuser und Autosalons der Republik schon durcheröffnet hat. Angeekelt zappt man weiter und erfreut sich an der Gediegenheit einer Veranstaltung aus Konstanz, wo ein gnädiges Publikum dem Redner auch zehn pointenfreie Minuten geduldig abnimmt. Aber adrett sind die Kostüme, und wohlgenährt ist das Publikum. Südbaden, du hast es besser.

P.S.: Ganz allgemein, liebe Narren, Boris und die Besenkammer sind wirklich ein bisschen arg lang her.

Die Brezel

Die temporäre Abkehr von allen fleischlichen Freuden während der nun anstehenden Fastenzeit bringt es mit sich, dass wir uns heute mit einem schlichten Laugengebäck befassen wollen, welches sich in den vergangenen Wochen völlig unerwartet in den Blickpunkt der breiten Öffentlichkeit geschoben hat: die Brezel.

Wir erinnern uns: Zunächst war es George W., der sich während eines Footballspiels fast letal an einer Brezel (amerik.: Pretzel, aber die müssen ja immer eine Extrawurst braten) verschluckte, nun ist es Filmproduzent Bernd T., der der Brezelverkäuferin Anke S. in München verfallen zu sein scheint. Dies wäre einerseits alltäglich, andererseits nicht weiter von Bedeutung, handelte es sich bei Herrn T. nicht um den Gatten von Frau G., ihrerseits eine beliebte und erfolgreiche deutsche Schauspielerin. Die vollen Namen von Herrn T. und Frau G. sind dem Schreiber bekannt, aus Gründen der Diskretion wollen wir es aber bei den Kürzeln belassen.

Die Brezel also, In-Gebäck des Jahres 2002!

How comes? These Nr. 1: Die Brezel erinnert formal an ausgefallene erotische Stellungen! Ursprünglich eine mehr als 30 Zentimeter lange Teigwurst, wird sie zu einem Gebilde verschlungen, bei dem sich Anfang und Ende nicht mehr eindeutig bestimmen lassen. Die Wirkung auf männliche Betrachter ist ganz unterschiedlich: Während sich US-Präsidenten daran schon mal verschlucken, geraten deutsche Filmproduzenten hormonell in Wallung. Die Brezel = Kamasutra zum Reinbeißen. These Nr. 2: Wie die Brezel so in ihrem Körbchen liegt, scheint sie zu schreien: Bürste mir das Salz von der Kruste. Weckt Gefühle von Meer, Strand, Sonnenuntergang. Wenn der Daumen über die Körnchen streicht, wirkt dies unter Umständen erotisierender als nicht so guter Schnee in Kitzbühel. These

Nr. 3: Beim Brezelverzehr sind der Phantasie keine Grenzen gesetzt. Besonders geil: die schwäbische Samstagnachmittagskaffeeversion: Brezel durchbrechen, Bruchstelle mit Butter bestreichen, und dann das Ganze in den Kaffee tunken. Megasinnlich. Beim gemeinsamen Verzehr von Brezel und Weißwurst in Kombination mit Weißbier müssen gar mildernde Umstände geltend gemacht werden: Die rechte Hand tunkt die aus der Haut geplatzte Weißwurstspitze in den Senfklecks, die linke spürt die salzige Wärme frisch aus dem Rohr, das Weißbier in der Kehle will dem Schlucken ewige Dauer verleihen – wenn jetzt noch die Verkäuferin aussieht, wie das Ganze schmeckt, dann geht wieder mal eine Frau ihren Weg. Völlig schuldlos ist dabei der schwach gewordene Mann, denn die sinnlichen Verlockungen sind einfach zu stark. Er bleibt sogar ehrlich, wenn er der fragenden Gattin als Grund für die verspätete Heimkehr erklärt: »Ich hab am Weißwurststand noch eine gebrezelt.« Frau muss nur genau hinhören.

Würstelverkäuferinfeindlichkeit

Letzte Woche war es die Brezel. Jetzt geht es um das Würstel. Diese kala
ereske Bemerkung muss gestattet sein, wird doch der Beruf von Frau S., München, derzeit mit einem gar nicht so leichten negativen Unterton ins Gespräch, nein, schlimmer – ins Gerede gebracht.

Wir tun es ungern, aber wir erinnern uns: Frau S. wurde im Schilf fotografiert mit Herrn T., welcher seinerseits der Gatte von Frau G. ist. Freunde, Betroffene und Ungefragte sprechen von der Uschi und dem Bernd, vereinzelt auch bekannt als Bernie. Wer bisher in Macherkreisen vom Bernie sprach, meinte Mr. Ecclestone, wahlweise auch Herrscher, Zampano oder Guru der Formel 1. Dieser Tage aber ist der Bernie der Ehemann von der Uschi. So ändern sich die Zeiten. Genauer gesagt ist er der Noch-Ehemann, eine juristisch nicht ganz offizielle Vorstufe zum Ex. Das ist dann amtlich. Die präziseste Formulierung liefert dann »Bild«: Der Glas-Gatte. Zwar sind Namenswortspiele verpönt. Aber Assoziationen zur Zerbrechlichkeit, der Endlichkeit von Glück, gern auch dem gläsernen Patienten wird man wohl noch haben dürfen. Der Glas-Gatte also liebt die Würstelverkäuferin. Halt! Liebt er sie wirklich? Sind sie nur seit neun Jahren gute Freunde? Geht es nur um Sex? Und was heißt in diesem Zusammenhang schon nur? Wir wissen es nicht, und es könnte uns wurscht sein, schliche sich nicht eine ziemlich unverhohlene Würstelverkäuferinfeindlichkeit in die Berichterstattung ein. Wie kann er bloß mit einer Würstelverkäuferin? War nicht so manche Zweitgattin unserer Konzernbosse vorher Tippse? Hat man je Abwertendes über den Beruf der DFB-Sekretärin gelesen? Und wurde nicht unserem HERRN das Schweißtuch gar von einer Hure gereicht? Gerade im ungläubigen München sollte man wissen, dass der Unterschied zwischen einer Würstelverkäuferin und einem Catering-Papst oft nur in der Formulierung besteht. Gerechtigkeit für die Würstelverkäuferin! Wie wär's mit Feinkostqueen oder Imbisslady? Schließlich sagt man auch nicht mehr Friseur, sondern Stylist oder gleich Walker. Viele Damen, die jetzt ihren Senf dazugeben, wer wo sein Würstel reinhängt, hätten kein Problem, Selbiges mit ihrem Friseur zu tun, wenn der Friseur nicht mit ihnen ein Problem hätte. So, das war sachlich, das musste mal gesagt werden. Aber da kann so ein Haarschneider walken oder schreiben, wie er will – ein Friseur ist ein Friseur.

Und dann meldet sich auch noch Schauspieler Klausjürgen W. aus dem Glashaus (sorry!). Jetzt geht's mit mir durch! Denn das Glashaus gehört dem Glas-Gatten. »Wenn einer auszieht, dann die Uschi«, wird der Bernie zitiert. Droht eine Glas-Hütte? Ein Glas-Container? Ich schäme mich dafür, aber ich schriebe folgenden Satz trotzdem hin: Mir werden die Augen glasig. Hat der Manager des FC Bayern nicht eine Wurstfabrik? Wird das nicht durchweg positiv dargestellt? Lesen Sie nächste Woche: Uschi, mach kein Quatsch, Uschi, komm sei lieb zu mir.

Medienstandorte

Und alles nur wegen der WM: blutige Auseinandersetzungen zwischen Bayern und NRW, den beiden letzten verbliebenen Supermächten aus dem zerfallenden Riesenreich des ehemaligen Wirtschaftsgiganten BRD. Greift die UNO ein? Kommt Colin Powell? Warum haben Spezialeinheiten der NATO nicht verhindert, dass das Medienzentrum für die WM 2006 in München eingerichtet wird? Dabei wäre doch in Düsseldorf massig Platz, denn gespielt, haha, wird hier ja nicht. Übrigens auch nicht in Lübeck (hat einen Thomas Mann hervorgebracht), Ulm (Einstein) und Tübingen (Endspiel Hölderlin). Allerdings haben diese Städte auch keinen Franz »Werder« Böhmert (»Hier wird der Fußball mit Füßen getreten«), der sich auch ohne Medienzentrum mediengerecht empören könnte.

In so einem Medienzentrum berichten tagsüber 18.000 Journalisten aus 19.000 Ländern zum Beispiel darüber, warum das Gastgeberland schon im Viertelfinale ausgeschieden ist. Abends werden die Hostessen angebaggert. Das Bundesverfassungsgericht und der Vatikan haben auf Anfrage von Dr. Helmut Thoma entschieden, dass Medienzentren nur an Medienstandorten errichtet werden dürfen. In Deutschland gibt es drei Medienstandorte: NRW, Bayern und Brandenburg. Alle haben auf ganz spezielle Weise Deutschland zum wichtigsten Medienland der Galaxis gemacht. In NRW bekommt jedes Kind am ersten Schultag auch eine eigene Talk-Show. Bayern schafft pro Tag 10.000 neue Arbeitsplätze im Multimediabereich (unterstützt von sechsachtelstaatlichen Banken), und von Babelsberg aus wurde Hollywood in die Knie gezwungen. Eigentlich sollte »Hollywood am Rhein« (Eigenwerbung, ernst gemeint) ja in Köln entstehen, aber irgendwie ist das noch nicht so richtig in Schwung gekommen. Studios (zum Teil auch regensicher) wurden auf jeden Fall gebaut, daran kann es echt nicht liegen. In Köln kommt derzeit, kölsch gerechnet, auf drei Einwohner ein Studio.

Auf einen Einwohner kommen fünf freie Produzenten. Sehr freie. Freie Produzenten erkennt man an drei Dingen: schwarzer Anzug, schwarze Brille, Gel am Kopp. Vom Medienstandort A kriegt der freie Produzent erst mal Geld, damit er a) nicht an den Medienstandort B wechselt und b) sich einen Glastisch in ein Loft stellen kann, für die Kekse und Säfte zum Draufstellen für die Meetings. In den Meetings werden dann Drehbücher besprochen, in denen Cameron Diaz und Tom Cruise in Münster oder Neuss ein Pilotenehepaar spielen, das Terroristen jagt. Ist zumindest mal so angedacht. Kann auch Bottrop oder Sprockhövel sein, auf jeden Fall irgendwo in NRW, sonst gibt's keine Fördergelder. Sollte dieses Drehbuch (unvorstellbar, aber vorgekommen) nicht verfilmt werden, schraubt der freie Produzent sein cooles Firmenschild ab und holt künftig, sagen wir mal für Viva, die Gäste vom Flughafen. Das läuft bald so gut, dass sich daraus eine eigene Company entwickelt. Dafür gibt's dann selbstverständlich Fördermittel. So rettet man Medienstandorte.

Bayern-Analyse

Was der FC Bayern jetzt braucht, ist eine tief greifende Analyse fern von Hohn und Spott. Sachlichkeit und Kompetenz sind gefragt, Liebhaber dieser Nachhaltigkeit garantierenden Fähigkeiten werden also nach Lektüre dieses Artikels begeistert aufschreien. Ja, so geht es! So finden wir den Weg aus der Krise, die keine ist!

Wichtigste Frage: Wer ist schuld? Wer hat Schuld? Wenn es keine Schuld gibt, gibt es wenigstens Scham?

Trainer: Ottmar H. trifft keine Schuld. Er hat schon alles gewonnen, was es zu gewinnen gibt. Vereinzelt hat er sogar gewonnen, wo es nix zu gewinnen gab. Also Ruhe bewahren, konzentriert weiterarbeiten, wie man es von einem Broffi erwarten kann.

Die Spieler? Vollkommen schuldlos. Haben zum Teil auf Spanisch bestätigt, dass das Gerede von der Krise Quatsch ist, versuchen, beim Golf den Kopf wieder frei zu kriegen, wissen, dass es jetzt um alles geht (Pokal und Meisterschaft).

Management: Perfekt.

Der Fan: Steht wie eine Eins hinter seinem Verein. Schläft in Clubbettwäsche. Kauft vom Ersparten Grünpflanzen für den Trainer. Fährt über 200 km zu Heimspielen. Fährt Sponsorenautos. Kauft kistenweise Ballack-Trikots. Selig ein Verein, der solche Anhänger hat. Um es mit Gerhard Delling zu sagen: Wo ein Anhänger ist, gibt es auch eine Kupplung, und die soll man bekanntlich langsam kommen lassen. Deshalb kommen auch wir jetzt langsam zu Namen, die vielleicht von nicht ganz Unschuldigen an der derzeitigen Situation des deutschen Rekordmeisters getragen werden:

Lothar Matthäus: Hat er den Club früh verlassen? Hätte er als Spieler vielleicht noch zehn Jahre dranhängen können, um den jungen Hasen Beine zu machen? Warum ruft er Ottmar H. nicht an? »Wir Trainer« (Matthäus in BamS) sollten zusammenhalten. Auch Olli K. sollte sich mal an den Rekordinternationalen wenden. Matthäus könnte eventuell der Boulevardpresse Discos schon nennen, bevor Olli dort überhaupt aufgetaucht ist (siehe auch »Minority Report«). Wäre das Modell Hitzfeld-Sportdirektor und Matthäus-Teamchef eine Lösung?

Stefan Effenberg: Warum ging er wirklich nach Wolfsburg? Handelt es sich hier um den Ignacio López des deutschen Fußballs, der in der VW-Stadt alle Berufsgeheimnisse verrät, die er in München gelernt hat? Informiert er von der RTL-Tribüne aus heimlich den Gegner? Geht das noch auf eine Kuhhaut?

Edmund Stoiber: Seit er verloren hat, geht es auch mit den Bayern bergab! Ein Fluch? Wäre Edmund S. in Berlin nicht überhaupt ein Glück gewesen? Für Bayern. Für Deutschland. Für Schröder? Hat nicht auch der Kanzler mit seinem »grauen Ballett«, der angeblich »besten Regierung aller Zeiten«, unerfüllbare Erwartungen geweckt? Steht der FC Bayern nicht immer noch besser da als Restdeutschland?

Bayer Leverkusen: Spielt sich gegen megastarke Gegner frech in die nächste Runde! Kein Wunder: Ballack und Zé Roberto hatte man vorher schon zu den Bayern abgeschoben. Gemein! Calli wusste, dass die beiden ihre besten Zeiten hinter sich haben. Gut, Ballack ist der perfekte Fußballer, aber reicht das für den FC Bayern?

Basler, Sforza, Brehme: Wäre es nicht mal an der Zeit, Danke schön zu sagen und an der Säbener Straße mit einem leichten Lauftraining zu beginnen?

Doc Wohlfahrt: Wie sehen eigentlich die Laktatwerte von Katsche, Müller, Uli und Kalle aus? Und wann genau hat der Franz zum letzten Mal gespielt? Wäre ja nur mal so ein Vorschlag!

Geschenkte Siege

Gott sei Dank gibt es das »ZDF-Morgenmagazin«. Sonst hätten wir womöglich nie erfahren, dass sich die Formel 1 unmittelbar auf dem Weg in die vollständige Kommerzialisierung befindet. Ehrlich, ZDF, wir belehren ungern. Aber sie ist dort schon vor einiger Zeit angekommen, mit Höchstgeschwindigkeit, und hat auch nie was anderes behauptet. Wir, die wir am Bildschirm die Boxenbesuchtroika der Spitzenklassen genossen haben (Bernie Ecclestone, Kanzler Schüssel, DJ Ötzi – glückliches Österreich!), ziehen aus dem geschenkten Sieg von Rubens Barrichello an Schumi das beruhigende Fazit: Der Brasilianer spurt! Eher ungewöhnlich für die lebensfrohen Sambatänzer vom Zuckerhut (Pauschalbewertung, würde vom FDP-Kanzlerkandidaten nicht widerspruchslos toleriert werden).

Außerdem sind für den rundlich wirkenden Rubens Formel-1-Siege so selten, dass ihm dicke Tränen über die Pausbacken kullern, was zwar ans Herz geht, aber nicht so doll aussieht. Siehe damals in Spa. Gönnen wir uns nun eine Überleitung, die im Frühstücksfernsehen bereits der Spitzenkategorie zugerechnet werden dürfte: Brasilien – das ist Rio, Samba und viel Sonne. Eher selten scheint die Sonne bekanntlich ja in Norwegen. Stimmt. Warum also setzt sich das Thronfolgerpaar dort in die pralle? Der Norweger als solcher guckt seit Jahrhunderten blass aus seinem Pulli. Er verträgt eimerweise Blaubeersuppe und ist friedfertig, hat aber mit Sonne nichts an der Langlaufmütze. Wir lieben Mette-Marit für ihren blassen Teint, aber Tausende von durchzechten Nächten in Osloer Drogenhöllen haben die Haut der jungen Kronprinzessin der Sonne möglicherweise stärker entwöhnt als die einer durchschnittlichen Kellnerin. Fest steht: Den Scheinwerfer von n-tv trifft keine Schuld! Ich kenne ihn persönlich, denn – hahaha – n-tv hat ja nur einen! Warum sprach man eigentlich im »ZDF-Morgenmagazin« dauernd von einem Interview, ohne Sandra Maischberger zu erwähnen? Neid? Oder eine superintelligente Hausanweisung, die Konkurrenz durch Schweigen platt zu machen? Leider wahr. Der im Gesicht halbseitig leicht verbrannte Thronfolger sah bei seiner Landung in München aus wie »Star Wars«-Personal auf Promotiontour. Mette-Marit hingegen verlieh ihre Schneeblindensonnenbrille einen zusätzlichen erotischen Reiz. Wir hätten sie gern hinter dunklen Gläsern in Deutschland begrüßt, aber die Ärzte! Erst der Knöchel, jetzt die Augen – Prinzessin sein ist kein Zuckerschlecken. Aber immer noch besser als Wohnwagen wie die Kleine aus Monaco, die mittlerweile aussieht wie ein Schalke-Fan nach zwei Tagen Pokalrausch. Und jetzt: Monaco, Rausch und Wohnmobil – willkommen bei der FDP! Kein geschenkter Sieg, denn Guido hat sie alle ausgebremst. Perfekte Stallregie: Erst richtig ausmisten, und dann die Reitstiefel frisch gewichst! Sind 18 Prozent mittlerweile nicht zu bescheiden? 24 scheinen angemessener, denn so viele Stunden wird die Sonne täglich scheinen, wenn Dr. Guido Deutschland von Steuern ebenso wie von Schulden befreit haben wird. Aber Achtung, es droht die Überschrift: nachts zu hell. Deutsche können nicht mehr schlafen: FDP am Ende?

Scheidungsrekord

Schluchz! Da treibt es dem unverheirateten Katholiken die Tränen in die Augen: Rekordzahl bei den Scheidungen! 197.500 Paare haben sich im vergangenen Jahr getrennt, ein Plus von 1,6 Prozent, von dem viele Depotbesitzer in diesen Zeiten nur träumen können. Stopp!! Darf man eine moralisch so hoch stehende Institution wie die Ehe (besonderer Schutz des Staates und so) zum schnöden Mammon in Beziehung setzen? Man muss! Denn Experten sehen Geldsorgen als einen der Hauptgründe für das Scheitern der Ehe. Dabei waren Überstunden schon seit der Blüte der Boulevardkomödie ein Hauptgrund, um sich dem Partner zu entziehen (»Ich hab noch im Büro zu tun«). Dort aber lauerten mannigfache Verlockungen: willige Praktikantinnen, üppige Sekretärinnen, in unseren modernen Zeiten gar Vertreter des eigenen Geschlechts, die manchem braven Ehemann nach Jahrzehnten sexueller Falschfahrerei das Abbiegen erleichterten. Früher war es oft schwierig, eine derartige Neuorientierung der Gattin zu vermitteln, heute kann sie es durchaus rechtzeitig erfahren, wenn sie regelmäßig Talk-Shows sieht. Weitere Experten vermuten »überzogene Glückserwartungen« als Grund für die Scheidung. »Überzogene« kann man eigentlich auch weglassen. Historisch fundiert formuliert: Früher wurde geheiratet, damit die Höfe zusammenkamen. Dann starb die Frau im Kindbett, und der Mann blieb im Krieg. Klingt hart, war aber so ähnlich. Heute stellen Paare häufig beim Verlassen des Standesamts fest, dass ihre Lebensentwürfe nicht zusammenpassen, bekannt auch als Lebensplan. Das kommt von diesem neumodischen Zeugs! Früher hatte man keine Zeit für Lebensentwürfe, da musste die Wäsche auf dem Stein geklopft und das Wasser am Brunnen geholt werden. Heute sind Frauen berufstätig und denselben Gefahren ausgesetzt wie früher die Männer (siehe oben, Abteilung Büro). Sie sind aber zu schwach, um diesen Verlockungen zu widerstehen. Kein Vorwurf, dafür können sie nichts, das ist genetisch bedingt. Deshalb werden auch sechs von zehn Ehen auf Initiative von Frauen beendet. Irritierend allerdings, mit wem Frauen häufig eine neue Partnerschaft beginnen: Kaum einmal ist es ein feuriger Latin Lover, gern genommen wird dagegen ein abgebrochener Physikstudent ohne festes Einkommen, der aber zuhören kann, sie versteht und vor allem auch mal was sagt. Wir Männer müssen umdenken! Einzig erfreuliche Nachricht: Nach dem Trennungsjahr verlaufen die Scheidungen vorwiegend einvernehmlich. Ein wirklicher Fortschritt gegenüber früheren Methoden (Beil, Beton). Wir empfehlen zum Thema Lebensplan den Eheexperten Bert Brecht, aus dem Gedächtnis zitiert: »Ja, mach nur einen Plan, sei nur ein helles Licht! / Und mach dann noch 'nen zweiten Plan, gehn tun sie beide nicht.«

Klonbaby

Muss anno 2003 die Rolle des ehemaligen Taxifahrers in der Weltgeschichte neu definiert werden? Bisher hatte sich unsereins, der sich so lala durchs Abi gemogelt hat, durchaus bewundernd an den Berufsweg ehem. Taxifahrer/Bundesaußenminister gewöhnt. Jetzt ist zu hören, dass ein ehemaliger Taxifahrer die Sekte der Raëlianer gegründet hat, seit Weihnachten allgemein bekannt als Besitzer der Klonbabymachermaschine RMX2010. Was für den Vater dreier herkömmlich gezeugter Kinder nach Mountainbike oder Computerspiel klingt, scheint für den DNA-begeisterten Hobbybastler eine wahre Höllenmaschine zu sein, auch wenn bis zur Niederschrift dieser Zeilen noch Fotos, Beweise oder überhaupt was von Klonbaby Eve fehlen. Die aufgeklärte Leserschaft dieses Magazins wird Verständnis dafür aufbringen, dass wir uns hier nicht mit den Abteilungen Ethik, Moral oder Religion aufhalten können, dies hat die einschlägige Interpretationsindustrie zwischen den Jahren bereits zur Genüge getan. Für uns als Infoelite kann die Frage der Zukunft nur lauten: Wer klont wen? Wovon haben wir genug, und wovon darf's ein bisschen mehr sein? Zugegeben, die Entscheidung fällt nicht ganz leicht, und die UNO hat schon genug zu tun. Was man so liest, haben die Raëlianer leider an sich schöne Ziele (friedlich und sexuell fortgeschrittene Menschheit!) wieder mal missbraucht. Schade. Denn gerade zum Jahreswechsel darf bemerkt werden, dass der Großteil der Menschheit weder friedliebend noch sexuell fortgeschritten ist, was vielleicht zusammenhängt, aber das ist ein anderes Thema. Auch Frau Boisselier scheidet als Kontrollinstanz aus. Zwar sieht sie aus wie eine, die es bei »Wer wird Millionär?« immerhin auf den Stuhl schaffen könnte, aber wenn man hört, was sie so alles treibt (bzw. treiben lässt): Finger weg vom Erbgut, gebt ihr lieber eine Talk-Show! Auch der Name ihrer Firma Clonaid ist irreführend. Zunächst dachte ich, es handle sich um ein Benefiz-konzert deutscher Rockmusiker zugunsten in Not geratener deutscher Comedians, und zwar durch eigenes Verschulden. Ist zwar nicht der Fall, Tüftler können im vorigen Satz allerdings zwei Berufsgruppen entdecken, für die absolut kein Klonbedarf besteht. Als häufigstes Argument des noch zu gründenden Interessenverbands Pro Clon begegnet uns die Heilung von Parkinson und Krebs. Die beiden treten ständig im Duo auf, als handle es sich um Wallstreet-Experten, die zum Kauf von Technologiewerten raten. Parkinson und Krebs sagen: Jetzt einsteigen! Sie haben damit die Rolle der durch die Weltraumfahrt stark verbesserten Bratpfanne aus den Sechzigern übernommen. Aber mal ehrlich. Ist für uns als Kunstfreunde eine Welt voller Schöner, Gesunder und Perfekter überhaupt wünschenswert? Wurde nicht alles Bleibende von Buckligen, Hustenden und Hinkenden geschaffen? Was ist von Heidi Klum oder Jennifer Lopez noch zu erwarten? Ärsche vergehen, Aphorismen bleiben. Chopin (Lungen), Heine (Rückenmark), Lord Byron (Klumpfuß), Nietzsche (Syphilis), Toulouse-Lautrec (Zwerg), Beethoven (taub), Bach (evangelisch) ... die Liste ließe sich beliebig erweitern. Nobody is perfect – und das ist gut so!

Mein Krieg

Ich sitze und warte. Kein Sturm bläst Sand in mein Zimmer, kein Wind rüttelt an meinem Zelt. Trotzdem hat man das Gefühl, dass es jetzt auch für einen selbst bald losgeht. Muss man eine Meinung zu diesem Krieg haben? Kann man sich der Dauermeinungsberieselung durch die Medien entziehen?

Im »ZDF-Morgenmagazin« sitzt der Bundesinnenminister. Er korrigiert den Moderator, der behauptet hat, auch die Minister würden jetzt immer nervöser. Der Innenminister ist nicht nervös, sagt er. Er ist gelassen. Dann muss sich der Innenminister via Fax von einem Zuschauer fragen lassen, ob im Falle eines Krieges die Gefahr für Terroranschläge in Deutschland steigt. Leider ja, sagt der Innenminister. Warum tut er sich das an? Warum sagt er nicht, er würde lieber auf die Frage antworten, ob morgen aller Wahrscheinlichkeit nach die Sonne aufgeht? Die »Morgenmagazin«-Moderatoren gucken schon ziemlich betroffen. Einen haben sie extra nach New York geschickt. Was er sagt, könnte er auch in Mainz vor einem Foto von New York sagen. Aber er wirkt ein bisschen stolz, dass sie ihn extra an den Hudson geschickt haben. Krawatte hat er trotzdem keine um. Auf nüchternen Magen sehen wir einen unattraktiven nackten Männerhals und einen hässlichen Hemdkragen. Das muss nicht sein! Es darf festgestellt werden, dass Damen und Herren, welche für länger als Reporter(innen) in die USA entsandt werden, sich in Sachen Optik gewaltig verbessern. Tom Buhrow etwa kommt jetzt richtig fesch daher. Washington eben. Oder Wash, wie deutsche Studentinnen auf Stipendium sagen, die mit nassen Haaren zum Friseur gehen, um das Geld fürs Waschen zu sparen. Inka Schneider und Patricia Schlesinger sind echte Powerfrauen geworden. Mal eine schicke Bluse, mal ein adretter Blazer. Und erst die Haare! Big

Style! Wir folgern: America is good for doitsch Frau! Schade nur, dass Sabine Reifenberg in London den Pferdeschwanz ab hat. Klar, die neue Frisur steht ihr auch toll, aber dieser Pferdeschwanz verlieh ihr eine sanfte Strenge, sodass man gern gefragt hätte: »Frau Reifenberg, können Sie mir das mit dem Tony Blair noch mal erklären, wenn die anderen Schüler weg sind?« Frau Reifenberg war immer elegant gekleidet, aber ohne Pferdeschwanz entfällt natürlich auch die Samtschleife. I miss it! Die arme Maria von Welser! Ihr hat es auf den Azoren böse die Frisur durcheinander gewirbelt. Schon aus diesem Grund sollte Europas Wetterküche künftig als Tagungsort gestrichen werden. Oder man schickt Steffen Seibert hin, jetzt, wo er wieder Raspelbirne trägt. Bis halb acht in der Früh hab ich dreimal den dümmsten Satz der Kriegsberichterstattung gehört: »Das mag jetzt zynisch klingen.« Weil zum Beispiel die Börse raufgeht und der Ölpreis runter. Oder umgekehrt. Und muss der Wettersponsor Ricola so dicht mit der hektisch summenden Biene an die »Tagesschau« geschnitten werden, dass es klingt, als leide Jan Hofer an Flatulenz? Noch 14 Stunden ...

Medienberatung?

Brauche ich eine Medienagentur? Nicht im Sinne von kaufen, sondern eine, die mich berät? Für manchen scheint diese Überlegung vielleicht überraschend. Wo ich doch jeden Tag in den Medien bin. Aber das ist Herr Florian Gerster auch. Fast. Trotzdem könnte überragende Leistung (Selbsteinschätzung meinerseits) noch besser rüberkommen, wenn sie besser kommuniziert würde.

Ab und zu mal ein Lunch mit hochkarätigen Persönlichkeiten, Networking mit Leistungsträgern, erstklassige Präsentation in den Printmedien – da ist der Schritt zum Global Player schon so gut wie vollzogen. Nur, wenn man keinen kennt, wird man natürlich auch nirgends eingeladen. Andererseits war es vielleicht auch leichtsinnig von mir, die Einladung zum Charity-Dinner neulich einfach wegzuwerfen, nur weil sie an Familienministerin Renate Schmidt adressiert war. Bloß weil sich ein Praktikant im Adresspepperl vertan hat, muss man ja nicht gleich so arrogant sein. Arroganz, Selbstüberschätzung, fehlende Selbstironie – Attribute, die jüngst in der Presse im Zusammenhang mit Florian Gerster zu lesen waren. Als Arbeitslosenchef in Nürnberg vielleicht eher negativ, im Showbiz allerdings ein erstklassiger Leumund. Muss, wie gesagt, nur richtig kommuniziert werden. Sich dabei an ein Top-Unternehmen wie WMP zu wenden ist ein Must. Schon beim flüchtigen Hinschauen sieht WMP irgendwie aus wie Juwelier oder Besteck. Einfach Tafelsilber. Klar, dass sich ein solcher Player den 1a-Ruf nicht durch Trouble mit einer popeligen Behörde ramponieren lässt. Die Namen von Vorständen und Aufsichtsräten bei WMP sind ausnahmslos first class: Hans-Hermann Tiedje, Günter Rexrodt, Hans-Dietrich Genscher, Hans-Erich Bilges, Prof. Dr. Gert Schukies – um nur einige zu nennen. Mehr Kompetenz und Seriosität wird sich in Deutschland derzeit kaum finden lassen. Hauptgrund, sich an WMP zu wenden, wäre für mich jedoch Vorstandsmitglied und Hertha-Präsident Bernd Schiphorst. Radikal gefragt: Ginge es Deutschland nicht besser, wenn wir alle ein bisschen Hertha wären? Wöchentliches Ultimatum für den Trainer und einen Manager, dessen Bruder im selben Job überirdisch erfolgreich ist? Von Hertha lernen heißt siegen lernen. Nicht zuletzt wird diese Tatsache auch hervorragend vom Club kommuniziert. Bleibt also festzuhalten, dass sich mit Florian Gerster und WMP eine hochrangige Managerpersönlichkeit und ein piekfeines Medienberatungsunternehmen zusammengetan haben. Das kolportierte Honorar von angeblich 1,3 Millionen Euro für knapp zwei Jahre scheint nur für Menschen hoch, die auf Herrn Gersters Amt Nummern zugeteilt bekommen. Die Wahrheit: Hier verdienen Menschen unseren Respekt, die sich zwei Jahre lang für ein Honorar krumm legen, das in anderen Branchen mit leichter Halbtagstätigkeit im Monat zu verdienen ist. Kein Wunder also, dass sich WMP (Büros in Brüssel und Washington in Vorbereitung) ebenso schnell wie einseitig aus diesem Vertrag zurückziehen will. Wieder mal haben unberatene Medien eine Konstellation beschädigt, die unser darbendes Land so dringend benötigt hätte. Clement, hilf!

MEIN NÄCHSTER JOB!
Wirtschaft, Arbeit & Soziales

Wer sich bis zu dieser Stelle durchgelesen hat, denkt vielleicht leicht verärgert: Das kann ich auch! Recht haben Sie. Warum werden Sie nicht Schriftsteller? Oder Autor? Writer? Werden Sie Mitglied im gar nicht so exklusiven Club der Autorennovizen.

Es gibt doch bestimmt eine Schnurre aus Ihrer Kindheit (DDR?), die Sie einem Paul oder einer Anna, Anfang dreißig, wohnhaft in – logo – Berlin, ins Hirn legen können.

Zum Beispiel, wie Onkel Hermann sturzbetrunken vom Skiball nach Hause kam und über die bereits schlafende Tante Hildrun urinierte, weil er sich im Zimmer geirrt hat. Das könnte doch Anna durch den Kopf gehen, während sie leicht benebelt von der Abtreibung nach Hause geht. Oder vom Friseur. Oder eigentlich abtreiben gehen wollte, sich dann aber doch für den Friseur entschied. Mal sehen, was Paul sagt. Paul arbeitet in einer Medienagentur, hat eine vierjährige Tochter (Rebecca? Cosima? Velvet?), die bei ihm lebt. Die Mutter ist a) tot (AIDS? Crack? LKW/Fahrrad?), b) als Fooddesignerin zurück in die Staaten oder c) wieder schwanger in der Nähe von Tel Aviv. Von einem Selbstmordattentäter. Wenn Sie jetzt sagen: zu dick, zu geschmacklos, dann haben Sie keine Ahnung. Halten Sie die Klappe, sichern Sie sich die Filmrechte und dann aufgepasst, Ihr Bestsellerlistenweiber!

Weihnachtsreisen

Gewerkschaften, mal herhören: Dieses Jahr liegen die Festtage extrem arbeitnehmerfreundlich. Erst Weihnachten, und aus mathematischen Gründen geht es eine Woche später mit Silvester und Neujahr so weiter. Unsereins kennt ja noch die Zeiten, als an Silvester halbtags gearbeitet wurde. Erst der Papa und später dann man selber, da ja vor allem für Menschen aus dem Schaugewerbe zum Jahreswechsel doppelter bis dreifacher Frohsinn Pflicht ist. Doch schon tauchen Probleme auf! Zu Zeiten des Halbtags-Silvesters waren natürlich auch zehnprozentige Gehaltserhöhungen an der Tagesordnung, pro Jahr, versteht sich, und davon haben sich die Gewerkschaften in diesen Zeiten maßvoll entfernt. Das weitaus größere Problem: Trotz idealer Positionierung der Festtage in diesem Jahr gehen genau genommen Urlaubstage flöten.

Nämlich: Das Fest liegt mitten in der Woche. Da der Deutsche trotz aller Mit-Tannenbaum-im-Flieger-an-den-Strand-reisen-Tendenz die Geburt im Stall gern in heimischen Gefilden feiert, gehen damit mindestens drei schöne Urlaubstage verloren. Beweis: Fiele der Heilige Abend auf einen Freitag, ließe sich die Verwandtschaft am Wochenende (erster und zweiter Feiertag) entspannt abfeiern, und man könnte eine ganze schöne Woche in das gefragteste Urlaubziel dieser Breiten reisen: »Irgendwohin in den Schnee«. Gleich folgt, dass mit dieser Zielvorstellung der Stress erst richtig anfängt, doch zunächst soll die oben angestellte Berechnung noch präzisiert werden: Mit Weihnachten mitten in der Woche werden zwar drei Urlaubstage gewonnen, es gehen aber drei Verreisetage verloren.

Wussten Sie das, Herr Zwickel? Dann erst kommt das Wochenende, wo man ja eh nicht viel unternehmen kann, denn »übermorgen ist Weihnachten«, und dann kommt die Zeit zwischen den Jahren, wo bekanntermaßen überall tote Hose ist und schon wieder ein Wochenende. Rein rechnerisch macht das natürlich keinen Unterschied, denn die Zeit zwischen Weihnachten und Dreikönig bleibt immer gleich lang! (Wurde so deutlich noch nie gesagt.) Aber psychologisch, und das ist ja wohl genauso wichtig wie weiße Weihnachten. Irgendwo im Schnee also. Und damit geht der Stress, wie gesagt, erst richtig los: Denn wo Schnee ist, ist weit. So weit wie lang zwischen Weihnachten und Dreikönige. Dort ist jetzt voll. Hätte längst gebucht werden müssen. Außerdem ist die Zeit so kurz, siehe Festtage in Wochenmitte. Also vielleicht wohin in der Nähe, aber mit Schnee? Aber wo soll das sein? Und falls es das überraschenderweise geben sollte, dann erwartet einen dort die Hölle. Weiß, aber ohne Piz Palü. Schon mal Dortmunder im Sauerland gesehen in einer Ausrüstung, als ginge es Schuss vom Montblanc runter? Schon mal den Schlitten über den Asphalt in Winterberg gezogen, während der Dreckmatsch am Straßenrand versucht, Winter zu imitieren?

Fazit: Daheim bleiben, nächstes Jahr rechtzeitig buchen, dann liegen auch die Feiertage günstiger. Eventuell.

Wehrpflicht

Mit der drohenden Abschaffung der Wehrpflicht beraubt man unsere jungen Männer der Chance, »mit der Waffe gedient« respektive »Dienst an der Waffe geleistet« zu haben. Dies mag in rundum friedlichen Zeiten wie diesen martialisch klingen, aber meine Wenigkeit hat diese Formulierung noch häufig gehört, in leicht vorwurfsvollem Zusammenhang. Hat mir doch während meines Zivildiensts ein Lehrer erklärt, damals »hätte kein Mädel einen angeschaut, der nicht mit der Waffe gedient hat«. So warn se halt, die Mädels damals.

Überhaupt war die Beziehung zwischen Mädels und Barras immer schon eine enge. Viele erreichte die Berufung »zum Bund« bereits als Verlobte. Verständlich, denn wer schon ab 15 miteinander geht, der möchte gern klare Verhältnisse, wenn der Partner in den Zug steigt, der ihn unter Tränen am Bahnsteig in den Nachbarort bringt. Denn das muss man der Bundeswehr hoch anrechnen: Wo immer es möglich war, hat sie ihre Wehrpflichtigen nicht weiter als fünf Kilometer vom häuslichen Herd entfernt stationiert. So wurde der »Heimschläfer« geradezu zum Symbol einer modernen, streng demokratisch orientierten Armee im Dienste der Zivilbevölkerung.

Natürlich hieß es auch weiterhin leicht sentimental: »Hast du da droben vergessen auch mich?« Aber es war nicht mehr der einsame Soldat, der am Wolga-Strand mit seinem Schöpfer haderte, sondern der enttäuschte Wehrpflichtige, der unten in der Küche darauf wartete, dass Mutti aufstand und ihm das Frühstück machte. Hat eigentlich in diesem Zusammenhang mal jemand unsere Bahn gefragt, was die von der Abschaffung der Wehrpflicht hält? Wer soll dann freitags Intercity fahren? Ist das alles mal volkswirtschaftlich kalkuliert worden? Schließlich waren ja auch viele Wehrpflichtige über Jahre weg vom Arbeitsmarkt, ehe sie sich nach zwölf Jahren mit dem klassischen Berufsziel »Fahrlehrer« wieder in den Wirtschaftskreislauf integriert haben.

Ins Rollen gebracht hat die ganze Angelegenheit, mit der sich jetzt das Bundesverfassungsgericht beschäftigen muss, ein so genannter Totalverweigerer, ein Begriff, den viele sicher nur aus dem ehelichen Umfeld kannten. Man will also gar nichts mehr machen. Ehrlich, Jungs, da entgeht euch was! Auch als ehemaliger Zivi kriege ich heute noch feuchte Augen, wenn ich mit Kloß im Hals hervorwürge: war ne schöne Zeit damals. Fortsetzung des Pausenhofs mit kreiswehrersatzamtlichen Mitteln. Irgendwie ist es doch schade, sich vorzustellen, gleich nach der Schule ein langweiliges Studium oder einen noch langweiligeren Job antreten zu müssen. Und im Zivildienst konnte man sich als Heimschläfer geradezu dumm und dämlich verdienen: Wäschegeld, Essenszulage, Urlaubsgeld, Begrüßungsgeld, da war viel an kreativer Gestaltungsmöglichkeit drin, gerade wenn man wie ich sein eigener Sachbearbeiter war, weil das Bundesamt für Zivildienst die Stelle gerade erst neu geschaffen hatte. Überlegt euch das noch mal mit der Totalverweigerung. Glaubt uns alten Frontschweinen vom Zivildienst: Früher war nicht alles schlecht!

Ich-AG

Nach dem Finale ist vor dem Finale: Der 22. September kommt bestimmt. Wenn wir die neuesten Pläne richtig verstanden haben, können die Arbeitslosenzahlen zumindest halbiert werden, wenn jeder sofort eine Ich-AG gründet. Ein kleiner Exkurs muss erlaubt sein: Es sind immer die Arbeitslosenzahlen, die halbiert werden, nie die Arbeitslosen selbst. So viel Zeit muss sein.

Schauen wir nach Frankreich, schauen wir nach USA. Vollbeschäftigungsparadiese? Keine Ahnung. Was wir Investoren in Technologiewerte jedoch wissen: Aus diesen beiden Ländern kommen schlimmste Erschütterungen unseres noch gar jungen Vertrauens in die Aktie. Bilanzfälschung, Schmiergelder, Schulden – gibt es noch genügend Eisberge für alle Spitzen? Und just in diesen Zeiten soll einer eine Ich-AG gründen? Wäre es für den Einstieg nicht besser, man gründet erst mal einen Ich-e.V. oder eine Ich-GmbH? Falsch. Die Ich-AG ist genau die richtige Gesellschaftsform, um sich profitabelst auf den Markt zu stürzen.

Vorteil 1: Der Ich-Aktionär ist sein eigener Vorstand und Aufsichtsrat. In entsprechendem Alter wechselt er sich selbst in den Aufsichtsrat und überlässt seinem jüngeren Ich das operative Geschäft. Er gehört sich auch zu 100 Prozent selbst (wer kann das schon von sich sagen), und wer kann etwas gegen Shareholder-Value haben, wenn es komplett um die eigene Sache geht.

Vorteil 2: Alle Entscheidungen fallen einstimmig (siehe Deutsche Bank!).

Vorteil 3: Jahreshauptversammlungen können jederzeit einberufen werden, notfalls auch mehrmals täglich: Wer beispielsweise als Aktionär eines Autogiganten oder Telekommunikationsmonopolisten jahrelang mit traurigen Bockwürsten und staubigem Marmorkuchen abgespeist wurde, kann es nicht hoch genug schätzen, wenn er sich als sein eigener Vorstand von sich als Aufsichtsrat ein opulentes Galadiner absegnen lässt.

Vorteil 4: Feindliche Übernahmen durch böse Ausländer müssen nicht zur Vernichtung deutscher Arbeitsplätze führen. Reist beispielsweise eine weibliche Ich-AG zwecks Investorensuche im globalen Dorf nach Ibiza oder Jamaica, kann ein dortiger Interessent durchaus einiges in die Gesellschaft investieren, ohne dass diese gleich ihren Schwerpunkt in fiskusfeindliche Off-Shore-Gebiete verlagert. Ganz im Gegenteil: Motiviert und für die Belange des internationalen Marktes geöffnet, bringt sie neuen Schwung in unsere verkrusteten Strukturen. Jeder Urlaub ein G-7-Gipfel.

Vorteil 5: Insolvenzverfahren. Kein Jammern mehr am Geldautomaten, nie mehr demütigende Kundengespräche in der Kreditabteilung. Insolvenzantrag gestellt – den Rest erledigen potente Investoren. Achtung: marode Einzelgesellschaften wie Leber oder Psyche rechtzeitig ausgliedern!

Demnächst: Wie geht's mir wohl an Weihnachten? So komme ich mit Puts und Calls sicher ins neue Jahr.

Der Rucksack

Schon wieder wächst zusammen, was zusammengehört: der Deutsche und sein Rucksack. Die Älteren werden sich noch an die zusammengewachsenste Form erinnern: den Rucksackdeutschen. Zugegeben, damals ein leicht uncharmanter Ausdruck für Deutsche aus den Gebieten, die in finsteren Zeiten heim ins Reich geholt werden sollten. Aber es gab ja genug zu tun: Wiederaufbau, wohin man schaute, zusammenfassend kann man also sagen: So schwer die Zeiten auch waren (keine Herrenbesuche bei unverheirateten Fräuleins, Honig nur beim Kaufmann im Schaufenster), eine Hartz-Kommission war damals nicht nötig!

Diese Quintessenz mag manchen überraschen, aber Hartz und Rucksack, das sind zwei Begriffe, die zusammengehören! Natürlich ist hier nicht von jenem hippen Accessoire die Rede, in welchem junge Menschen Handy, Mineralwasserflaschen, Notebook und was weiß ich durch die Welt tragen, wir sprechen vom Klassiker, wie man ihn von Wilderern, Schmugglern und Erfrorenen im Hochgebirge kennt. Der von zerfallenen Butterbroten und schwitzenden Rücken innen wie außen befleckte Stoffsack, rau und gern mal blutverschmiert von den zerrissenen Vorderläufen »des Wildes«, welches der bärtige »Wuidarar« durch den finsteren Tann schleppte, Lichtjahre vor der Erfindung irgendwelcher High-Tech-Fasern: So stellen wir uns den Rucksack vor, Modell »Job-Floater«, den – und das ist ein schöner Tag – Peter Hartz jedem Arbeitslosen auf der Walz gen Osten verpassen will: »Tach Chef, ich bin der Neue, und wenn die Frau Meisterin mir Speis und Trank gereicht hat, dann will ich auch hurtig die Geldbündel aus dem Ränzel holen!«

Denn wenn wir es richtig verstanden haben, geht der Markt paradiesischen Zeiten entgegen. Früher wurde jemand eingestellt, weil man was für ihn zu tun hatte. Heute nicht mehr nötig. Er bringt ja gleich die Kohle mit. Zwar nur als Kredit, aber darüber reden wir später. Es spricht der Kanzler: »Lieber Arbeit in Leipzig als Schwarzgeld in Liechtenstein.« Das sehen zwar viele in der Kölner SPD anders, aber man wird doch wohl Romantiker bleiben dürfen: Wäre es nicht eine Träne wert aus der Abteilung »So klein ist die Welt«, wenn der Arbeitslose das Geld im selben Rucksack nach Leipzig brächte, in dem es sein Chef einst nach Liechtenstein schleppte. Keiner dürfte sich wundern, gäbe der Chef dem Neuen auch gleich noch die Tochter zur Frau mit den Worten: »Jahrelang bin ich nachts schweißgebadet aus dem Schlaf geschreckt beim Gedanken, wie ich die Kohle wieder nach Deutschland kriegen soll. Und jetzt bringst du sie im Auftrag der Regierung in meinem geliebten alten Rucksack.«

Ja, das klingt märchenhaft. Aber wer auf dem deutschen Weg durch die Welt wandert, der darf ruhig daran glauben, dass es zwischen Uelzen und Wolfsburg mehr Dinge gibt, als unsereins sich vorzustellen vermag. Demnächst in dieser Reihe: Aktion Mundschutz-Patienten, die sich selbst operieren, sowie Projekt »Sterntaler – für Rentner genügt ein letztes Hemd«. Lauter schöne Tage.

Verdi

Worauf wir uns in 2003 (anglizistisch gefärbte Behördensprache) wirklich schon mal freuen dürfen, ist der »wirklich große Streit im öffentlichen Dienst«, den uns Frank Bsirske jetzt versprochen hat. Endlich mal was los, und dann hoffentlich auch ästhetisch auf modernstem Streikniveau. Denn seien wir ehrlich: Verglichen mit den Bildern, die uns aus südlichen Demogefilden wie Argentinien oder Venezuela erreichen, sieht der deutsche Streikende neben seinem (TÜV-genehmigten?) Benzinfass eher aus wie der deutsche Arbeitende: trist und freudlos. Wobei zur Beruhigung angemerkt sein soll: Das brennende Fass Marke BRD hat nur einen Grund – es wärmt. Keinesfalls soll es anzünden und zerstören, wir sind ja (noch) nicht in der Dritten Welt. Während uns also aus Südamerika Szenen mit attraktiven Frauen in sexy T-Shirts erreichen, die voll praller Lebensfreude irgendeinen Präsidentenrücktritt oder die Auszahlung des Ersparten fordern, sehen wir hierzulande immer nur frierende Grauhaarige mit Klobrillenbart, die von Mutti watt Warmes auffen Streik gebracht kriegen. Im Medienzeitalter törnt das echt ab. Die Gewerkschaftsforderung von »deutlich mehr als drei Prozent« ist übrigens in Ordnung. Wird ja alles teurer, und warum sollte eine Krankenschwester, die sich abends todmüde irgendwelches Promigesindel in teuren Autos unter Palmen im Fernsehen anschauen muss, bei der Monatskarte draufzahlen? In der Sache stimmen wir also den Streikenden 100-prozentig plus x zu, nur in unserem unstillbaren Drang nach dem Guten, Wahren und vor allem Schönen hätten wir Bitten: erstens deutlich weniger Fernsehauftritte von Ursula Engelen-Kefer, zweitens weg mit den blöden Plastikteilchen und drittens Reimverbot für Plakattexter, denn da fehlt's wirklich überall.

Auch die Fernsehteams sind gefordert, gilt es die Rückkehr eines der Großen der Vermittler- und Schlichterszene ins Bild zu setzen: Hans Koschnik. Hier erwarten wir deutlich mehr als Schwenks über hässliche Thermoskannen, Schüsse von außen auf nächtlich erleuchtete Tagungsfenster oder übernächtigte Vermittler, die im Dreierpack vor braune Flügeltüren treten: »Wir haben einen Kompromiss gefunden.« Wie wär's mal mit einer Großen Streikgala (MDR)? In der Durchführung wünschen wir uns einen langen Streik, der nach Expertenauskunft sowieso keine Auswirkung auf die Konjunktur hat. Aber Ruhe. Keine Flüge. Keine Busse. Kein Mülltonnengeklapper. Wie wusste schon ein großer Franzose: Das meiste Unglück in der Welt entsteht nur, weil die Menschen nicht ruhig auf ihrem Stuhl im Zimmer sitzen bleiben.

Tankwart und Schuhputzer

Während ich auf die Enthüllungen von Colin Powell vor dem Sicherheitsrat warte, fällt mir auf, dass ich von einem aufs andere Mal vergesse, auf welcher Seite meines Autos sich der Tankdeckel befindet. Dies ist umso schmerzlicher, verliere ich doch beim Tanken wertvolle Lebenszeit und gefährde auch unfreiwillig Mitmenschen, wenn ich an der Tankstelle rückwärts rangieren muss, um an die Zapfsäule zu kommen. Warum gibt es den guten alten Tankwart nicht mehr, der einem früher den Wagen betankte und die Scheiben wischte? Natürlich, ich weiß: Kosten! Aber wäre das nicht im Sozialstaatsumbauzeitalter eine wünschenswerte Ich-AG, die gleichzeitig das Gejammer über die Dienstleistungswüste Deutschland ein bisschen leiser drehen könnte? Wo doch unsere Tankstellen mittlerweile kurz davor sind, auch Organtransplantationen anzubieten, warum nicht zurück zu den Ölquellen und das archaische Berufsbild Tankwart wieder auferstehen lassen? Man würde sich in Sachen Euro-Trinkgeld nicht zieren, Cash auf die Kralle. Wer 86 Euro für einmal Volltanken bezahlt, sollte es als Charaktertraining verstehen, einen Hunni rüberzuschieben: »Danke, stimmt so.« Denn selbstverständlich würde direkt aus dem Wagen an der Zapfsäule bezahlt, anstatt sich an der Kasse gegen Altpunks wehren zu müssen, die nach Kakao mit Schnaps fragen. Die Kosmopoliten unter den Lesern werden an dieser Stelle nicken und etwas von »Richtig, genau wie in Amerika« murmeln, wo einem ja bekanntlich »irre freundliche Leute beim Einparken helfen«. Damit hätten wir den nächsten Berufswunsch: Schuhputzer!

Ein Aufschrei ist zu ahnen. Demütigend! Die Zeiten sind doch vorbei! Mag sein. Aber wir sprechen vom Schuhputzer als Beruf, nicht als mentalem Zustand. Wird nicht mancher

Fußballtrainer oder Fraktionsvorsitzende schlimmer behandelt als je ein Schuhputzer? Wieder einmal heißt der Maßstab New York! (Die Info-Elite nickt beifällig.) Schuhputzer dort sind clevere Kleinunternehmer, die eine gefragte Dienstleistung erbringen und entsprechend bezahlt werden. Investmentbanker, Waffenhändler, Drogenbarone – kurz, alles, was vielleicht bald einen Termin bei der UNO haben könnte, sitzt friedlich nebeneinander, Zeitung vor dem Gesicht, und kriegt die Schuhe auf Hochglanz gewienert. Allerdings, man muss es leider erwähnen: Sie tragen Schuhe, und nicht jenes mit Kreppsohle nach unten abgedichtete Flüssiggummi, mit dem sich 95 Prozent der deutschen Männer in die Öffentlichkeit trauen.

Solange deutsche Männer in ungeputzten »bequemen« Schuhen selbst ihren Wagen tanken, wird sich Deutschland nie von seiner Depression erholen. Hand an die Zapfpistole, runter auf die Knie – der Kanzler kann stolz auf uns sein.

Zum Kotzen

Das gute, alte »zum Kotzen« ist wieder da. Hierfür bedanken wir uns ganz herzlich bei Altkanzler Helmut Schmidt, der dies in Bezug auf die Weinerlichkeit einiger Ossis jüngst in die Debatte warf. Zwar hatte auch Neukanzler Gerhard Schröder kürzlich von »zum Kotzen« gesprochen, aber er meinte die Grünen. Die Grünen waren ja mal so was wie die Ossis in der Regierungskoalition, aber das ist lange her. Mittlerweile sind sie mindestens Wessis, eigentlich fast schon Frankreich. Bedeutungsmäßig. Zumindest bekennen sie sich leidenschaftlicher zum Sonnenkönig.

Aber zurück zum Kotzen. Dieser Ausdruck erinnert auf erfrischende Weise an die 50er-Jahre, als der Aufbau brummte, mit Frollein, Bratkartoffelverhältnis und Halbstarken. Am Wochenende gehörte Vati uns, und kurz darauf fuhren wir nach Italien. Zapperlott, das waren Zeiten! Nix von wegen *megalieb, superlecker* und *Du hast mich emotional getouched.*

»Zum Kotzen«, das klingt nach Ärmel aufkrempeln und in den Griff kriegen. Flut (sic!) und die eigene Partei. Also, zumindest 'ne Zeit lang. Wer so formuliert, weiß, dass es keine Abweichler gibt, sondern nur Leute, die nix kapieren. Vor allem nicht, was die Weltzeituhr geschlagen hat. Hamburg und SPD, das war damals Helmut Schmidt. Heute ist es Olaf Scholz.

Nun sollte nicht der fälschliche Eindruck entstehen, wir maßten uns ein Urteil darüber an, ob die Ossis weinerlich seien oder nicht. Wir verfügen nicht über die universelle Kenntnis des Freundes eines Henry Kissinger und Giscard d'Estaing. Aber eines ist auch klar: Wir lassen uns das Jammern nicht verbieten! Helmut Schmidt sollte das wissen (»Zeit«-Diktion auf Leitartikelniveau). Er wird es verstehen, als Raucher, Organist und Freund von Justus Frantz. Hat nicht der genialste Ossi aller

Zeiten – J. S. Bach – das Jammern in einzigartige Töne gesetzt? Aus tiefer Not schrei ich zu dir, Herr Gott, erhör mein Rufen; Wenn wir in höchsten Nöthen sein?

Selbst wenn das Wehklagen von den Stränden bis hinauf in die Hügel Gran Canarias dringt, sollte der Altkanzler seine Zigarette nicht in Bitterkeit ausgehen lassen: Jammern schützt Ihre Gesundheit.

Wasser-Jo-Jo

Kann der Einzelhandel die SPD retten? Wird ein Euro neunund-
neunzig die magische Zahl, wenn es um den idealen Verkaufspreis
für ein Produkt geht, das wieder mal erst keiner haben wollte?
Sind Grundschulkinder mittlerweile die Traumzielgruppe für
Zukunft am Standort Deutschland? Doch der Reihe nach. Eines
Tages bringen es die Kinder mit nach Hause. Aus der Schule. Aus
dem Kindergarten. Es ist hässlich. Es stinkt. Es ist unberechenbar.
Die Kinder sind begeistert. Es sieht aus wie ein Brustimplantat für
Igel. Es fühlt sich auch so an. Um die Frage gleich vorweg zu
beantworten: In hellen Mondnächten fasse ich manchmal im
Garten Igelweibchen an die Brüste. Daher weiß ich, wie es sich
anfühlt. Eines Morgens beim Frühstück: Guck mal, Papa! Wusch,
saust das Ding nur wenige Millimeter an der Kaffeetasse vorbei.
Kurz darauf testet es den Glaseinsatz in der Tür und den Lampen-
schirm auf dem kleinen Tischchen daneben. Iglu hin, Pisa her, da
versagen alle pädagogischen Vorsätze: »Ich hab dir gesagt, du
sollst mit dem Scheißding aus der Küche gehen.« Das Kind weint.
Das ist kein Scheißding. Von mir aus, aber was ist es dann? Jetzt,
da es rund zwei Millionen Mal verkauft wurde und den Wirt-
schaftsteil der Zeitungen erreicht hat, lernen wir: Es ist ein Wasser-
Jo-Jo. Wasser, weil es damit gefüllt ist, Jo-Jo, weil es fast so funktioniert. Aber eben leider nur fast. Während das gute, alte Jo-Jo nur
funktionierte, wenn es mit einigem motorischen Geschick senkrecht gehandhabt wurde, flutscht das aktuelle Teil unkontrolliert
in alle Richtungen, weil es an einer Art verdrehtem Gummikabel
hängt. Deshalb sind die Kinder so begeistert. Habe ich schon
erwähnt, dass das Gummigeschwür stinkt? Genauer gesagt: Es
riecht wie früher Turnschuhe aus der Zone. Die standen dann von
Heiligabend nach dem Auspacken bis Neujahr auf dem Balkon
zum Auslüften.

Niemand kann ernsthaft erwarten, dass solches mit Kindern geschieht. Denn sehen wir es positiv: Das Wasser-Jo-Jo wird den darbenden Einzelhändlern aus den Fingern gerissen, in führenden Kiosken ist der finanzielle Heilsbringer der Post-Tamagotchi-Ära ausverkauft. Nicht mehr lieferbar. Menschen stehen Schlange, bieten Briketts zum Tausch an. Gut, Letzteres ist eine Frühjahrshitzevision, die vermutlich ausbleiben wird, aber bedingt durch pingelige Zollkontrollen (globale Krisensituation!) kann es schon bald zu dramatischen Engpässen kommen. Das können wir unseren Grundschülern nicht zumuten, haben sie uns doch erst kürzlich laut Iglu an die Weltspitze herangelesen! Da wäre doch so ein süßes Kügelchen zu Ostern das Mindeste gewesen! Erinnern wir uns: Die Inder gingen lieber nach Kalifornien, Hartz – wer war das? Hans Eichel traut sich nur noch nachts aus dem Ministerium – und jetzt würde der Konsum endlich mal angekurbelt, und nu gibt es nüscht! Kanzler, hilf! Mach, dass die große Flummiflut kommt und die Basis springt wie ein Jo-Jo.

Faulenzen

Die Hitze bringt es an den Tag: Obwohl ganz Deutschland glühend an irgendwelchen Stränden schwitzt, läuft der Laden weiter. Vielleicht sogar besser. Womit bewiesen wäre: Weniger arbeiten ist für alle gut. Nutzen wir also die Chance, wirtschaftlichwissenschaftlich Entscheidendes für den Herbst zu verkünden: weniger produzieren, mehr konsumieren! Generalistisch lässt sich sagen, dass jeder Deutsche (gilt natürlich auch für die Frauen, wirkt mit dem blöden /r aber störend beim Schreiben), dass also jeder Deutsche alles hat. 2 Fernseher, 3 Urlaube, 1 Wohnung, 2 Autos. In Einzelfällen können Details fehlen, wären aber grundsätzlich mit wenig Aufwand beschaffbar. Viel wertvolle Lebenszeit wird also weiterhin verschwendet durch die Herstellung sinnloser Produkte wie etwa Geländewagen, neudeutsch SUV. Mal ehrlich: Wer braucht den? Wettermäßig lässt sich Deutschland in drei Phasen gliedern: Hochwasser, Affenhitze und das Scheißwetter dazwischen. Keines dieser Wetter erfordert den Einsatz eines Geländewagens. Mit dem SUV werden in Deutschland nicht Medikamente in verschlammte Elendsviertel gefahren, sondern Kinder von einer Geburtstagsfeier zur anderen. Und zwar von Müttern, die besser arbeiten gingen. War doch jüngst von einer Erziehungswissenschaftlerin eine bemerkenswerte These zu lesen, welche verknappt lautet: Je dümmer die Mütter, desto wichtiger ist, dass sie nicht den ganzen Tag mit den Kindern verbringen. Sie sollten vielmehr die Erziehung des Nachwuchses geschultem Personal überlassen und sich selbst durch berufliche Aktivitäten weiterentwickeln.

Erste Forderung also: Die Produktion von Geländewagen wird in Deutschland sofort eingestellt. Wenden wir uns nun dem Konsum zu, welcher dringend zu steigern ist. Dies wird von keiner Interessengruppe mehr bestritten. Wichtigste

Voraussetzung: Die Deutschen dürfen nicht länger schon müde in der Freizeit ankommen! Es ist allgemein bekannt: Sämtliche notwendigen Produktionsabläufe könnten in vier Stunden pro Tag abgewickelt werden, dann hätten alle Arbeit, in der restlichen Zeit würden wir Klavierunterricht nehmen, großflächige Bilder malen oder uns am Strand mit deutschem Riesling bespritzen.

Dass Minister Clement Faulenzer härter rannehmen will, beweist nur, dass er noch immer dem ruhrpottigen Ideal von Maloche anhängt, bei dem man sich sinnlos krumm und bucklig arbeitet. Schon längst könnten wir auf schattigen Terrassen unseren Kaffee schlürfen, während im Hintergrund das sanfte Surren der Maschinen zu vernehmen ist, die Produkte herstellen.

Forderung zwei lautet logischerweise: sofortige Einführung der Zwanzig-Stunden-Woche. Details regeln die zuständigen Referenten.

Widerspenstigen Kabinettsmitgliedern rufen wir zu: »Geht uns aus der Sonne!«

»… NUR, UM WIEDER HEIMZUKOMMEN.«
Reisen, Urlaub, Eisenbahn

Seit Menschengedenken (ziemlich abgenudelter Begriff, hat aber auch was von Tiefgang), also seit Menschengedenken weisen die Titanen des Geistes darauf hin, dass Reisen komplett schwachsinnig ist.

Erkenntnis null. Eindrücke austauschbar. Himmel sinnlos blau. Warum also leben wir nicht ein Stück weit den selbstverständlich guten, alten Descartes? Warum vermeiden wir nicht das Unglück in der Welt, indem wir in unserem Zimmer ruhig auf einem Stuhl sitzen bleiben? Weiß ich doch nicht!

Reisen macht Spaß. Nicht unbedingt in unseren überfüllten Kathedralen, aber am Gepäckband. Beim Warten auf das hässliche Gepäck (man hat Luis Vuitton viel Unrecht getan) bekommen wir Einblick in Singlepsychen, Patchworkfamilienhorror und würdelos alt werdende rheinische Frauengesichter.

Warum ist der Harndrang in Chartermaschinen um ein Vielfaches stärker als in der Business-Class? Schafft Schlange stehen vor der Flugzeugtoilette jenes Gemeinschaftsgefühl, welches wir im kalten Ex-Sozialstaat vermissen, gerne auch schmerzlich?

Zeit für Fernando Pessoa! Wer weiterliest, kann den achten Kontinent mit bloßem Auge entdecken.

Ferienhauskauf

Um mal einen floskelhaften Einstieg zu vermeiden: Der Urlaub wird wieder schneller da sein, als man geglaubt hat. Südliche Nächte mit dem klassischen Zubehör: Grillen (Steaks), Oliven, Grillen (Zirpen) und der Duft von Lavendel (unvergessen als Trio mit Oleander und Jasmin – Vernell! Gibt's das eigentlich noch?) lassen ihn wieder stärker werden – den Wunsch nach einem eigenen Ferienhaus. Was Eigenes! In einer Stunde ist man da! Persönliche Gegenstände erwarten einen! Erholung sofort! Alles richtig. Vielleicht bleibt trotzdem noch die Zeit, ein paar Kleinigkeiten zu berücksichtigen, bevor Mutti zur Bauleitung in Richtung Finca entschwindet.

1. Die Lage. Entscheidend. Wie immer bei Immobilien. Direkt am Meer oder im Landesinneren? Hängt von persönlichen Vorlieben des Neubesitzers respektive – noch häufiger – der Neubesitzersgattin ab. Häufig wäre die Villa in erster Reihe am Meer der Traum schlechthin, aber die Pferdekoppel fehlt. Andere wiederum fühlen in einer alten Finca mitten im Olivenhain schlagartig den Schlüsselroman des neuen Jahrhunderts in sich reifen, aber das Meer liegt dort hinter den sieben Bergen. Glückspilze treffen in solchen Fällen am zweiten Tag in einem typischen Straßencafé ein deutsches Ehepaar, das seit fünf Jahren mit Deutschland abgeschlossen hat. Mit so gut wie keinem Geld haben sie etwas erworben, wogegen das Paradies als Plattenbau erscheint: ein süßes Fischerhaus direkt am Meer (20.000 Mark) und einen Traum von einer Finca in einem total verschlafenen Dörfchen (12.000 Mark inkl. 3.000 Hektar Land). Renovierungskosten 800 Mark, und kürzlich hat ein Engländer nur für das Fischerhaus fünf Millionen geboten. Aber ist man denn verrückt?

2. Wie kommt man an so was? Einfach rumhören. Am besten im »El Aqua«, direkt an der Straße von La Paloma nach Olé. Nach Pedro fragen. Hat einen Schnurrbart und mag Deutsche. Ein absolut uriger Typ. Verkauft nur, wenn er einen mag. Mag aber eigentlich jeden.

3. Das Grundstück mit eigenem Brunnen. Nur blutige Laien lassen sich abschrecken, wenn sie drei Mauern mit zwei Dachlatten und ein paar Ziegeln auf einer großen Wiese sehen. Experten wissen: ein Juwel, das mit minimalem Aufwand (Schwager plus zwei lokale Handlanger) in ein flairgeschwängertes Schmuckkästchen verzaubert werden kann. Mit primitivstem Bohrgerät ist in geringer Tiefe, praktisch gleich unter dem Boden, eine Quelle zu erreichen, gegen die aber der Ursprung des Rheins eine versiffte Kloake ist. Morgens Wasser frisch vom Brunnen! Wie ging es jemals ohne?

4. Die kurze Anreise. In einer Stunde von Haus zu Haus. Gut, wenn es schlecht läuft, kann es auch zwei dauern. Man hat ja nur so ein kleines Täschchen und geht einfach durch, wo die anderen am Gepäckband warten. Freitagabends runter, sonntags zurück oder montags gleich mit der ersten Maschine. Oder gar nicht, sondern gleich online die Megakreativideen durchgeben. Fahrtzeit zum Flughafen hier und vom Flughafen dort kleiner als null.

5. Wir fassen zusammen. Wer jetzt nicht kauft, ist selber schuld. 300 Prozent Gewinn bei Wiederverkauf sind garantiert. Demnächst: Chromgestelle und Salzwasserluft, Anrufe vom befreundeten Verwalter, Schlüssel an gute Freunde und die Geheimnisse mediterraner Grundbucheintragungen.

Reisegepäck

Wie packe ich meinen Koffer richtig? Welches ist überhaupt der richtige Koffer? Zwei Fragen, die in ihrer Bedeutung nicht hoch genug einzuschätzen sind, denn in Zeiten der Kofferglobalisierung ist es wichtig, seine unverwechselbare Persönlichkeit den Mitreisenden via Koffer zu signalisieren. Weiß jeder, der schon mal auf die »Graue Auster« am Gepäckband gewartet hat. In dieser Situation bedauert man vielleicht auch, nicht die eigenen Initialen an den Kofferrand geklebt zu haben. Wirkt irgendwie uncool, kann aber hilfreich sein, wenn 20-mal der gleiche Koffer kommt. Andere Unterscheidungsmerkmale (Aufkleber aus Isny, Gummiband drum rum, oder das Handtuch hängt raus) können den Coolnessfaktor auch eher dämpfen.

Was kommt unten in den Koffer rein? Natürlich Jacken und Hosen. Vorausgesetzt, man reist überhaupt mit Koffer und nicht mit Reisetasche. Wir wagen folgende These: Wer mit Reisetasche reist, bei dem ist es wurscht, was er wie reinpackt. Er hat eh nur Jeans und T-Shirts dabei. Dafür aber eine Mineralwasserflasche in der Hand! Coolnessfaktor XXL! Wer locker eine Reisetasche über die Schulter hängt und in der Hand eine Wasserflasche trägt, kommt mit Sicherheit aus der Mode-, Film- oder Sonst-wie-Kreativbranche. Gern steigen solche Menschen auch im Jogginganzug in die first class (lesen Sie in diesem Zusammenhang demnächst: wie die Frau von David Hasselhoff in der Lufthansa-First-Class mal mit Sonnenbrille auf und Walkmanstöpsel in den Ohren auf dem Flug nach L.A. aus ihrem Sitz rutschte und wie ein Maikäfer im Gang krabbelte).

Wohin mit den Schuhen? Die Schuhe kommen, mit Streckern einzeln in Samtsäckchen verpackt, auf die Seite des Koffers, die beim Hinstellen unten ist. Klingt kompliziert, aber jeder, dem die Schuhe schon mal alle Hemden zerknittert haben, weiß Bescheid. Noch besser ist es natürlich, mit Schrankkoffern zu verreisen, in denen die Hemden hängen und die Schuhe unten stehen, aber hier reagiert das Charterpersonal häufig unwillig. Nach dem Besuch der Butlerschule Ihrer Majestät wissen wir: Zwischen die einzelnen Hemden werden im Koffer Cellophanplanen gelegt. Das klingt mühsam für Menschen, die im Flugzeug am liebsten alles mit reinnehmen. These Nr. 2: Wer alles mit reinnimmt, sieht auch so aus: verstaut, gequetscht, und stopf mal, das geht oben noch mit rein.

Will man das, aussehen wie ein Abgeordneter auf dem Wochenendheimflug? Auch wer nicht im eigenen Salonwagen reist, kann es sich mit einem simplen Trick ein bisschen stilvoll machen: Am Tag vor der Abreise holt ein Chauffeur Kleider, Möbel und Bilder ab, auf die man während des Wochenendes im Teutoburger Wald nicht verzichten möchte. Das Ganze wird in einem kleinen Möbelwagen vorausgeschickt, man selbst reist am folgenden Tag stressfrei hinterher. Kutscher, anspannen.

Blutmüsli

Was tun, wenn der kleine Sohn im Hotel nicht frühstücken will? Soll man ihm pädagogisch kommen? Andere Kinder wären froh, wenn sie so ein schönes Frühstück hätten / Schau mal, wie brav die sechs arabischen Kinder am Nebentisch essen / Dieses Hotel ist seeeehr teuer. Papa muss gaaaanz viele Leute beleidigen, damit wir in so einem schönen Hotel Urlaub machen können.

Nichts fruchtet. Da kommt die rettende Idee auf Pestalozzi-Niveau. Gegenüber sitzt nicht der eigene Sohn, man schaut vielmehr in die nur scheinbar harmlosen Augen von Baby-Dracula. Große Draculas sind böse, aber Baby-Dracula ist gaaanz lieb. Er beißt Leuten in den Hals und trinkt Blut. Deshalb die logische Frage: »Soll der Papa dir noch Blut aufs Müsli gießen?« Die Augen leuchten. Die Milch fließt. »Warum ist das Blut weiß?« Grübel. Überleg. Pling! »Das ist Hotelblut, das ist ganz weiß, weil alle Leute hier den ganzen Tag an der Sonne sind.« »Nein, unser Blut ist nicht weiß. Wir sind doch die Familie von Baby-Dracula, die sich vor nichts fürchtet außer vor Libellen und Fliegen, die aussehen wie Hummeln.« Drei große Löffel voll werden andächtig vertilgt. Leichtes Gequengel, als ich noch mal Kakao nachschenken will. Das Kännchen ist eh leer. »Soll der Papa noch mal Trinkblut nachbestellen?« Augenleuchten. »Ja.« Es kann keine Rücksicht mehr genommen werden: »Können wir bitte noch ein Kännchen Blut haben, nicht so heiß?« Kurzes Flackern in den Kellnerpupillen, dann tiefes Verstehen (hahaha, ganz wie im Fernsehen, immer ein Spruch, super!). An den Flecken über dem halben Tischtuch sieht er, was gemeint ist. Die ältere Schwester würde sich gern noch was vom Büfett holen. Aber sie kann nicht. Wieso? Sie ist gelähmt. Wieso das denn? »Ja, ich bin doch Sandra.« Welche Sandra? »Sandra von

Charlie.« Warum hören Kinder nur halb hin, wenn man ihnen sehr ernst erklärt, dass der arme Schimpanse Charlie öfters mal getreten wurde, um für die gleichnamige ZDF-Serie vor die Kamera zu gehen? Warum fragen sie nur entsetzt: »Kommt Charlie jetzt nicht mehr?« Wo habe ich versagt, wenn die Kinder nahezu ignorieren, dass das ZDF seine Affen tritt, bevor sie auftreten? Sandra ist die neue Lieblingsgelähmte meiner Tochter. Vorher war es Clara aus Heidi. Das mag jetzt zynisch klingen, aber: Wenn die Tochter stundenweise gelähmt ist, kann man mal in Ruhe Zeitung lesen. Gelähmte Sandras bleiben bei Regen schön im Hotelbett und fragen nicht: »Papa, was machen wir gleich?« Mit schwacher Familienseriegelähmtenstimme flüstern sie: »Charlie, hol mir was zu trinken.« Wortlos gehorcht der vom Baby-Dracula zum dressierten Schimpansen mutierte kleine Bruder. Es lebe das ZDF!

Boro-Reisen

Der Erfolg des Schwarzwaldhauses lässt auf eine Welle von Fernsehfamilien hoffen, die irgendwas so machen wie anno dunnemals.

Es muss ja nicht unbedingt immer im Schwarzwald sein, obwohl man dem sympathischen Mittelgebirge nur zu seiner Rehabilitierung gratulieren kann:

Vom Glotter- zum Münstertal, Fernsehen im Spiegel der Zeit: Zwanzig Jahre nach der Operation am offenen Schweinebauch scheint sich der Fernsehzuschauer nach einem Öko-Big-Brother zu sehnen, wo fehlender Strom und bewegungsresistente Schweine die Familien geruchsintensiv zusammenrücken lassen. Häufigste Frage im Bekanntenkreis: Warum haben die nicht abgenommen? Angesichts des anstrengenden Landlebens ohne Schokolade und Tampon durchaus verwunderlich, wenn es auch nicht für den recht drahtig wirkenden Vater Boro gilt. Was tun, werden sich die ARD-Verantwortlichen jetzt fragen, wo man mit den Boros eine Sensationsfamilie an der Hand hat, fäkalsprachenfreie Umwelt-Osbournes, die man noch vielen Situationen wie vor hundert Jahren aussetzen kann? Landarztpraxis 1902? Autowerkstatt 1902? Schule 1902? Warum wendet man sich nicht einem Thema zu, das die Massen fasziniert wie kaum ein zweites: »Reisen«!? Die Boros auf dem Weg nach Italien, am besten direkt ab Schwarzwaldhaus. Allerdings könnte hier die Jahreszahl 1902 doch zu sanfte Bedingungen ermöglichen, zwar beschwerlich, aber immerhin schon mit Auto und Bahn. Also ab nach 1802, rein in die Kutsche. Noch besser zu Fuß, und zwar über den Sankt Gotthard. Mit Rücksicht auf die etwas verweichlichten weiblichen Boros im Sommer, da die Damen ja schon im Schwarzwaldhaus regelwidrig nach Unterhosen verlangten und sie leider auch bekamen.

Reisen könnte dann vielleicht auch für die Zuschauer wieder das werden, was es mal war: die langsame Entdeckung eines anderen Landes, einer fremden Stadt. Schluss mit dem City-Terror am Wochenende, adieu hässliche Flughafenbusse, ciao öde Gepäckbänder. Um es mal hochgestochen zu formulieren: Reisen bringt nur was, wenn es langsam ist! Überraschend, was man alles entdeckt, wenn man mal die eigene Stadt zu Fuß durchstreift. Und damit wir auch kein Klischee auslassen: Je dümmer der Passagier, desto weiter das Reiseziel. Machen Sie doch einfach mal im eigenen Bekanntenkreis den Schnelltest: Wer wandert im Donautal, wer fliegt auf die Malediven? Sehn Se! Es wäre also nicht erstaunlich, wenn die reisenden Boros einen neuen Tourismus im eigenen Land auslösen, der so was von sanft ist, dass der Natur die Tränen kommen. Müsste für den SWR vor 2007 zu schaffen sein!

»Die Boros auf dem Weg nach Italien, direkt ab Schwarzwaldhaus.«

Viva Brunotte!

Anna Brunotte! Was für ein Name! Ich hauche ihn, ich lasse ihn auf der Zunge zergehen, bestreue ihn mit Zimt! Ein Name wie con latte, wie Champagner auf einer schattigen Terrasse in Portofino im Juni gegen 13 Uhr, mit Blick auf das silbrige Glitzern der Wellenkämme, auf die langen, schlanken, eleganten Leiber der Jachten. Noch mehr Schampus, noch mehr Wein, und man spielt neckisch mit dem Gedanken, sich von all den demnächst gesparten Zinsen selbst eine Jacht zu kaufen und, wenn die Pulle gegen den Rumpf kracht, zu rufen: »Ich taufe dich auf den Namen Hans Eichel!«

Aber Portofinos schattige Haine sind fern, ich schaue auf kleine Alster-Eisschollen und denke, dass ich Anna Brunotte betrogen habe, weil ich heute Morgen nach Hamburg geflogen bin, wo doch gestern Frau Brunottes großes Werk in Kraft getreten ist: das neue Tarifsystem der Bahn! Ein Wunderwerk, ein Meilenstein, ein großer Wurf! Wenig kann den Zustand von Deutschland am dritten Advent 2002 so beschreiben wie die Reaktionen interviewter Bahnkunden an diesem historischen Tag. Erster Eindruck: Das Volk hat wieder was zu nörgeln! Es scheint, als hätte die steuergeknechtete Nation nur auf einen Anlass gewartet, um wieder mal so richtig drauflosnölen zu können. Dem WDR-Lokalreporter läuft auf dem Kölner Hauptbahnhof auch gleich ein Pärchen vors Mikro, bei dem sich spontan die Frage stellt: Wie kann man schon in jungen Jahren so vertrottelt sein? Wie sie mit ihren verfilzten Ökopudelmützen so vor sich hingreinen, denkt man: Ihr habt eure Zukunft auch schon hinter euch! Aber haben wir das von Angelika Beer und Reinhard Bütikofer nicht auch schon gedacht? Das traurige Ökopärchen auf dem Kölner Hbf. hat doch tatsächlich »nicht gewusst, dass man Kinder haben muss, um billiger fahren zu können«. Echt? Muss man? Wäre mir neu! Aber warum bleibt ihr nicht einfach zu Hause, hängt Tampons zum Trocknen auf, trennt Müll und habt euch ganz doll lieb? Wäre besser für alle!

Jetzt hat der fesche WDR-Reporter den Bahnpressesprecher am Mikro. Toll! Findige WDR-Journalisten haben einen Test gemacht: Fünf verschiedene Bahnmitarbeiter dieselbe Strecke preislich berechnen lassen – es kamen fünf unterschiedliche Preise raus. Tipp an den Bahnpressesprecher: Einfach mal fünf WDR-Redakteuren dasselbe Konzept für eine Unterhaltungsshow vorlegen – da kommt gar nichts raus.

Wird Anna Brunotte je erfahren, dass ich für Samstag ein Ticket nach Stuttgart besitze, vor drei Wochen gebucht, mit alter BahnCard, schnell und billig wie nie? Wäre ich allerdings an jenem Montag nicht geflogen, hätte ich Günter Verheugen nicht gesehen (in die Türkei wg. Ehrenbürgerschaft?), und ich hätte die wache Sicherheitsmitarbeiterin nicht kennen gelernt, die sich in meinem Handgepäck den Schlüsselbund zeigen ließ. Haben Sie das auch, Frau Brunotte?

»Das neue Tarifsystem der Bahn! Ein Wunderwerk, ein Meilenstein, ein großer Wurf!«

Bahn und SPD

Der heutige Bericht soll mit einer Formulierung beginnen, die schon so manchem großen TV-Projekt den Weg ins Leben geebnet hat: Lass uns doch einfach mal so vor uns hinspinnen, alternativ auch: Ich würde einfach gern mal ein paar Ideen in den Raum stellen respektive das eine oder andere Konzept in die Luft werfen. Fast immer ist die Einladung zu derart kreativer Tätigkeit gekoppelt mit dem Wunsch, sich mal ein Wochenende lang in ein Hotel einzuschließen oder irgendwo in einer Hütte auszuklinken, am besten zusammen mit einem oder zwei Verrückten, die überhaupt nichts mit unserem Job zu tun haben, aber herrlich quer denken. Nur mal ganz kurz nebenbei: Schon häufiger wurde beim Querdenken die Zwischenfrage gestellt, quer wozu?

Während unsereins also so vor sich kreuz und quer hindenkt, fallen ihm ein paar herrlich Verrückte ein, die nicht unbedingt was mit ihrem Job zu tun haben, aber in rasend kurzen Abständen wirklich irre Ideen in die Luft werfen und trotzdem nicht zu Potte kommen: Bahn und SPD. Genauer: das Führungspersonal der beiden Volksparteien. Beiden fehlt derzeit ein gewisser Kuschelfaktor. Die Bahn ist beim gemeinen Volk derart verhasst, dass sich die Gewerkschaften mal einen Augenblick entspannen können. Die SPD dümpelt irgendwo bei 26 Prozent. Denkt sich der Börsianer: Buy on bad news! Könnten sich Bahn und SPD nicht irgendwie zusammentun? Ließen sich die ständigen Rücktrittsdrohungen des Parteivorsitzenden nicht mit dem nagelneuen Fünf-Jahres-Vertrag des Bahn-Chefs kombinieren, irgendwie? Könnten Bahn und Republik nicht in ungeahnte Höhen steigen, wenn die beiden wochenweise den Job tauschen? Schnuppermäßig? Um es mal klar zu sagen: Bahn-Chef Mehdorn ist »der richtige Mann am richtigen Platz«. Dies sagt kein Geringerer als Manfred Stolpe, der im Kabinett eine ähnlich bedeutende Position innehat wie die Manager, die jetzt bei der Bahn einvernehmlich, freiwillig und in bestem beiderseitigem Einvernehmen gefeuert wurden. Dass auch ein Kanzler in der Mann-am-Platz-Frage nur als goldrichtig gesehen werden kann, steht außer Zweifel. Trotzdem wäre es schön, dies aus Bahn-Kreisen mal bestätigt zu hören. Liegt es also an der Verkaufe? Könnte Olaf Scholz mal das Preissystem der Bahn erklären, das übrigens für zum Snobismus tendierende Altlinke einen riesigen Vorteil hatte: Die Züge waren angenehm leer! Während sich die Werktätigen auf Verwandtenbesuch zum Mondscheintarif in irgendwelchen Regionalzügen stapelten, konnte man sich als Laptopträger im ICE fühlen wie weiland Willy Brandt im Salonwagen. Ein schöner Zug der Designer, im Prunkstück zwischen Köln und Frankfurt/Flughafen erst gar keine Abstellmöglichkeiten für größeres Gepäck vorzusehen. Dieses verschwitzte Gerappel mit hässlichen Hartschalen wirkte doch ähnlich attraktiv wie eine Regionalkonferenz! Ganz wie bei der SPD muss auch bei der Bahn die Basis in Schutz genommen werden: freundliche Zugbegleiter, willige Mitarbeiterinnen am Schalter, die von hasserfüllten Vorruheständlern mit Dreck zugekübelt wurden, für den sie nichts konnten. Das sollte die Grundlage sein für einen sensationellen Neubeginn, der 2006 mit dem Börsengang der Bahn gipfelt.

Möglicher Slogan: Wir sind die Telekom auf Schienen!

Reetdachgespräche

Sehen wir die Dinge, wie sie sind: Der drohende Krieg im Irak ist gut für die heimische Touristen-Industrie. »Fliegt doch keiner mehr«, ist landauf, landab über Proseccogläser hinweg zu hören.

Dafür sind die Flugzeuge zwar immer noch ziemlich voll, aber es ist was dran. Wer allerdings geglaubt hat, etwa unter Reetdachhäusern auf Sylt wohne der Friede pur, irrt. Ein »Paradies für Ungeziefer« erwartet den Eigentümer solcher Bedachung laut Fachmann im Reizklima, der Marder (Tier, nicht Auto) hat sozusagen einen Zweitschlüssel. Für den Kauf eines Reetdachhauses gibt es Kennern zufolge nur einen Grund: den Wiederverkauf. Denn der von Stimmung, Seeluft und Alkohol benebelte Stadtflüchtling wünscht Authentizität, wenn er kauft. Allerdings ist von Einheimischen zu hören, dass gerade bei der Ferienhausprominenz »kaufen« nicht identisch ist mit »zahlen«. Ähnliches gilt, nur rasch nebenbei, übrigens auch für den Kauf von Fernsehsendern, wo einen Vertrag »signen« etwas anderes bedeutet als einen Vertrag »closen«. Wie gesagt, nur nebenbei, obwohl eine organische Verbindung von Fernsehen und Reetdachhaus durchaus lässig hergestellt werden kann, sind doch einzelne Inselhandwerker erbost über Medienschaffende, die »quasi im Naturschutzgebiet« bauen und dann »gewaltige Ausstände« haben. Da muss das Bündnis für Arbeit ja vor die Hunde gehen. Ich selbst bin durch einschlägige Erfahrungen auf Mallorca lebenslang vom Ferienhauskauf geheilt und bevorzuge seither 160-Zimmer-Häuser mit 80 Mann Personal, kurz: Hotels. Deshalb höre ich auch das Gespräch einer Apothekerin am Tisch hinter mir, geführt in einer Lautstärke, die die CIA ihre Satellitentelefone wegwerfen lässt. Sie spricht mit ihren beiden erwachsenen Söhnen, auf deren Doppelhelix die Abteilung »Aussehen« fünfzig Jahre nach Entdeckung der DNS durchaus mal überarbeitet werden könnte. Dies darf festgestellt werden, da die Apothekerinmutter über eine ihrer Mitarbeiterinnen als »Hässlette hoch drei« spricht. Die Kollegin kommt aus Buxtehude, kurz: »Buxte«, deshalb wärmt sie sich auch mittags Kohlrouladen auf, was dann »durch die ganze Bude wabert«. Man lacht, denn die Chefin vermutet, dass »die sich auch bald schwängern lässt«. Die andere Mitarbeiterin ist vor dem Kurzurlaub noch mit »200 Euro geschmiert worden«, was billiger kommt, denn »sonst holt sie sich's ja doch aus der Kasse«. Arbeitgeber zu sein ist heutzutage wirklich kein Vergnügen mehr, aber auch die »drei armen Schweine« von Arbeitnehmern (O-Ton vom Nebentisch) sind zu bedauern, die aus Servilität zum hackedichten Chef in den A8 gestiegen sind, der ihn fünf Minuten nach der Strandausfahrt »volle Kanne ins Wartehäuschen gesetzt hat«.

Hoffentlich passiert so was nicht der Apothekerfamilie, denn die Mutter erhält den Auftrag, »gegen elf den schönen Weißen von gestern Abend noch mal aufzumachen«, dann wollen die Söhne auf der Fahrt vom »Einläuten« des Abends zum »Absacker« bei Mutti vorbeikommen. »Ihr kommt doch auch bestimmt? Nicht dass ich mit meiner Flasche wieder allein dasitze!« Vom Meer her kriecht langsam der Nebel.

Raststätten

Auf nach Baden-Württemberg! Im jährlichen ADAC-Raststättentest belegen Erholungsparadiese am Rande der Autobahn im Ländle gleich in zwei Kategorien die Spitzenplätze: Familie und überhaupt.

Für die spontane Urlaubsplanung könnte dies bedeuten: Traumferien zwischen *Im Hegau West* an der A 81 Singen-Stuttgart und *Gruibingen Süd* an der A 8 Stuttgart-München. *Im Hegau West* ist in diesem Jahr beste Raststätte wo gibt: »Moderne Anlage mit Blick über das Hegautal, geräumig und ruhig«, so das Testergebnis. Wer kann das schon über die eigene Wohnung sagen? Ist es von Interesse, dass ich seit Jahrzehnten Raststättenliebhaber bin? Durchaus in des Wortes doppelter Bedeutung. Raststätte bedeutet für mich *emoción*, wie Jupp Heynckes sagen würde. Das Klimpern der Münze auf dem Toilettenmannteller ist Musik. Seit ich es mir leisten kann, werfe ich deshalb beim Reingehen und beim Rausgehen. Raststättennamen sind mit Ereignissen wie Geburt, Trennung oder Interruptus im Schein der Polizeitaschenlampen verbunden. Untrennbar, schriebe ich, wenn es mir nicht der Wille zum Stil verbieten täte.

Noch immer habe ich die Umbenennung von *Propsteier Wald* in *Aachener Land* nicht wirklich verkraftet. Lernen unsere Schüler heute noch Namen wie *Langwedel-Daverden Süd*, *Motzen West*, *Kucksiepen Ost* oder *Biegener Hellen Süd*? Warum also den Tag nicht mit einem gepflegten Einkaufsbummel beim Spitzenreiter *Im Hegau West* beginnen? Schon der Slogan auf der Website (www.rasthaus-im-hegau.de) macht Laune: »Ob aus Norden oder Süden, Sie müssen immer rechts abbiegen!«

Rund um die Uhr wird den Gästen warme Küche geboten (wohlschmeckend & kalorienbewusst), was vor allem die zu schätzen wissen werden, die zu später Stunde mit Schwarzgeld von und Richtung Schweiz unterwegs sind. Konferenz gewünscht? Kein Problem! Von Parlamentar- bis U-Form ist alles möglich (max. 40 Sitzplätze), was die Bestuhlungsphilosophie zu bieten hat. Sicher gehört der Hegau landschaftlich zum Schönsten in Deutschland, aber uns lockt es auf unserer Raststättenkreuzfahrt nach *Gruibingen Süd*, dem Familienparadies. Die immer größer werdende Zahl der Mount-Everest-Bezwinger wird es interessieren, dass *Gruibingen Süd* so etwas wie die Nordflanke der Schwäbischen Alb ist, aber auch wenn der Aichelberg schon hinter einem liegt – bis zum donaugefluteten Biwak in Ulm kann *Gruibingen Süd* ein wertvoller Stützpfeiler sein.

Besonders Wagemutige fahren allerdings vom Badischen ins Württembergische nicht über die Autobahn, sondern querfeldein durch den Naturpark Obere Donau und Oberschwaben zur Schwäbischen Alb. Ein Zwischenstopp am Krauchenwieser Badesee zwischen Krauchenwies und Rulfingen könnte sämtliche Fernflugwünsche für immer zum Verstummen bringen. Bleibt bei so viel Positivem die Frage, ob nicht die gepflegte Raststätte ein Widerspruch in sich ist. Ob nicht das Zugige, Siffige, Angegammelte jedem, der jemals auf Tournee gefahren ist, zum unersetzbaren Stück Heimat wurde. Entzugsangebot unter www.adac.de

Gästebücher

Wir alle sind Schriftsteller. Leider gibt es viel zu wenige Gelegenheiten, dieses schlummernde Talent auszuleben. Es sei denn, in Gästebüchern.

Warum hat diese literarische Gattung noch nirgendwo entsprechende Würdigung erfahren? Hier zeigt sich, was der Mensch, der moderne Mensch, wirklich sucht: das einfache Leben und die Liebe zum Adjektiv. Die Rede ist von Gästebüchern, wie sie einem in urgemütlichen Restaurants oder verzauberten Ferienhäusern gereicht werden. Natürlich kann man sich mit präsidialer Knappheit verewigen: Datum, Richard von Weizsäcker. Aber so entstehen keine Geschichten, keine liebenswerten Skizzen aus dem Leben von Menschen, die uns sonst in der Hektik unserer ach so modernen Zeit vielleicht verborgen geblieben wären.

Welches Szenario enthält die Wendung »der leider mitgebrachte Magen-Darm-Infekt war schnell vergessen«? War der Urlaub gefährdet? Kam Dr. Wünsche während der ersten drei so dringend benötigten Urlaubstage nicht von der Schüssel? Musste sich Ursula kurz nach der Ankunft auf die heimelig knarzenden Dielen übergeben, die uns Geschichten aus einem anderen Jahrhundert erzählen?

Vielleicht, lieber Leser, in einem meerumtosten Fischerhaus, ist dies schon der Zeitpunkt, auf die Schrift einzugehen. Schreiben Sie in Gästebücher nie mit Ihrer Alltagsschrift. Schreiben Sie mit Ihrer großräumigen Kreativschrift. Mit jener Schrift, die eigentlich Ihre ist, wenn Sie nicht von des Lebens Müh und Last eingezwängt werden. Machen Sie Häkchen ans G und Schlaufen ans J, machen Sie das i-Tüpfelchen zum Ereignis, und verleihen Sie dem T Flügel. Wer den Stift übers Papier tanzen lässt, verliert schnell den Sinn für Proportionen. Will sagen: Noch ehe ein Gedanke auch nur in Sicht ist, ist die Seite voll. Na und? Frisch eine neue Seite aufgeblättert, denn wer »die Seele baumeln lässt« und »unter schneebedeckten Gipfeln zu sich selbst findet« (zwei musts in Gästebüchern), dem ist Verschwendung alles. Schreiben Sie über drei Seiten! Schreiben Sie, dass der Urlaub viel zu schnell vorbei ging! Schreiben Sie, dass Sie gerne wieder kommen! Lassen Sie Ihre Tochter ein Bild dazu malen (nicht vergessen hinzuschreiben: Laura, sieben Jahre, mit Pfeil)! Und vor allem: Beginnen Sie Ihr Werk mit einem Zitat! Ob Albert Schweitzer, Descartes, Spinoza oder Hermann Hesse – sie alle haben nur geschrieben, damit Sie sich bei ihnen bedienen können. Dabei brauchen Sie gar keine wirkliche Formulierung der Großen zu kennen. Denken Sie sich einfach etwas Tiefgründelndes aus – wer kennt schon Montaigne auswendig? Wir steigen im Leben tausend Stufen. Kennen wir aber die Treppe? Theodor W. Adorno – das haut rein. Ehrlich. Da wäre Teddy zum Hundertsten persönlich aus den Bergstiefeln gekippt, dass ihm das nicht eingefallen ist. Da muss sich Ihr Gästebuch-Nachfolgeautor ranhalten, um das zu toppen. Und da gibt's nur eins: reimen!

Wöchentlich tu ich hier schreiben. Nicht vieles davon wird mal bleiben. Bleiben wird aber sicher die Erinnerung an diesen Urlaub, ob alt, ob jung. Dann, als mich im Rhythmus diese Zeilen packten, voller Gefühl und nicht nur Fakten, war's, als ob mir Sirenen singen: Das wird bestimmt zehn neue Abos bringen!

INSIDE TRAINSPOTTING
Kleine Alltagssoziologie

In meiner Göring-Biografie habe ich bereits 1982 mehrfach darauf hingewiesen. Worauf, spielt keine Rolle. Ich habe ja auch keine Göring-Biografie geschrieben. Allerdings wird in Kamingesprächen – und wer jemals zwei sprechende Kamine belauscht hat, wird sich ob des trefflichen Kalauers zwischen die Schenkel klopfen –, in Kamingesprächen der gebildeten Stände ziemlich schnell auf selbst verfasste Biografien hingewiesen. Noch bedeutender, weil zeitloser: »Das habe ich bereits in meinem Buch gesagt.«

Mein Buch. Das Buch. Du sollst kein anderes Buch daneben haben.

In meinen Schriften habe ich wiederholt davon gesprochen, ohne mich zu wiederholen. Meine Journale sind voll davon. Über tausend Seiten Brillanz. Wortspiele aus dem Reservoir von zweitausend Jahren Abendland. Kurz: ein lichter Berg von Aphorismen! Im nun folgenden Schlusskapitel, welches auch meine schärfsten Kritiker zumindest respektvoll auswendig lernen werden, schenke ich der Welt eine kleine Auswahl, die Trotzkis Wort wahr werden lässt: Auch Shakespeare hat nur geschrieben, um übertroffen zu werden.

Wolfgang

Man könnte meinen Freund Wolfgang als den letzten Universalgelehrten bezeichnen, bezöge sich sein Wissen hauptsächlich auf akademische Bereiche. Wolfgang aber ist ein Genie des Alltags. Dass er alles weiß, wäre nicht der Mitteilung wert. Er weiß alles besser. Erwähnt man etwa den neuen 7er-BMW, nickt er schon bei den ersten Worten. In dieses Nicken hinein fließt ein leises »Das Design«, womit klar wird, Wolfgang ist in der aktuellen Diskussion um perfektes Fahrverhalten einerseits und umstrittenes Design andererseits so sehr auf dem Laufenden, dass er fast schon rennt.

Kann es überraschen, dass Wolfgang den neuen 7er-BMW schon gefahren hat, »in der Schlussphase der Entwicklung«, vermittelt durch einen guten Freund »bei den Jungs in München«? Finanziell stellt dieser Wagen für ihn »null Problemo« dar, denn sein Haus hat er durch hellseherische Fähigkeiten, den Immobilienmarkt in zehn Jahren betreffend, derart günstig bekommen, dass »mein Banker sich zwicken musste«. An meinem Haus fährt Wolfgang im Schritttempo vorbei: Schade, dass ich ihm nicht von den geplanten Schreinerarbeiten erzählt habe. Er hat den Lkw stehen sehen. Sein Schreiner arbeitet präzise nach Plan um die Hälfte. Noch nie hat jemand nach einem Jahr eine derartige Entwicklung beim Golf hingelegt wie Wolfgang. Zwar nennen ihn die anderen Rotarier scherzhaft »Tiger«, aber Wolfgang spürt, dass da schon ein bisschen Neid mitschwingt. Fährt man nach Portofino, fragt Wolfgang: »Splendido?« Für den Schlauchanschluss an seiner Garage, den er sonntagmorgens, »Biene träumte noch so süß vor sich hin«, einfach mal in seiner »Bastelbude zusammengekloppt hat, viel braucht man dafür ja nicht«, wollte Dornbracht die Rechte für den Weltmarkt. Neulich hat Wolfgang mal eine Mail ans Kultusministerium geschickt, weil er eine neue Lernmethode entwickelt hat, in der Kinder praktisch ohne Zahlen rechnen lernen. Klingt jetzt ein bisschen merkwürdig, ist aber eigentlich ganz logisch, wenn man nicht vergessen hat, dass Mathe ja eigentlich Philosophie ist. Unglaublich, wie lange die »Jungs in Düsseldorf« sich Zeit mit der Antwort lassen. Kirch, Murdoch, Callahan: Warum ist an diese Jungs so schwer ranzukommen? Leider konnte ich Wolfgang da auch nicht helfen, obwohl er doch eigentlich dachte, das müssten »meine Leute sein«. Wolfgang hatte da neulich, als sein Flieger Verspätung hatte, eine geniale – weil so einfache! – Idee: UMTS, Handys, Fußball – da wäre ein schöner Deal drin. Irgendwie hat er das Gefühl, dass er da auf der unteren Ebene abgewimmelt wird. Wolfgang hat Senator-Status. Fliegt zwar kaum noch, aber die »Jungs in Frankfurt« sind da ganz kulant. München hat sehr nachgelassen. Gewisse Ecken von Berlin sind ganz spannend. Die New Yorker machen das ganz geschickt. DVD kommt erst noch richtig. Am schwierigsten sind Spaghetti nur mit Öl. Am Neuen Markt musste man einfach rechtzeitig rausgehen. Kürzlich ist Biene übrigens ausgezogen. Verstehe einer die Frauen.

Golden Oldies

Deutschland hat gewählt! Sollte diese fast messerscharf zu nennende Analyse durch das Erscheinungsdatum des vorliegenden Heftes noch nicht in den Bereich der Wahrhaftigkeit überführt werden können, lassen Sie diese Ausgabe einfach die paar Stunden liegen, bis sie stimmt. So.

Richtig ist in jedem Fall, dass der Wahlausgang nur geringe Bedeutung für das Thema hat, welches im Wahlkampf überhaupt keine Rolle zu spielen schien, jedoch in immer mehr Artikeln sich auf leisen Gesundheitsschuhsohlen in unser Bewusstsein schleicht: Die deutsche Bevölkerung wird immer älter. Das ist schön, aber teuer. In gewohnter Schlichtheit darf hier dramatisiert werden. Auf zehn Rentner kommt bald nur noch ein Werktätiger! Wer soll das bezahlen, zumal der Rentner auch nicht mehr ist, was er mal war?

Zur Erinnerung: Früher trug der Rentner graue Anoraks mit Helmut-Schön-Mütze zu Socken in braunen Sandalen mit Kuppe und schrie kasernenhofmäßig jeden zusammen, der falsch parkte. Das tut er heute nur noch im deutschen Kabarett. Im Zustand, den wir hier als Realität annehmen wollen, lässt es der heutige Rentner richtig krachen: Goretex, Anti-Aging, neue Frau, Cabrio. Zwar mag es biologisch ab vierzig bergab gehen, aber spätestens seit Professor Udo Jürgens wissen wir, dass mit 66 Jahren noch mal richtig Geld gebraucht wird, um anzufangen. Woher soll das kommen, denn wacklig sind die Renten, nicht mehr die Rentner? Nach persönlichen Kreuzfahrtstudien muss der Autor darauf hinweisen: Die durchschnittliche Teilnehmerin solcher Törns verfügt über ein Schuhimperium in der Größenordnung Imelda Marcos', was durch Kauf von mindestens zwei Paar pro angelaufenen Hafen kontinuierlich erweitert wird. Selbstverständlich mit darauf abgestimmten T-Shirts,

Hosen, Shorts, Pullis, Handtaschen und Schmuckschmetterlingen fürs Haarband. Der Gatte schleppt die Taschen und kriegt 'nen Gürtel. Keine Spur mehr vom einsamen Muttchen, welches arm zu Hause darauf wartet, von zart fühlenden Kindern/ Enkeln sonntags zu Kaffee und Kuchen ins Naherholungsgebiet befördert zu werden.

Wer nicht auf dem Schiff ist, ist am Berg. Ausgerüstet mit satellitengestütztem Kartenmaterial und Nanga-Parbat-tauglicher Allwetterkleidung wird zwischen Harz und Markgräfler Land die Zeit überbrückt, bis es ins Eis der Westalpen oder zum Trekking nach Nepal geht. Sprachgewandt, informiert und vermögend – wann kapiert die Werbung endlich, dass richtig Kohle erst bei denen jenseits der fünfzig zu holen ist und ein Piercing im Nabel zwar geil aussieht, nahezu immer jedoch den einzigen Vermögenswert darstellt?

Schluss also mit dem Jugendwahn! Dank Spitzenmedizin und Friedensbewegung steuern wir auf eine Gesellschaft zu, in denen die wenigen Jungen froh sein können, wenn sie von uns machthabenden Alten nicht in Heime abgeschoben werden, wo sie uns mit ihrem ständigen Gequengel von Ausbildung, Arbeitsplätzen und jugendgerechter Freizeitgestaltung (»Früher gab's immerhin so was wie die Love Parade«) nicht länger auf die Nerven gehen können.

Die Neuen Alten haben vorgesorgt und wären dankbar gewesen, sie hätten damals nicht arbeiten müssen. Darum also sprach meine Oma: »Wer die Alten nicht mag, soll sich jung aufhängen!«

Deutscher Herbst

Kein schöner Land in dieser Zeit! Ist es der Herbstanfang, den überraschend strahlend und mild zu nennen erlaubt sein muss, der mich zu solch lyrischen Formulierungen treibt? Schauen wir in unsere Straßencafés und Biergärten, so fällt auf: Das Volk ergötzt sich. Der kleine Mann hat seinen von der Sprache zugewiesenen Platz auf der Straße verlassen und blinzelt bei Cappuccino, Weißbier oder Prosecco in die wärmenden Sonnenstrahlen. Der Beobachter konstatiert. Er fühlt sich wohl. Es geht ihm gut. Doch andererseits: 400 Millionen Arbeitslose, 300 Billionen Staatsschulden, die Industrie am Boden zerstört – Grund zur Sorge gäbe es genug. Es gilt also einen Unterschied zwischen Elendsszenarien in den Medien und tatsächlicher Befindlichkeit festzuhalten. Offiziellen Mitteilungen zufolge scheint unser schönes Vaterland kurz davor zu sein, sich als sympathisches Drittweltland zu präsentieren, die eigenen Augen jedoch melden anderes: kilometerlange Staus auf unseren morgendlichen Autobahnen mit nagelneuen Autos, knallvolle Spitzenrestaurants und die bekannt langen Wartezeiten auf Handwerker. Angeblich darbt auch die Tourismusbranche. Wie kommt es dann, dass der freundliche Herr im Reisebüro immer noch »die zwei letzten Plätze« im Flugzeug erwischt hat?

Zeit für eine Zwischenbilanz. Dem Deutschen geht es schlecht, aber er merkt es nicht! Oder will er es nicht wahrhaben? Das allerdings wäre ein erfreulicher Schritt gen italienisches Lebensgefühl, wo trotz Verkehrschaos und täglichen Gesetzesänderungen Schönheit und Lebensfreude pur ihr Zuhause haben. Muss die Welt sich auf einen neuen germanischen Typus einstellen? Den Deutschen, der sich mag? Ständig hören wir, Kauflust und Wirtschaftsdynamik seien gedämpft. Na und? Laufen wir eben in alten, leicht verschlissenen Klamotten rum. Hat sowieso mehr Stil, wie beim englischen Landadel zu sehen. Wie erlesen ein Luxusauto wirkt, bei dem die Beifahrertür eingedellt ist und die hintere Stoßstange schief hängt, weiß jeder, der schon mal in Paris war. Alles eine Frage der Bezeichnung. Die Couch ist eben nicht mehr gammelig und versifft, sondern kriegt Patina. Warum also etwas für die Wirtschaft tun? Tun wir lieber etwas für uns selbst. Langsamer essen, besser verdauen. »Schenke das Abendessen deinem Feind«, weiß ein – selbstverständlich altes – chinesisches Sprichwort. Wer sich abends die Plauze voll haut, schläft schlecht und ärgert sich morgens über den Dax. Auf Dauer droht bei solcher Lebensweise ein medizinisch so bezeichneter Kotbauch, das Gesicht tritt ins Quellungsstadium, im Endstadium sitzt man in Talk-Shows und äußert sich zum Irak. Das kann auf Dauer nicht gesund sein. Gehen wir also lieber an frischer Luft spazieren, machen leichte Gymnastik und trinken schon mittags deutschen Riesling, dann hat der Darm abends frei. Zur geistigen Erbauung sei das Erfinden neuer chinesischer Sprichwörter empfohlen: »Sei wie der Tiger, wenn im Dorf das Licht angeht« oder »Keine Schlange verlässt das Schiff, wenn das Reh schläft«. Regt zum Nachdenken an und entspannt.

Nesthocker

Gerade erst wurde der gute alte Wolf zum Tier des Jahres gekürt, da müssen wir uns aus gegebenem Anlass mit einem Lebewesen beschäftigen, welches gegensätzlicher nicht sein könnte: dem Nesthocker. Eine Studie der Uni Essen enthüllt: In der EU wohnen junge Männer deutlich länger bei Mutti als ihre weiblichen Altersgenossen, am längsten – man hätte es sich denken können – die Italiener, die im Schnitt erst mit 30 bei Mama ausziehen. Dies ist keineswegs negativ zu beurteilen! Unsere Städte sind voll von egomanen Singles, die allein 160 Quadratmeter Wohnraum im sanierten Altbau vernichten, während der Nesthocker sich sozialverträglich in der Welt als ausgebauter Dachschräge eingerichtet hat. Überhaupt scheint der Dachschrägenausbau weit mehr zu sein als nur die Erweiterung von Lebensraum, welcher dem Himmel ein Stück näher ist. Man könnte den Eindruck gewinnen, dass die ausgebaute Dachschräge den Charakter ihres Bewohners verändert, wenn nicht sogar ins Erbgut eingreift.

Achten Sie mal an den verkaufsoffenen Samstagen in den Fußgängerzonen darauf: Man erkennt den ausgebauten Dachschrägenbewohner meist sofort, ohne genau sagen zu können, warum. Irgendwie hat er so was. Als ob er mental die Kuscheltiere am Kopfende mit rumschleppt. Als ob er permanent Bon Jovi aus der ersten selbst verdienten Stereoanlage hört. Beobachten Sie ihn, wenn er im Parkhaus den Einkaufswagen zu seinem Auto schiebt. Kräftige Farbe, Fußmatten auch von unten sauber geleckt, Autokennzeichen mit zwei Buchstaben. Wer so fährt, schläft samstags aus. Mutti hält ihm das Frühstück warm, und nachmittags wird mit Vati weiter ausgebaut. Persönliche Feldstudien an der Ahr, in der Eifel und im Bergischen Land haben ergeben: je ländlicher, desto ausgebauter. Bis weit in die

Dämmerung wird gesägt, gespachtelt und genagelt, bis die schwangere Freundin zum Aufbruch mahnt (bis dahin hat sie, gemeinsam mit der künftigen Schwiegermutter – Kopf im Nacken, Kaffeepott in der Hand –, die Umbauarbeiten vom Erdhaufen neben der demnächst zu erweiternden Terrasse aus beobachtet). Übrigens muss die Freundin (seit zwölf Jahren mit dem Nesthocker zusammen, kurze Unterbrechung während der BW-Zeit, einmal offiziell fremdgegangen nach einem Skiball) nicht mehr morgens kichernd aus dem Bad huschen (im »Hösle«), wenn Nesthockervati rein will, denn selbstverständlich ist auf dem Dachschrägenflur Raum für eine Nasszelle (Motto: Badespaß auf 1,5 Quadratmetern). In Zeiten akuten Werteverfalls sichert der Nesthocker auch nach seinem Auszug (in den Anbau unmittelbar neben dem Elternhaus) engste Familienbande, beispielsweise durch Abliefern der Schmutzwäsche oder Essengehen mehrmals pro Woche zur »Petra ihre Leut«. Literarisch Ambitionierte können es sogar machen wie Erich Kästner – Wäsche von weit her schicken, immer mit Postkarte: »Mein liebes gutes Muttchen du, Dein alter Junge.«

Bioland

Bioland ist abgebrannt! Wohin soll der Maikäfer jetzt noch fliegen, wenn selbst der Ökoweizen sein Haupt vor allem deshalb schwer im Wind neigt, weil ihn das Gift so runterzieht?

Aber erst mal das Positive! Die Ökolobby kann aufatmen, denn ab sofort interessiert nur noch die WM. Erinnern wir uns: BSE, Maul und Klauen, Wurm im Fisch, Dreck in der Eiernudel ... was hat der deutsche Verbraucher nicht schon alles geschluckt und dann weggedrückt, getreu der Medienregel Nummer eins: Morgen läuft ne andere Sau durchs Dorf. Und laufen kann die Sau, bei allem, was sie so gespritzt kriegt. Gut, das mag jetzt zynisch klingen, aber eigentlich waren wir auch erleichtert: Schluss mit dem Bioterror. Schrumpelige Äpfel, Dreck am Ei, Körnermühle zwischen den Knien – was musste unsereins nicht alles ertragen, nur weil der Blaue Planet angeblich nur geliehen ist. Schmecken bis zu sechs Aspirin täglich anders, wenn sie in bei Mondschein gezapftem Quellwasser aufgelöst werden? Selbst einen Klassiker, auf den der Vielreisende angewiesen ist – Zugrestaurants, Bahnhofsgaststätten und Bistros, »wo's auch nach Mitternacht noch was gibt« –, selbst einen Klassiker wollte man uns madig machen: den Salat mit Putenbruststreifen! War doch unlängst aus berufenem Munde zu hören, dass unsere Puten chemisch so voll gepumpt sind, dass ihre überdimensionalen Chemiebrüste sie beim Laufen vornüber kippen lassen. Hat der Salat deshalb weniger geschmeckt? Diese quälende Begeisterung, die wir zu ertragen hatten, wenn im Freundeskreis mal wieder Tomaten auf dem Land geschildert wurden, die noch »wie Tomaten schmecken«. Wo wir Städter doch »gar nicht mehr wissen, wie Tomaten schmecken«. Wann kommt raus, dass auch Landtomaten Krebs machen? Oder Brötchen vom Ökobäcker? Werden dann die

Ladenschlangen am Samstagvormittag kürzer, die mit Rucksack und Bescheidwissermiene bis auf die Straße stehen, um das Brot der Gerechten zu kaufen? Werden dann die Allergielisten kürzer, die mittlerweile bei Kindergeburtstagen mitgereicht werden? Zeit, es biblisch zu formulieren: Aus Staub sind wir gemacht, zu Staub werden wir verfallen, und für die Zeit dazwischen wollen wir Dreck fressen. Denn – diesen Slogan kann die Ökoindustrie geschenkt haben –: Dreck schmeckt! Jeder Wochenendeinkauf an einer Tanke kann das bestätigen. Was schmeckt besser als ein heißes Würstchen mit Senf, Matschbrötchen und Automatenkaffee an der Tanke? Dazu noch eine Tüte Chips, die man schon zwischen Kasse und Auto aufreißt, runtergespült mit einem Fitdrink? Wer sich gesund ernährt, sieht auch so aus.

Will man beim Metzger stundenlang erklärt bekommen, dass er weiß, wo sein Fleisch herkommt? Ehrlich, wir wollen es lieber nicht wissen. Wir zünden uns eine Zigarette an, schauen auf den wogenden Weizen und haben unseren Paracelsus: »Alles ist Gift, nur die Dosis macht, dass ein Ding Gift ist.«

Cool sparen

Ein neuer Trend kündigt sich an: Sparen. Verständlicherweise kann an dieser Stelle nicht vom Sparen die Rede sein, zu dem es keine Alternative gibt, weil einem das Wasser eh bis zum Hals steht. Es geht ums Sparen mit radical chic, das schon bald ein neues lukratives Betätigungsfeld für in Schwierigkeiten geratene Hip-Agenturen werden könnte: Sparen als Event!

Von Vorteil ist, dass viele Betroffene aus dem Consulting-, Developing- und Kreativ-Bereich schon immer schwarz gekleidet waren, was das neue Lebensgefühl optisch wirksam zur Geltung bringt. Als Erstes müssen all diese Menschen das Handy abgeben. Dies führt nicht nur zu Einsparungen von mehreren Hundert Euro monatlich, es befreit vor allem. So wie Klosterzellen, die bei Meditationswochenenden keinen Fernseher enthalten, wird das handyfreie Leben zu einer schon vergessenen Form von Unabhängigkeit führen. Nur extreme Anhänger der Sklaverei fiebern dem UMTS-Zeitalter entgegen, wo scheinbar alles via Handy übermittelt werden kann, vor allem Bilder. Zahllose Ehen werden ruiniert werden, denn über Jahre erfolgreiche Ausreden (fahre grade in den Tunnel; Hotel hat Stahlbetonmauern; Akku ist explodiert) fallen ab sofort flach.

Als Nächstes wird großen Teilen der Bevölkerung ein sozialstaatliches Feng-Shui verordnet, im Klartext: vier Personen in ein Zimmer. Individuell kann das als sehr beengend empfunden werden, Aufgabe der FRUGAL-GmbH ist es jetzt, diese neue Lebensform als ultrahippen Trend aus Fernost zu verkaufen. Dadurch frei werdende Doppelhäuser in mehr als 90 Minuten Entfernung vom Arbeitsplatz (den gibt es unmittelbar nach der Kanzlerrede am 14. März wieder, nicht versäumen!) gelegenen Neubausiedlungen werden abgerissen und wieder aufgebaut (Ankurbelung der Bauindustrie).

Natürlich müssen wir uns vor Naivität hüten: Jeder dritte Arbeitsplatz hängt von der Autoindustrie ab. Also wird weiterhin ein neues Auto pro Jahr gekauft, aber nicht gefahren. Zeitverschwendung durch Parkplatzsuche fällt weg, Umwelt wird dauerhaft geschont, Unabhängigkeit vom Öl – Wagen steht ja die ganze Zeit. Neue Kultsportart wird Inside Trainspotting, früher bekannt als Straßenbahnfahren. So wie die alte Trainingsjacke, als Kind samstags nur widerwillig nach dem Baden angezogen, durch die Rapperszene Kultstatus erreichte, wird das ehemals piefige Benutzen öffentlicher Verkehrsmittel zum Must, wenn beim Inside Trainspotting Horden von Pendlern sich innen in der Bahn festklammern, was zur Hauptverkehrszeit lebensbedrohlicher sein kann als außen.

Viel Geld kostet auch Essengehen. Deshalb: Indoor cooking, im alten Europa bekannt als selber kochen. Dabei könnte sich eine absolute Sensation entwickeln: das Serotonin-Dinner. Serotonin, das Glückshormon, wird überwiegend im Kultorgan Darm produziert, der wiederum besonders happy ist, wenn er mal einen Abend lang frei hat. Eine Einladung zum Serotonin-Dinner anlässlich eines Indoor cooking mit netten Leuten sieht also folgendermaßen aus:

Man lädt ein paar nette Menschen ein, und es gibt nichts zu essen! Wer Durst hat, trinkt Wasser aus der Leitung. Spart, hält fit und macht kreativ!

Deutschland, wir schaffen es!

Flip-Flops

Das musste einem erst gesagt werden: Die Dinger sind Trend! Für mich waren es einfach nur Badelatschen, in die man schnell reinschlüpft. Heißen aber Flip-Flops und sind jetzt schon der Kultartikel in diesem Sommer. Mag sein, dass ich mich täusche, aber diese Schlappen gibt's doch schon ewig. In meiner schwäbischen Heimat trugen sie russlanddeutsche Spätaussiedlerfrauen auf dem Weg in den Konsum (nicht metaphorisch gemeint als Weg aus dem Kommunismus, sondern so hieß damals der Supermarkt), oder Fabrikarbeiterinnen trugen sie vom Fabriktor bis zum Parkplatz, wo Vatti sie im Benz abholte. Im Benz lagen ein paar schicke Schuhe fürs Aussteigen zu Hause, wenn die Nachbarn gucken. Mutti hätte übrigens nicht in die Fabrik gehen müssen, wenn Vatti nicht am Wochenende im Benz hätte durch die Gegend zigeunern wollen. Das konnte man damals noch problemlos sagen, damals war es noch lustig, das Zigeunerleben, faria, faria, ho!

Eine weitere klassische Location für Badelatschen war auch die Frauenstation im Krankenhaus.

Schlag mich einer, aber ich weiß nicht, warum man den Badelatschenträgerinnen intuitiv eine bessere Prognose gab als Frauen, die Pantöffelchen mit Plüschbömmelchen trugen. Diese Pantöffelchen haben was Finales, eine Art letzter Wunsch im Bereich des Damenschuhwerks. Und jetzt also Flip-Flops! Wieso sie so heißen, bleibt rätselhaft. Am Geräusch kann es nicht liegen. Flip-Flop klingt drahtig, dynamisch und hochhackig. In vormittäglichen Mußestunden auf deutschen Bürofluren habe ich das Geräusch der Flip-Flops genau belauscht. Plutschsch … plotschsch ist das Maximum an Gutwilligkeit, das man ihnen zugestehen könnte. Mit langen Pausen dazwischen. Auch ausgesprochen schöne Frauenbeine bekommen in

Plutschsch-plotschsch-Flip-Flops einen Hang ins Ländliche. Lassen Wasserstau über dem Knöchel vermuten. Sehen plötzlich aus wie Beine von Frauen, die sagen: »Au, meine Beine, wir kriegen anderes Wetter.«

Was also treibt Frauen in die Flip-Flops? Wahrscheinlich, weil sie so bequem sind. So easy, bei der Hitze. Einen schlanken Fuß machen sie auf jeden Fall nicht. Dazu bedarf es der Schuhe von Manolo Blahnik oder Jimmy Choo. Mit diesen beiden Namen kann man bei Frauen als Damenschuhkenner schwer Eindruck machen. Selbst Frauen mit durchschnittlich sechstausend Paar Schuhen (ohne Turnschuhe) haben von diesen beiden Schuhschöpfern noch erstaunlich selten gehört. Es sei denn, sie sind »Sex and the City«-Fans oder wissen einfach generell Bescheid.

Dann beleidigen sie unsere Gewerkschafterohren auch nicht mehr mit dem Satz: »Die waren echt billig.« Wir lehnen uns vielmehr zurück, als gehöre uns Schloss Neuhardenberg, und säuseln wie ein bekiffter Hans Eichel: »Aber Schatz, du weißt doch, dass es unter fünfhundert Euro nix Anständiges gibt.«

PS: Bei den ersten Manolo Blahniks unbedingt Flip-Flops in die Handtasche. Zum Laufen.

Fashion-Herbst

Army ist in! Zumindest modemäßig. Für den deutschen Mann, der sich gewissenhaft auf den Modeherbst vorbereitet, bedeutet dies nicht, dass er sich im Dresscode an Peter Struck orientiert (Kurzarmhemd plus Krawatte), aber an Kavallerie und Marine führt in diesem Herbst kein Weg vorbei: Vernunft trifft auf Emotionen, Weisheit tanzt mit dem Wahnsinn.

Schreibt zum Beispiel »Europas renommierteste Trend-Prognostikerin« Li Edelkoort in der Herbstbeilage der NZZ. Für die Damen prognostiziert sie: die wilde Seite von Pelz und Fell, die Extravaganz des Einzigartigen. Wem das nicht genügt, der sollte nicht vergessen: die pudrigen Pastelle von Vintage-Mode. Womit wir ein wichtiges Stichwort hätten, gewissermaßen ein Basic. Vintage. Auf unsere deutsche Bewusstseinslage übertragen, bedeutet Vintage so viel wie Altkleidersack. Alte Klamotten, alte Uhren, alte Partner. Die zehn Jahre alte Cordhose kombiniert mit der aktuellen Motorradjacke aus hochwertigem Eidechsenleder (Véronique Nichanian für Hermès). Das ist das Tolle an Mode: Immer ist es irgendwo für irgendwen. Lagerfeld für Chanel, Tom Ford für Gucci. So, wie früher Mutti für den Großen: Schau, ich hab dir einen warmen Pulli gekauft.

Gucci bringt übrigens eine fesche Pelzmütze für den Herrn. Unter solchen Mützen sah man bisher kantige Männergesichter auf die Stelle starren, wo das russische Atom-U-Boot im Meer versank (zu viel Vintage ist auch nicht gut. Wenn die Basics rosten, it's time for a change). Häufiger hörte man unter solchen Mützen die Frage: »Haste mal 'ne Mark?« Kann in diesem Winter wieder passieren. Zurück aus Florida, muss man sich warm anziehen. Zahlt das Sozialamt auch die Gucci-Mütze? Ist ein bisschen wie beim D-Day. Während die Ferngläser von Ulla

Schmidt auf Miami gerichtet sind, bummeln die Empfänger von Transferleistungen kess über die Kö.

Wenn's dem Hochpreissegment hilft!

Mir hat es ein butterweicher Lammfellmantel von Bally angetan. Ich wusste gar nicht, dass Bally auch Klamotten macht. Warum nicht? Eva Herman macht ja auch 'ne Platte. Zum Lammfellmantel gehört unbedingt der enge weiße Rolli, ebenso wie zum zweireihig geschlossenen Marine-Caban von Ralph Lauren. Locker, aber irgendwie streng. Kann man auch als Justizsenator auf Sylt tragen. Wichtig: Kombinieren! Trainingsjacke zu Nadelstreifenhose, T-Shirt zu Smoking, Weste zu nackter Haut. Nur bitte nicht mehr Smokingjacke zu Jeans (machen nur noch Seriendarsteller beim Deutschen Fernsehpreis). Überhaupt sind wir froh, dass mit dem vergangenen Sommer zwei grässliche Männermodedetails verschwunden sind: dreiviertellange Piratenhosen und diese speziell hellbraunen Schuhe, als trüge das Opfer Karamellklumpen an den Füßen. Ehrlich: Wenn Italiener braune Schuhe zum dunklen Anzug tragen, ist das was anderes. Beim deutschen Mann kann das schnell mit einer weißen Lederjacke auf Oldtimer-Rallye in Kitzbühel enden.

My Generation

Mit Absicht ist die Überschrift englisch gewählt, denn die deutsche Variante »meine Generation« klingt doch zu sehr nach Wiederaufbau, Undank der Jugend und Rentenlüge. Jetzt also hat es die ehemaligen Käufer von Who-Platten erwischt, die Hohen-Decken-im-Altbau-Renovierer, die 18-Monate-Zivis. Kurz: die nur noch bedingt dynamischen Mittvierziger. Sechsundvierzig Jahre nüscht wie belochen und betrochen. Alt müsste man sein. Dann könnte die Rente zwar gekürzt werden, aber man hätte wenigstens eine. Oder jung. Dann könnte man auf Urlaub, Sushi und DVD verzichten und vom Ersparten eine tolle Altersvorsorge aufbauen. Aber unsereins, so kurz vor den Fuffzich? Da können einem die zunehmend altersweitsichtigen Augen schon mal feucht werden. Zwar haben wir nicht gerade in Saus und Braus gelebt, aber doch zumindest in Säuschen und Bräuschen: Mit Interrail nichts von Europa gesehen, aber zumindest vier geile Wochen stinkend in verstopften Zuggängen verbracht. In der Bretagne am Strand gepennt. Uns auf Gomera den Arsch blau gemalt (außerhalb der Hose natürlich). Aufgepasst, dass der Flokati nicht Feuer fängt. War also schwer was los. An Rente jedenfalls haben wir nicht gedacht. Warum an etwas denken, das sicher ist? Und jetzt stellt sich heraus: Im bevorstehenden Bürgerkrieg (Jung gegen Alt sowie Dick gegen Fit) steht meine Generation zwischen allen Fronten! Zwar sind wir nicht so verweichlicht wie die Zwanziger, die sich durch Metallteile in allen Körperöffnungen sowie quadratmetergroße Tattoos massiv geschwächt haben. Aber wir sind längst nicht so gestählt wie die Siebzigplusgeneration, die ja noch die schlechten Zeiten erlebt hat. Eindeutig noch schlechtere Zeiten als heute. Auch wenn nicht alles schlecht war. Halt, besser schlechter. Aber das wusste man auch erst später. Zeit also für eine erste

Zwischenbilanz: Blutwerte im Toleranzbereich, Schuldenlast überschaubar, für den Opel Zafira wird sich nicht mehr entschuldigt, und wer gegen den NATO-Doppelbeschluss war, hat inzwischen vor der Diddlmaus kapituliert. Was bleibt also für die restlichen 80 Jahre, denn die hat uns Ulla Schmidt garantiert?

Zunächst die Frage: Schlagen wir uns auf die Seite der Rentner oder der Generation bauchfrei? Gefühlsmäßig würde ich sagen: Bei den Alten sind wir auf der sicheren Seite. Wir sind nicht nur mehr, wir werden immer mehr. Bei nur noch durchschnittlich anderthalb Frauen pro Kind oder so ähnlich. Strände, Alpen und Naherholungsgebiete sind bereits in unserer Hand. Die Werbewirtschaft kann uns schnuppe sein, denn wir schauen ZDF. Da die Kinder immer fetter werden, bleiben wir im Stellungskrieg der Generationen beweglicher, auch ohne Hüfte. In mindestens fünf Bundesländern können die Alten aus Dachrinnen Zweizylinder bauen. Während die Halbstarken pro Kind zwei Zimmer für die Unterbringung der Unterhaltungselektronik benötigen, hält es die Gruppe der bis 1955 Geborenen mindestens zwei ungeheizte Winter zu fünft in einem Bett aus. Kollektiv umgedreht während des Schlafes wird, wenn beim Ältesten mehr als eine Minute Atemstillstand eintritt. Also, Kids, zieht euch warm an!

Schlagen wir uns auf die Seite der Rentner oder der Generation bauchfrei?

Die Wurstmaschine

Vielleicht blättern Sie dieses Heft zum wiederholten Male durch, während Sie im Stau zu Urlaubsbeginn stehen. Sie haben jede Seitenzahl einzeln betrachtet. Sie haben begonnen, die Leserbriefe auswendig zu lernen. Sie versuchen sich zu erinnern, für welche Produkte Franz Beckenbauer in diesem Heft wirbt. Dann sind Sie auf einem guten Weg. Sie sind dabei, in einem Maße kreativ zu werden, dass der Faktor Glück in Ihrem Leben entscheidend gesteigert werden kann. Sie bauen sich Geschichten aus Details zusammen, die Ihnen bisher bedeutungslos erschienen. Ein halbes Glas Pils, ein feuchtes Streichholz, der Geruch einer Messehostess. Das erscheint Ihnen zu abseitig? Zu verschwurbelt für eine Rubrik, in der das Positive bisher eher seltener Platz zu finden schien? Dann ist es notwendig, an dieser Stelle den Namen Bertrand Russell ins Gespräch zu bringen. Er hat uns an die Geschichte von Sherlock Holmes erinnert, der auf der Straße einen Hut fand und sich beim Betrachten dieses Hutes die Geschichte seines Besitzers ausdachte.

War er ein Trunkenbold, der im Rausch auf die Straße fiel und dabei seinen Hut verlor? War er ein fürsorglicher Familienvater, dem ein aufziehender Sturm auf dem Nachhauseweg das Haupt entblößte, ohne dass er es merkte? War er vielleicht der Chefredakteur einer großen Fernsehzeitschrift, der eines Nachmittags auf die Website eines bekannten Branchendienstes klickte und dort erfuhr, dass seine Stelle neu besetzt wird? Brach darauf etwa große Hektik auf den Fluren aus, er selbst ließ sich einen Termin beim Vorstand geben, welcher ihm auch unverzüglich gewährt wurde? Und als er fragte: »Stimmt das, was ich gerade gelesen habe?«, da antwortete man ihm: »Das können wir bestätigen.« Wir wissen es nicht. Wir können uns aber wieder an den großen Mister Russell erinnern, der mit der Anekdote über Mister Holmes nicht nur unsere Phantasie in Gang brachte, sondern der uns auch die Geschichte von der Wurstmaschine schenkte. Es war nämlich einmal eine Wurstmaschine, die tagaus, tagein Schweine in vorzügliche Wurst verwandelte. Eines Tages fing die Wurstmaschine an, keine Wurst mehr zu produzieren, sondern sich mit sich selbst zu beschäftigen. Mit ihren Schrauben, ihren Kurbeln, ihren Sieben. Da war es vorbei mit der köstlichen Wurst, denn wen interessiert schon das Innenleben einer Wurstmaschine?

Wir alle sind also eingeladen, aus der Fülle der Möglichkeiten zu wählen: Bin ich eine Wurstmaschine, ein alter Hut oder ein großer Gesang? Wenn wir das Leben als Outdoor-Event begreifen, auf dem auch der falsche Weg richtig sein kann, wenn wir nur die passenden Schuhe tragen, dann werden wir die Wurstmaschine erst abstellen, wenn der letzte Kunstdarm gefüllt ist.

Schöne Ferien.

Quadrupelfuge
Variationen über 4 Themen
auf 240 Seiten

Inhalt

Kleines Trinity-College für daheim: Literatur und Lebensphilosophie 387

Medien -- Traumjob für alle 417

Vorwort

Meine Lieben,

diese Anrede muß erlaubt sein, denn mittlerweile ist es das weißnichtwievielte Taschenbuch, welches Sie von mir erwerben. Also natürlich von Ihrem Buchhändler, aber ich habe es geschrieben. Da sehen Sie gleich, worum es geht: Ehrlichkeit und sprachliche Präzision, soweit möglich.

Ich werde häufig gefragt: Das in FOCUS, schreiben Sie das wirklich selbst? Aber natürlich, gebe ich dann leicht entrüstet zurück. Denn zwei nicht in Geld aufzuwiegende Glückserlebnisse sind die Motivation für diese Kolumnistentätigkeit: Woche für Woche Gedanken von ozeanischer Tiefe zu Papier zu bringen und diese dann auch noch gedruckt zu sehen! Vor allem letzteres werden Oberstudienräte und der Naturheilmethode verbunden HNO-Ärztinnen mitempfinden können, die schon mal selbstverfaßte Lyrik auf eigene Kosten in einer Auflage von zweihundert haben drucken lassen: Wenn man's erst gebunden in den Händen hält, flüstert man sich leise zu: Gut gemacht, Dr. Benn!

Wenn Sie alle bisher erschienenen Taschenbücher von mir besitzen, sollten Sie mittlerweile in der Lage sein, zu nahezu jedem Thema aus dem Jahreskreis einen Text zu finden. Nur zu! Ich gehöre nicht zu denen, die *Urheberrecht* oder *geistiges Eigentum* auf die Stirn tätowiert tragen. Vielleicht erzielen Sie damit ja hübsche Erfolge bei Auftritten im Familienkreis oder bei Geburtstagsfeiern im Betrieb, vielleicht läßt sich damit in Ihrer Lokalzeitung sogar einiges dazu verdienen. Keine Hemmungen! Vielleicht lassen Sie mir im Erfolgsfall ein Belegexemplar zukommen, dann wäre das nächste Taschenbuch auch bald fertig. Und nun viel Spaß beim Blättern!

Ihr Harald Schmidt, im März 2002

HERZFLIMMERN:
Partner und Familie

Nein, welche Freude! Jede Kapitelüberschrift verbirgt eine klei-
ne literarische, politische oder gar philosophische Anspielung,
welche es den gebildeten Ständen ermöglicht, sich genießerisch
zurückzulehnen und wissend zu nicken: Ja, ich kenne den Film.
Oder: Sicher, ich habe alle acht Bände gelesen. Also, hätten Sie
gewußt, worum es sich bei »Herzflimmern« handelt? Haben
Sie es gar schon selbst gespürt? Das wäre im Fall von zweimal
»Ja« mehr, als ich in meinen Träumen, für die »kühnste« ein zu
schwacher Superlativ wäre, zu hoffen gewagt hätte.

Rudi in love

Erstaunliches war in den vergangenen Monaten zu beobachten: Quer durch die Presse sah sich der offenbar bis über beide Ohren verliebte Rudolf Scharping Spott und Vorwürfen ausgesetzt, weil er sich samt Lebensgefährtin Gräfin Christina bei Bio zeigte, anstatt in Berlin an den üblichen Krisensitzungen teilzunehmen.

Hatte man Scharping nicht jahrelang als zu brav, zu steif, zu Brille, zu Bart veräppelt? Und jetzt ist es auch wieder nicht recht? Was wäre eigentlich, wenn der Verteidigungsminister Italiener oder Franzose wäre? Kaum einkriegen würde man sich hierzulande über die Lockerheit und Lebensfreude unserer mediterranen Nachbarn. Das hätte Charme! Nein, dieser Esprit! Mit Champagner am Strand den Sonnenuntergang beobachten, während der Regierungschef die Abteilungen Kuhstall und Krankenschein neu organisieren muß – das können nur die Italiener! Falsch! Rudi kann es auch, und es ist nur allzu verständlich. Wen kann es denn wirklich nach Berlin ziehen, wenn »Kalle« Funke durch »Renate« Künast ersetzt wird? Gelassen sei er geworden, hat Scharping gesagt. Wunderbar! Ob nämlich gelassen oder hektisch – es geht sowieso alles seinen Gang. Es wäre nicht verwunderlich, wenn Rudi sich auch ein bißchen rächen würde für nicht so gelassene alte Zeiten, siehe Parteitag Mannheim und Wechsel Fraktionsvorsitz, beide Male eingetütet von Oscar L. und abgenickt von Gerd. Ersterer ist zwischenzeitlich allerdings mehr als gelassen, er hat es gleich komplett sein lassen. Muß Rudi Angst haben, daß der Gerd ihn rausschmeißt? I wo! Rudi weiß, daß die Personaldecke im Kabinett ungefähr der von Sechzig München entspricht: Noch ein Verletzter, und sie müssen Spiele absagen. Warum sollte Scharping einen gesteigerten Druck verspüren, am Themenabend Renate Künast teilzunehmen? Da kann er gleich zur Bundeswehr gehen, dort findet er seit 1. Januar denselben Frauentyp.

Sicher, was man so hört, gibt's beim Bund momentan den einen oder anderen Trouble. Na und? Sollen sich doch die Amis drum kümmern, war doch eh ihr Krieg. Wenn der Gerd schlau ist, tut er dem Rudi einen Gefallen und benennt sein Ministerium um in »Ministerium für Gelassenheit, Lebensfreude und für unsere Jungs gefahrloses Zurückschießen im Verteidigungsfall«. Vielleicht sind die anderen Minister auch ein bißchen neidisch auf Rudi: Während sie überwiegend Streß im Job und böse Gerüchte im Privaten abarbeiten müssen, läßt es Rudi mit einer Powerfrau krachen, die garantiert mehr Kohle heimbringt als er selber. Ein verliebter Verteidigungsminister auf des Schampus und der Liebe Wellen – Willy wäre stolz auf ihn!

Schnelle Scheidung

Das Statistische Bundesamt in Wiesbaden gibt bekannt: Die Zahl der Ehescheidungen ist gestiegen, und zwar um 2,5 Prozent (eine Zahl immerhin, von der man bei den Renten nur träumen kann). Interessant dabei: In Ländern wie Berlin, Bremen, Hamburg, Hessen und dem Saarland ist die Tendenz rückläufig. In der Not rücken die Menschen eben zusammen.

In Boomgebieten wie Brandenburg (6 %) oder gar Sachsen-Anhalt (17,4 %) legt man dagegen beim ehelichen »Und Tschüss« Wachstumsraten vor, nach denen sich der DAX alle 30 Werte schlecken würde. Kurz am Rande: Die eher erschreckenden 5 Prozent eines amourösen Schwellenlandes wie Niedersachsen stammen mit Sicherheit noch aus der Zeit vor dem Regierungswechsel im Herbst 98. Verlassen wir nun die kalte Welt der Zahlen, schalten wir aus dem Leerlauf des Verstandes hinauf in die höheren Gänge des Gefühls. Warum löst jedes hundertste Ehepaar im zweitwichtigsten Musikmarkt der Welt den Bund fürs Leben auf? In der Stadt schneller als auf dem Land, bei den satten und reichen Ossis seltener als bei den verbitterten und nörgelnden Verwandten im ehemals nicht von den Russen besetzten Teil? Ist es noch immer der alt und schlaff gewordene Patriarch, der beim Anblick von Frischfleisch Mutti einfach in die Wüste schickt? Mitnichten! Mehr als die Hälfte aller Scheidungen wird heutzutage von Frauen eingereicht. Seit das »Zerrüttungsprinzip« an die Stelle des »Schuldprinzips« getreten ist, sind Frauen seltener gerührt und werden Männer heftiger geschüttelt. Sollten beide Partner sich gar einig sein, werden Ehen ohne Erörterung von Gründen geschieden. Häufig übrigens auch geschlossen. Für die souveräne, moderne Frau gilt: Wer eigene Kohle nach Hause bringt, schießt den Alten schneller ab! Allerdings weiß jeder, daß Frauen – genetisch bedingt – sich ausschließlich durch Geld, Sex und Macht definieren, während für Männer echte Gefühle oberstes Gebot sind. Weil Frauen nie gelernt haben, über ihre Gefühle zu sprechen, wird es für Männer ewig unverständlich bleiben, warum die Gattin auf die Frage »Na, Schatz, wie war's heute im NATO-Hauptquartier?« mürrisch reagiert. Mögen auch mittlerweile archaische Elemente wie Haß und die Unfähigkeit, den anderen auszubezahlen, als Garanten für die lebenslange Ehe entfallen, der Hauptgrund für Scheidungen ist geblieben: der gute, alte Ehebruch. Auch damit machen es sich Frauen erschreckend einfach. Für Männer ist ein verstohlener Blick oder ein zufälliges Berühren der Hände beim Griff nach den Sonderangeboten in der Tiefkühltruhe die oberste Grenze, Frauen hingegen empfinden im Zeitalter der Neuen Mitte ein Bewerbungsgespräch ohne GV als diskriminierend. Vielleicht ist das Eheverhalten der politischen Klasse doch viel prägender als vermutet. Welcher mutige Referendar (gerne Bayern oder BW) traut sich, das Aufsatzthema zu stellen: »Vergleichen Sie die Einstellung zur Ehe bei deutschen Regierungschefs von 1933 bis heute«?

Faulenzen

Unserem Kanzler ist zuzustimmen. Es gibt kein Recht auf Faulheit. Es gibt eine Pflicht zur. Schon in aller Herrgottsfrühe sind unsere öffentlichen Nahverkehrsmittel überfüllt und die Autobahnen verstopft. Bienenfleißige Menschen emsig auf dem Weg zur Arbeit, hurtig aus den U-Bahnschächten zu ihren Arbeitsplätzen strömend. Braucht es da nicht mehr Faulenzer, die einfach liegen bleiben und sich noch mal rumdrehen? Einfach aus Gründen der Lebensqualität? Unser Volk strotzt ja geradezu vor hyperaktiven und multifunktionalen Machertypen, total vernetzt und jederzeit erreichbar. Auch der Kanzler selbst scheint unter dem derzeit gefährlichsten Druck zu stehen, dem Am-Wochende-muß-man-was-unternehmen-Druck. Beispiel Ostern: Bleiben Kanzlers da in aller Ruhe mal zu Hause in Hannover, legen die Beine hoch und schauen sich bei Häppchen und Getränken ihr Volk im Fernsehen im Stau an? Denkste! Venedig muß es sein. Man hört förmlich Gattin Doris fragen: »Gerd, was machma denn Ostern, hm?« Es ist gut, daß die Richtlinienkompetenz in Sachen Wochenendgestaltung bei den Frauen liegt. Der Kanzler könnte ja zum Beispiel antworten: »Schatz, ibinn doch Tach für Tach unterwegs, Washington und Moskau und weiß der Teufel wo, da bin ich froh, wenn ich am Wochenende keinen seh!« So was ist natürlich ungut für die Partnerschaft. Schließlich hat die Frau schon beruflich zurückgesteckt, sitzt die Woche über alleine mit der Tochter in der Wohnung, da ist Venedig grad ideal, um mal was anderes zu erleben. Die Kirchen, die Plätze, die Kunst, das Wasser, oder einfach mal im Café sitzen und Leute gucken. Also sehen wir ein Foto von unserem Kanzler, im Mantel auf einer Caféterrasse, ringsrum viele Stühle frei. Kann sein, daß das Sicherheitsgründe hat, wir vermuten eher: zu kühl. Bei solchen Temperaturen sitzt kein Italiener draußen. Der Kanzler schaut auf dem Foto auch nicht direkt mediterran, eher wie viele deutsche Männer, die ihren Frauen nicht klarmachen können, daß Venedig am besten im November kommt, rein vom Tod her. Und man will den Tod ja spüren, künstlerisch, und sich nicht holen, weil man Ostern schon zwanghaft draußen sitzt. Kommt aber alles von einer mangelnden Bereitschaft zur Faulheit. Faulenzer weigern sich, am Wochenende tolle Ausstellungen in Amsterdam oder Insiderrestaurants in Barcelona zu besuchen. Leistungsverweigerer stellen von Gründonnerstag bis Ostermontagabend Duschen und Rasieren ein und tragen T-Shirt und Jogginghose, in denen nicht mal Neonazis von Politmagazinen gefilmt werden. Bier im Haus und Schumi II zujubeln. In regelmäßigen Abständen der Familie zurufen: »Es regnet schon wieder« und »Wie bekloppt muß man eigentlich sein, um sich für vier Tage diesen Streß anzutun«. Möchte mal wissen, wer Dienstag entspannter zur Arbeit kommt: der Ausgeruhte und frisch Geduschte von der Couch oder der Durchgefrorene nach all dem Streß mit Pilotenstreik und Gepäckband und Verspätung. Was Deutschland jetzt braucht, ist ein Bündnis für Faulheit. Sonst stehen hier auch bald die Straßen unter Wasser.

Homo-Ehe

Der Respekt vor unseren homosexuellen Mitbürgerinnen und Mitbürgern verbietet uns, vorschnell ein Urteil zum Wunsch nach Eheschließung zwischen Gleichgeschlechtlichen zu fällen. Allerdings darf man sich als noch Jahre vom Coming-out entfernter Hetero erstaunt fragen: Feiert hier nicht die Ehe ein Comeback durchs (Achtung, haha!) Hintertürchen, gefördert von Grünen und SPD, von denen man dies am wenigsten erwartet hätte? Es ist ja nicht so, daß Schwule bisher nicht geheiratet hätten. Sei es, um die Eltern zu beruhigen, oder weil anders eine Karriere in der CSU nur schwer vorstellbar gewesen wäre. Jetzt aber sollen Schwule Schwule heiraten dürfen. Und das in Zeiten, in denen immer mehr Heteropaare auch ohne Trauschein total glücklich sind. Nix gelernt, die schwulen Brüder und Schwestern?

Der geneigten Leserschaft wird nicht entgangen sein, daß hier leider pauschal von Schwulen und Lesben geredet werden muß, um die politische Korrektheit nicht zu verletzen. Aber natürlich ist die Palette der gleichgeschlechtlich Liebenden so farbenprächtig wie die Natur selbst, und jeder wird zugeben, daß eine Ledertucke aus anderen Motiven zum Standesamt gehen wird als eine Schwabenschwuchtel oder eine Hardcore-Lesbe. Und da fängt es schon an! Denn das Standesamt ist eine Säule unserer Gesellschaft. Um es im Geiste der FAZ zu sagen: Niemand hat etwas dagegen, daß homosexuelle Lebensgemeinschaften (nie hätte ich gedacht, daß mir dereinst diese Formulierung aus der Feder fließt, während die Kraft, die stets verneint, hämisch in mir flüstert: Los, schreib: heiratswütige Tucken, du Heuchler!) juristisch den Heterosexuellen gleichgestellt werden, und etwa am Krankenbett nicht nur vom Sexualpartner, sondern auch vom Lebensgefährten aufgesucht werden können. Ebenso beim Kapitel Erbschaft. Viele Familienväter quält, während sie beispielsweise nach Dienstschluß mit Kindersitz auf der Rückbank im Schrittempo den Drogenstrich abfahren, der Gedanke: Wird meine liebe Gattin einmal genügend erben? Wer dagegen jahrelang in einer gleichgeschlechtlichen Partnerschaft gelebt hat, erbt bis dato nichts. Das ist ungerecht. Deshalb: offizielle Gleichstellung von Daddy Staat, ein Wisch – und weg! Aber muß es gleich eine richtige Ehe sein, liebe Schwule, so ganz doll, mit allem Pi, Pa und Po? Dürfen wir nicht auch weiterhin das Gefühl haben, wenn wir in Köln auf der Deutzer Brücke zwei Herren, ganz in Leder, Händchen haltend bummeln gehen sehen, daß da irgendwo was anderes ist, als wenn Mutti und Vati mit Schleier und Vatermörder vor den Altar treten, hm? Deshalb: Absicherung gleichgeschlechtlicher Lebensgemeinschaften, allerdings mit folgenden Zusätzen: 1. Homosexuelle Auszubildende in Friseursalons haben während des Kundenbetriebs die Entgegennahme von Todesfällen akustisch anders zu kommentieren als einen Wasserrohrbruch. Ein pauschales »Ächt? Oh Goooott, wie schräääcklich« hat zu unterbleiben. 2. Weinkrämpfe, wenn die Yamamoto-Hose in der Reinigung ruiniert wird, sind verboten. 3. Auf Psychokrisen in Kneipen und Cafés, weil zwei Tage vor dem Geburtstag noch kein passendes Geschenkpapier gefunden wurde, steht Straflager. 4. Wir merken uns den Satz von Otto Schily: »Ehe und Familie sind mehr als eine heterosexuelle Partnerschaft.«

Rentenkinder

Deutschlands Eltern sind begeistert! Dank *Karlsruhe* werden demnächst kaum noch Sozialabgaben fällig, dafür fließt netto dermaßen viel in die Kasse, daß die richtige Anlage fast schon wieder zum Problem wird. Einzige Voraussetzung: Genügend Kinder müssen her! Wer einerseits zeugungswillig und empfängnisbereit, andererseits ob der richtigen Kinderzahl aber eher leicht orientierungslos ist, dem biete die Statistik Hilfe: Damit unser schöner Sozialstaat auch weiterhin brummt, braucht's im Schnitt 3,8 Kinder pro Familie. Das klingt zunächst erschreckend nach Genexperiment und mißglückter Abtreibung, die ethisch-moralische Abteilung von Kirche bis Nida-Rümelin kann sich aber bedeckt halten: Es geht ja hier bloß um Statistik. Ab 19 Kindern hat die Sache Hand und Fuß, aber ist sie auch gerecht? Verteilen wir die 19 Kinder mal auf vier Familien (kommt häufig vor nach Partnertausch in Besserverdienervierteln). Familie Schnösel treibt mit ihren zwei Kindern möglicherweise einen wesentlich höheren Aufwand als Familie Schussel, die ihre acht Blagen eher sich selbst überläßt. Trotzdem wird Familie Schussel nach dem neuen System finanziell eindeutig bevorzugt. Mutter Schnösel gibt ihren Beruf als Leiterin eines Autokonzerns auf, um Tochter Giselle und Sohn Balduin ab morgens um acht von der Krabbelgruppe in den Kindergarten, vom Tennis zum Flöten, vom Karaoke zum Ikebana und vom Schwimmen zur Maltherapie zu fahren. Die dringend benötigte Chauffeuruniform könnte sie nicht mal steuerlich geltend machen. Finanzieller Vorteil des neuen Systems: Gegen Null. Wie anders bei Familie Schussel: Vater Schussel war als Handelsvertreter seit Jahren nicht mehr zu Hause, Mutter Schussel läßt sich aber aus politischer Überzeugung jährlich künstlich befruchten. Sie weiß auch morgens um zehn einen guten Tropfen zu schätzen, die Kinder sind unter Gebirgen von Schmutzwäsche teilweise tagelang nicht auffindbar. Dennoch ist der Geldhaufen bei Schussels dank ersparter Pflegeversicherungsbeiträge etc. mittlerweile höher als der Altpapierstapel. Hat *Karlsruhe* das bedacht? Auch bei den beiden anderen Familien mit 4 bis 5 Kindern ist der Generationenvertrag übererfüllt. Muß der eigentlich notariell beglaubigt werden? Gibt's da Kündigungsfristen oder Rücktrittsrecht? Ist es theoretisch vorstellbar, daß der Generationenvertrag jahrelang bei den Kindern rumliegt, ohne daß die ihn unterschrieben zurückschicken? Fazit: Soll unser Rentensystem auch weiterhin funktionieren, dann brauchen wir Kinder wie Inder. Nicht schlecht wäre es, wenn es für die Kinder vor der Beitragszahlung so was wie Kindergärten, Schulen oder ähnliches gäbe. Aber wer soll das bezahlen?

Langhaarschneider

Dem zweieinhalbjährigen Sohn müßten mal die Haare geschnitten werden. Einmal war er schon beim Friseur, aber das ist zu umständlich. Erst warten, dann ist er müde (der Sohn), und zwei Mann müssen ihn mindestens besänftigen oder ablenken. Also macht man das selbst. Zu Hause. Mit der Schere? Nein, viel zu gefährlich. Falls er sich mal schnell rumdreht, dann hat er sie im Auge. Aber mit dem Langhaarschneider, das geht ganz einfach. Und sieht gut aus. Machen die anderen auch. – Wer die anderen? – Alle. Mutti stellt den Langhaarschneider auf Stufe vier. – Neiiiiiin! – Aber schau doch mal, wie der brummt. – Ich alleine. – Gut. Der Sohn greift zum elektrischen Gerät und starrt fasziniert auf die hin- und herrasenden Zacken. Plötzlich eine blitzschnelle Drehung, und Mutti entgeht – nie war der Ausdruck passender – um Haaresbreite einer halbseitigen Raspelbirne. So, jetzt darf die Mama wieder. – Ja. – Mama führt vorsichtig mit Stufe vier vom linken Ohr an aufwärts. Er hält ruhig. Noch eine Bahn. Und noch eine. Na also, klappt doch. – Jetzt wieder alleine. – Mit diesem Satz wird der Kopf gedreht, und da ist links eine satte Stufe drin. Fällt nicht sehr auf, und eigentlich hätte man's schon fast, aber hinten ist's noch zu lang. Und vorne. Ehrlich gesagt, sieht er jetzt so aus wie die Söhne, denen die Mütter selber die Haare schneiden, und über die man immer gelästert hat, auf dem Spielplatz oder im Flugzeug nach Mallorca. Fehlt nur noch das schulterlange Zöpfchen seitlich. Beim Sohn. Und die Assipalme bei der Mutter. Aber das denkt Vati nur. Mama muß mal kurz weg, und eigentlich kann man's ja so lassen. Eigentlich nicht. Aber das kriegen Vater und Sohn alleine schon hin. Man muß ihn nur richtig ansprechen. Das können Männer besser. Rein instinktiv. Papa setzt sich mit dem brummenden Langhaarschneider auf den Badewannenrand und schneidet dem Quietscheentchen die Haare. – Ich auch mal. – Wer mit so viel pädagogischem Einfühlungsvermögen die Kastrationsängste genommen kriegt, läßt auch Minuten später Papa mit der Maschine an den eigenen Kopf. Papa ist mit den Haaren im Nacken schon fast fertig. Nicht nur aus tiefem archaischen Vertrauen in die väterliche Hand hält der Sohn absolut still. Er lutscht auch gleichzeitig Zahnpasta direkt aus der Tube. Bei Papa darf er das. Immer noch besser als Wurst. Heutzutage ist das doch quasi Astronautennahrung aus dem Drogeriemarkt. Jetzt müssen wir vorne an die Haare. Leicht unwillig wird der Kopf weggedreht. Da bringt Papa die Wunderwaffe schlechthin ins Spiel: den Staubsauger! Wenn wir fertig sind, darfst du ganz alleine den Staubsauger anschalten. Und ziehen! Die Kinderaugen leuchten, und Papa hat die Maschine einmal von vorne bis zum Wirbel durchgezogen. Perfekt. Wieder neu angesetzt, da fällt der Verschluß von der Zahnpastatube runter. Kinder bücken sich schnell. Als Mama nach Hause kommt, fallen Begriffe wie »Tschernobyl« oder »Chemotherapie«. Papa sagt, bis zum Sommer wächst sich das raus.

Rosenkriege

Wenn Ehepaare merken, daß sie ihre Prioritäten unterschiedlich zu setzen beginnen, kommt es in der Folge häufig zu unschönen Szenen, und am Ende steht meistens der Mann mit wenigen hundert Millionen Mark da, damit die ehemalige Gattin, respektive pausierende Traumfrau, einen angemessenen Lebensstil weiterführen kann. Dem Vernehmen nach soll es allerdings auch Paare geben, die im Falle einer Trennung/Pause/Scheidung nur über finanzielle Mittel verfügen, welche einen gemeinsamen Ruin erlauben. Hierbei tritt dann eine selbst gebaute Rigipswand an die Stelle eines Anwesens in Florida. Mit Hilfe des heimischen Trockenbaus wird in schwäbischen Reihenhäusern eine Wand gezogen, weil keiner das Geld hat, den anderen auszubezahlen. Oft ist es schon vorgekommen, daß so getrennte Paare sich nach zwanzig durchaus haßerfüllten Jahren wieder einander angenähert oder gar ineinander verliebt haben. Motto: Die Trennung hat uns gut getan.

Es spricht für ein Leben im Bewußtsein des 21. Jahrhunderts, die Trennung per Pressemitteilung einer breiteren interessierten Öffentlichkeit kundzutun. Doch soll es auch Männer geben, denen eine unterschiedliche Entwicklung der ehemals gemeinsamen Interessen erst in tiefere Bewußtseinsschichten gedrungen ist, als plötzlich das Schloß ausgetauscht war. »Schloß austauschen« kommt zwar auch in den besseren Kreisen vor, aber hier ist ganz profan das Ding an der Haustür gemeint, wo man nachts nicht mehr reinkommt. Diese Methode wirkt allerdings eher rustikal und sollte sozialen Schichten vorbehalten bleiben, in welchen glühender Haß das Artikulationsvermögen recht früh an eine Grenze führt.

Wie anders dagegen eine Variante, die durchaus als sophisticated gelten darf. Er erhält beim gemeinsamen Frühstück einen Brief, den sie vom Anwalt hat schreiben lassen. Häufig wird ehedem als modern angesehenen Frauen übrigens erst beim

Anwalt klar, daß sie über kein eigenes Einkommen verfügen. Hier kann der Gatte echte Grandezza aufblitzen lassen, indem er durch emotionsgeladenes Gattinnendiktat entstandene Anwaltsbriefe wortlos bezahlt. Vielleicht wäre es ein Thema für die Gesprächsrunde im weihnachtlichen Familienkreis, ob vorauseilende Steuerehrlichkeit im Falle einer Pause/Trennung/Scheidung nicht vorteilhaft wäre. Wer hat nicht schon vorschnell der Frau die LKWs überschrieben, um die Kiesgrube aus der Konkursmasse zu retten? Und plötzlich ist sie (die Frau, Anm. d. Verf.) weg, samt LKWs und Baggerfahrer. Dazu im nächsten Heft: Schützt schwul sein vor der Pleite?

Taubenschmuggel

Am Samstag vor Valentinstag sah ich auf dem Kölner Flughafen eine Frau, die war so fett, daß man sie für eine Amerikanerin hätte halten können. Normalerweise tragen dicke Frauen,
vor allem im Kreativ- und Medienbereich, ja gerne schwarze
Wallegewänder, die steil vom Busen abfallen und aussehen, als
hätte man den Vogelkäfig zur Nacht abgehängt, damit Hansi
besser schlafen kann. Diese Dicke aber trug eine graue Hose
(eng) und einen blauen Blazer, aus dem ein unfaßbarer (oder
doch sehr faßbarer) Megabusen bei jedem Schritt wippend aus
dem Ausschnitt zu springen drohte und beim Wiedereinsammeln von Schlüssel und Geldbeutel vom Förderband nach der
Sicherheitskontrolle fast in den Scanner gefallen wäre. In der
Hose der Dicken wölbte sich ein gigantischer Bauch, wie man
ihn eigentlich nur von alten Männern kennt, die ihre Hosen bis
zu den Brustwarzen hochziehen. Über dem Bauch spannte sich
der Blazer, und die Dicke saß breitbeinig auf dem Airportgestühl, denn das Schließen der fetten Schenkel war sicher zum
letzten Mal möglich, bevor Dr. Kohl Kanzler wurde.

So also wurde ich wieder mal Zeuge der »Aktion Verkehrsunfall«: Grauenhaft, aber man kann den Blick nicht wenden.
Etwas nie Gesehenes bot sich mir jedoch dar, als ich der Dame
auf die Füße schaute: Aus ihren Stöckelschuhen quoll der
Spann! Es waren abgelatschte Schuhe mit kurzen Stöckeln, und
man fragte sich, wie die Dame jemals hineingekommen war.
Das Fett hing ringsum über die Schuhe, und man konnte den
Verdacht haben, daß hier gar keine Schuhe getragen werden,
sondern schwarz auf die fetten Füße aufgemalt waren. Aber
woher dann der Stöckel? Einfach ins unempfindlich gewordene Fleisch gesteckt?

Es mußte schon langsam auffallen, wie ich auf die Füße starrte. Die Füße steckten nicht nackt in den Schuhen, sondern in
taubenblauen Socken. Waren es Socken, die wenige Zentimeter

höher die Blutzufuhr drosselten und so sehr ins Fett schnitten, daß der Abdruck die ganze Nacht sichtbar blieb? Gab es Strumpfhosen in diesen Größen? Da fiel mir plötzlich ein, woran mich der bestrumpfte Fuß im zu engen Schuh erinnerte: an Tauben. Die blaubesockten Füße sahen aus, als hätte man sehr dicke Tauben kopfüber in die Stöckelschuhe gesteckt. Gurr, gurr. Hatten wir es hier mit einer besonders üblen Form von Taubenschmuggel zu tun? Flog die Dame ins Ausland und versuchte auf diese Weise, bereits leicht kontaminiertes Federvieh von der Domplatte über die Grenze zu schmuggeln?

»Irgendwas zu verzollen?« – »Nein.« – »Keine Tauben?« – »Nein.« – »Und das Wulstige da unten?« – »Sind meine Füße.« – »Na dann, guten Flug.«

In diesem Moment küßte der sehr schlanke Ehemann die Taubenschmugglerin auf den Mund. Kein hastiger, von ihr geforderter Kuß, sondern eher ein verspieltes Schnäbeln, welches einem zärtlichen Bedürfnis bei ihm entsprungen zu sein schien. Gerade wollte ich denken: »wie die Turteltauben«, da spürte ich ein starkes Würgegefühl im Hals. Ich schwöre: Im Schritt der übergewichtigen LH-Kundin zeichnete sich ein tellergroßer Fleck ab. Ich war begeistert! Das war miles and much more, als man sich ausdenken konnte. Der Flug war einsteigebereit.

Meiers Fluch

Ab wann darf die Geschichte einer Familie als Mythos bezeichnet werden? Wie genau zeigt sich ein Fluch? Nehmen wir zum Beispiel die Geschichte von Heinz Meier, der jetzt im Krankenhaus liegt, das Bein in Gips. Daß Heinz Meier überhaupt noch am Leben ist, verdankt er vielleicht der Tatsache, daß er zeitlebens Charter geflogen ist, weil es für einen Pilotenschein nie gereicht hat. Doch dazu später. Wenn Deutschland einen Shakespeare hätte – wäre von ihm die Geschichte des Meier-Clans geschrieben worden? Diese Geschichte, die alles enthält, was eine gute Story braucht. Wenig Geld, keine Macht, selten Arbeit, Gier nach Sex. Darf es Schicksal genannt werden, daß Heinz Meiers Beinbruch exakt zwei Jahre nach der Sache mit Onkel Walter passiert ist? Onkel Walter war ja auf der Heimfahrt vom Sommerfest des Gesangvereins zum Baggersee abgebogen. Er war nicht nur abgebogen, sondern auch ziemlich besoffen, und hatte außerdem Hildegard, die Sachbearbeiterin, mit im Auto. Warum die beiden morgens um vier noch zum Baggersee gefahren sind, ist ziemlich klar. Nicht so klar ist, wer von beiden aus Versehen an die Handbremse gekommen ist, und warum nur Onkel Walter es noch aus dem Wagen geschafft hat.

Immerhin hat sich Onkel Walter später entschuldigt. Mit Heinzens Beinbruch war das so: Heinz wollte vor dem Urlaub seinen Koffer vom Schrank holen. Seine Frau quengelte, weil der Rasen mußte noch gemäht werden und die Beeren gepflückt, und die Schwägerin mußte noch den Schlüssel kriegen für die Blumen. Heinz stieg also in der Dunkelheit auf einen wackligen Küchenstuhl, obwohl davor ja immer gewarnt wird. Heinz war auch nicht sportlich genug, um sich mit einem zusammenkrachenden Küchenstuhl noch abfangen zu können. Jetzt liegt er im Krankenhaus. Was hat das Schicksal gegen Familie Meier? Liegt ein Fluch über den Meiers, und zwar von griechischem Ausmaß? Denn Heinz hat innerhalb der letzten Jahre zwei Cousins verloren. Einer hat sich totgesoffen, der andere ist beim Blindekuh spielen vom Garagendach gefallen. Urteil der Götter? Es sollte nicht vergessen werden, daß Tante Erika Krebs hat und Schwager Richard einem Herzinfarkt erlegen ist. Nichts anderes als ein gerechtes Zeichen aus dem Olymp. Übrigens sitzt Neffe Jürgen im Rollstuhl, seit jenem schicksalhaften Tag, als er dem dreizehnjährigen Kindermädchen hinterherrannte und dabei über seine runtergelassene Hose stolperte. Dabei hatte alles so hoffnungsvoll begonnen. Heinzens Großvater Kuddel war zu Fuß aus Rußland gekommen und hatte sich sofort als Schwarzmarkthändler und Bordellbetreiber krumm und bucklig geschuftet. Das war er seiner Familie als strenger Katholik auch schuldig. Heinzens Familie galt seit jeher im ganzen Dorf als vorbildlich, auch als seine Mutter nach dem Tod des Vaters den reichen Tankwart aus dem Nachbardorf geheiratet hatte. Ein bißchen getratscht wurde schon, aber schließlich – was sollte sie machen? Und jetzt das! Wir berichten weiter.

Rudolf und Mette

Die Liebe hat gesiegt! Zwei Menschen, so fern voneinander und doch so nah, irgendwie, bewegen unsere Herzen. Verteidigungsminister und Kronprinzessin haben nach einem medialen Nahkampfwochenende jeder für sich den Sieg der Liebe davon getragen, gegen alle schlimmen Gerüchte, kompromittierende Fotos und drogenbesitzende Ehemalige. Zwar hat es uns als Laienkirchenmusiker ein bißchen geschmerzt, als zum Auszug des Brautpaars in Oslo ein Saxofonsolo erklang, so wie wir immer ein bißchen leiden, wenn auf Beerdigungen beim Rausfahren des Sargs R. Kelly gespielt wird, aber natürlich ist das einzig und allein die Entscheidung des Brautpaares respektive der Hinterbliebenen, wenn nicht sogar des Verstorbenen. Mette, wir dürfen sie respektvoll so nennen, denn wir haben an ihrer hoffentlich so wilden wie behaupteten Vergangenheit leidenschaftlich interessiert Anteil genommen, fuhr im offenen Wagen nebst Prinzgemahl (lesenswert: der kurze Kennedy-in-Dallas-Hinweis in der *taz*) durch Oslo von der Kirche zum Schloß, und ein bißchen schade war es schon, daß sie nicht noch mal kurz in jenes Viertel abgebogen sind, in denen es Mette früher knallen ließ. Vielleicht wären die alten Freunde noch mal aus den Kneipen gestürzt, ein Glas in der Hand oder die Nase noch weiß, und hätten gerufen: »Prost, Mette!«, so wie im Musical die Zerlumpten und Geknechteten immer vor der Pause zu einem fulminanten Zwischenfinale auflaufen. Man kann nicht sagen, daß uns nicht berichtet worden wäre, Mette habe ein Kind mit in die Ehe gebracht. Das ist insofern bemerkenswert, weil bei vergleichbaren Hochzeiten sonst eher weniger darauf verwiesen wird, wie viele Abtreibungen die Braut schon hinter sich gebracht hat, um kein Kind in die Ehe zu bringen. Es gab sogar schon Königshäuser, wo der Bräutigam quasi schon eine Frau mit in die Ehe brachte, und erst nach vielen Jahren der Irrungen und Wirrungen schien wieder Licht am Ende des Tunnels der Liebe. Natürlich werden auch bei uns in hochrangigen Ehen Kinder mit eingebracht, aber der Vater sitzt meistens nicht im Knast, sondern interviewt zum Beispiel den Kanzler.

Und nun zu Rudolf. Es ist nicht respektlos, den Verteidigungsminister zunächst nur beim Vornamen zu nennen, wurde doch meine Kindheit entscheidend geprägt durch den Film »Kronprinz Rudolfs letzte Liebe«, wir erinnern uns, Omar Sharif, Schloß Mayerling. Wollen wir, daß es so endet? Während andere Politiker ihre Frauen wegsperren oder uns quälend öde Allein-im-Strandkorb-Fotos zumuten, hat sich Minister Scharping von allen Fesseln befreit, und das ist gut so. Die Fotos von Minister und Gräfin beweisen, wie trostlos der Alltag anderer Politiker ist. Alkohol, Karrierestreß, armselige Techtelmechtel, die nur mit viel Aufwand und unter Duldung der Presse geheim zu halten sind. Mehr Scharping, bitte! Notfalls muß ihn die Nato schützen. Salut!

VOLKES WAHRER HIMMEL:
Alltag, Mode und andere Katastrophen

Glückwunsch! Sie haben das zweite Kapitel erreicht. Wissen Sie eigentlich, was eine »Quadrupelfuge« ist, und warum das Buch so heißt? Vielleicht hören Sie sich mal eine Tripelfuge an, und wenn Sie dann das – natürlich extrem subjektive – Gefühl haben: Da fehlt doch was! Ein wirklich anheimelndes Spiel für regnerische Sonntagnachmittage ist es, eine Bachsche Tripelfuge eigenhändig in eine Quadrupelfuge umzuarbeiten. Fortgeschrittene nehmen die Themen als Krebs! Hurtig ans Werk!

Gegenschläge

Da die Zeiten gleichermaßen unsicher und schwierig sind, wenden wir uns heute einem Thema zu, welches betont harmlos ist. Einerseits. Andererseits löst es gerade in Besserverdienerkreisen eine Aggression aus, die äußerste Besonnenheit, Zurückhaltung und kühlen Verstand erfordert, um nicht zu brutalsten Gegenschlägen auszuholen, obwohl die Schuldigen eindeutig bekannt sind und – leider, leider – mehr Beweise vorliegen, als einem lieb sein können. Das Thema des heutigen Brennpunkts lautet: *Die Zerstörung teurer Strickwaren durch Haushaltshilfen, die es auch nach wiederholtem Erklären nicht begreifen, was noch erträglich wäre, aber, schlimmer noch: Sie nicken und hören nicht zu.* Zunächst einmal ist es schwierig, überhaupt eine Haushaltshilfe zu finden. Arbeitslose hin. Sozialversicherung her: Schon die Formulierung einer Annonce erfordert den Fachmann. Begriffe wie *Festanstellung*, *Versicherung* und *bezahlter Urlaub* scheinen eher abzuschrecken. Emotionales ist gefragt. *Liebe Familien* sollten *warmherzige Frauen* suchen, die *gerne bereit* sind, in einem *gepflegten und seriösen* Haushalt bei *leichten Tätigkeiten* zur Hand zu gehen. Es muß unbedingt klar werden, daß die Putze mit Chefarztgehalt der Hausherrin hilft, falls es gerade bequemt, keinesfalls darf die allergiegeplagte Reinigungsfachkraft mit Tätigkeiten wie Fenster putzen, Hof kehren, Rasen mähen, Kühlschrank rücken und ähnlichem belastet werden. Es folgt das Bewerbungsgespräch. Muß erwähnt werden, daß, wenn alles legal ablaufen soll, am besten ein Headhunter die Vorauswahl trifft? Wie lange soll man mit einer Kandidatin über ihr Leben sprechen, die sich im Zimmer umschaut und feststellt: »Für Euch könnt ich mir echt gut vorstellen zu arbeiten.« Bescheidenheit verbietet es, von mir selbst zu sprechen, aber ein befreundeter Prominenter der absoluten A-Kategorie verfolgt solche Gespräche zwischen Gattin und Bewerberin mittlerweile durch den Spalt einer Schrankwand und springt erst im allerletzten Augenblick hervor. Fällt die potentielle Haushaltshilfe auch dann nicht in Ohnmacht, könnte man fündig geworden sein.

Vielleicht ist es pingelig, aber kann folgendes Fachwissen nicht doch als Standard vorausgesetzt werden: Bevor Jeans in die Waschmaschine kommen, werden die Gürtel entfernt? Wolle wäscht man nicht mit sechzig Grad und ohne Schleudern? Bügeleisen gehen kaputt, wenn sie samt Bügelbrett auf Steinfußböden kippen? Kunststoffklappen, welche den Staubsaugerbeutelhohlraum verschließen, brechen ab, wenn sie geöffnet werden, ohne den vorgesehenen Knopf zu drücken? Weingläser zersplittern, wenn sie in der Spülmaschine unten zwischen Töpfe gestellt werden? Eine Flasche WC-Reiniger pro Toilette muß nicht sein? Gereinigte Blusen werden leicht schmutzig, wenn sie beim Ausladen aus dem PKW über den Gehweg geschleift werden? Wir merken uns: Keine Überreaktionen. Es könnte Unschuldige treffen. Vielleicht ein neuer Trend für 2002: Selberputzing?

Stoppersocken

In letzter Zeit quält mich immer häufiger eine Frage: Warum habe ich nicht die Stoppersocken erfunden? Heißen sie überhaupt auch offiziell Stoppersocken, die kleinen Babysöckchen mit den Gumminoppen unten dran, die verhindern, daß der Nachwuchs ausrutscht, wenn er sich am Stromkabel für das Goldfischglas nach oben zieht?

In jedem Fall ist es eine grandiose Erfindung, und wie alle grandiosen Erfindungen erstaunlich schlicht. Diese Banalität soll mir verziehen werden, denn meine Unzufriedenheit darüber, daß ich noch nie etwas erfunden habe, das mich dann schlagartig und lebenslang zum Einkommensmilliardär gemacht hätte, wächst. Wenn ich mich recht erinnere, wurden die Stoppersocken von zwei Amerikanern erfunden, die sich damit selbstverständlich dumm und dämlich verdient haben. So einfach ist das: Man sitzt beim Frühstück, und das Baby rutscht auf dem kalten, glatten amerikanischen Steinfußboden dauernd aus. »Du«, sagt da der eine Amerikaner zum anderen, »das Baby rutscht dauernd aus. Mach ihm doch mal Gumminoppen unten dran.« Der andere fragt zurück: »Wär's nicht besser, ich mach die Gumminoppen an die Socken?« – »Mein ich ja. Und ruf gleich beim Patentamt an.« Und schon rollen die Milliarden an, ohne daß man noch jemals einen Finger krümmt. Mit Babyzubehör läßt sich unfaßbar viel Geld verdienen, denn Babys werden immer gebraucht. Auch die Wegwerfwindel war schon lange vor meiner Zeit erfunden. Der Begriff Wegwerfwindel scheint mir etwas unpräzise. Nicht für die Windel selbst, denn man wirft sie ja wirklich weg, aber für ihr Gegenteil, die gute, alte Baumwollwindel, die man ja nicht wegwirft, sondern wäscht und wieder benutzt. Das wäre ja dann eine Aufhebwindel. Doch darum geht's ja gar nicht, sondern darum, daß die Frage »Und, haben Sie ihr Kind schon mal gewickelt?«, an einen Vater gerichtet, völlig überflüssig ist. Sie soll nämlich suggerieren: Sie können das wohl nicht! Dabei ist nichts einfacher! Genau drei Handgriffe: Baby in Windel rein, unteres Teil hochgeklappt, rechtes Teil rüber, linkes Teil rüber, zweimal Klettverschluß und fertig. Klettverschluß? Tränen schießen mir in die Augen, daß ich den nicht erfunden habe. An manchen Tagen, wenn ich die linke Hand noch auf dem Windelklettverschluß habe und mit der rechten nach den Stoppersocken greife, vergeht mir sogar die Lust auf das blaue Band bei n-tv. Es führt mir im Gegenteil schmerzlich vor Augen, wie sehr ich zum Sklaven unserer Börsen geworden bin, während mich das alles nicht mehr beschäftigen müßte, hätte ich Stoppersocken und Klettverschluß erfunden. Übrigens gibt es eindeutig ein Spitzenprodukt unter den zeitgenössischen Windeln, klar besser (das heißt: dichter, saugfähiger und zum Hals hin stuhlresistent) als alle anderen. Leider verbietet es mir meine Abneigung gegen Schleichwerbung, den Markennamen zu nennen. Wir nehmen Windeln jedenfalls ins Ausland mit, denn in Schwellenländern wie Holland oder Frankreich ist das Markenprodukt nicht immer verfügbar, und wer will schon jeden zweiten Tag den Babyschlafsack waschen. An dieser Stelle eine Frage an interessierte Eltern: Läßt es auf Hochbegabung schließen, wenn ein Einjähriger ausschließlich klassische CDs aus dem Regal reißt? Wenn er Ann-Sophie-Mutter-CDs nicht nur aufklappt, sondern gleich noch den Deckel abbricht? Können Einjährige schon eine Stradivari halten, und warum habe ich nicht die CD erfunden? Und wieviel ist die richtige Menge Wasser im Fläschchenwärmer, ohne daß das Fläschchenwärmerwasser in das bereits aufgeschraubte Truthahnnudelmenü schwappt? U. A. w. g. …

Rasenmähen

»Der Rasen muß gemäht werden.« Wir alle kennen diesen Satz aus unzähligen, wenn nicht gar zahllosen Hollywoodfilmen, gesprochen meistens oder zumeist von einem Patriarchen, im seidenen Morgenrock auf der obersten Stufe einer Freitreppe zwischen klassizistischen Säulen stehend, Zigarre zwischen den Fingern. »Komm, Kleines, wir gehen frühstücken«, ist noch zu hören, während er im Abgehen der Blondine neben sich einen Klaps auf den Hintern gibt. Alsdann huschen fröhliche Filipinos in sanft gebückter Haltung auf den Rasen und beginnen ihr Tagwerk. Bisweilen sind es auch Mexikaner, deren Gesichter jedoch nicht jene Ausstrahlung von »unzerkratzbarer Politur« (Graham Greene) haben, wie sie bei den Asiaten zu finden ist.

Soweit die Rasenpflege im marktbeherrschenden US-Film. In unseren Breiten ist der Satz »Der Rasen muß gemäht werden« eher eine von sanfter Resignation umwehte Floskel, die bereits ahnen läßt, daß man es selber machen muß. Motor? Elektrisch? Auf so einem kleinen Traktor? Falsch – mit »so einem Ding da«! Heißt es Handrasenmäher? Gibt es überhaupt eine offizielle Bezeichnung dafür? Alle, denen man erzählt, daß man den Rasen nicht mit Hilfe von Hightech mäht, fragen ungläubig, ob man ihn etwa mit »so einem Ding da« stutzt. Dabei führen sie zwei kurze Stoßbewegungen mit beiden Händen weg vom Körper ins Nichts aus. Gibt es eine verbindliche Ideologie, wie man den Rasen zu mähen hat? Beginnt man erst auf der großen, ebenen Fläche und spart sich die undankbaren Ränder unter tiefhängenden Zweigen und üppig ins Grün schießenden Büschen bis zum Schluß auf? Oder beginnt man mit den schwierigen Rändern, wie in der Politik, wo ja auch darauf geachtet wird, daß die Ränder nicht ausfransen? Ich tendiere dazu, mit den Randbezirken zu beginnen. Immer wenn ich das Ding da in extrem gebückter Haltung, die noch bei keinem Filipino jeh gesehen ward, unters Gebüsch schiebe, bin ich froh, Brillenträger zu sein. Sonst hätte ich mir schon häufiger einen kurzen Ast ins Auge gerammt, wie weiland Ödipus die Gürtelschnalle. Wer übrigens ein bißchen Zeit übrig hat, kann ruhig mal mehrmals hintereinander laut »ins Gebüsch schieben« sagen. Er – und auch sie – wird dabei feststellen, daß nicht nur unsere Sprache, sondern auch die Artikulation zusehends verschlampt. Kaum einer noch nimmt sich die Zeit, die beiden Zischlaute in »Gebüsch schieben« korrekt abzusetzen, immer wird es zu einem indifferenten »Gebüschieben«. Auch sind viele zu nachlässig, um das »ü« eindeutig anders zu bilden als das »ie«. Im Alltag verkommt das kraftvolle und lautmalerisch durchaus ansprechende »ins Gebüsch schieben« zu einem breiigen »insgeböschimm«. Hat man darüber schon von Botho Strauß gelesen? Oh, es regnet! Da bringt es nichts, weiter zu mähen.

Morgnisauchnochntak.

Sicherheit

Man kann Minister Schily nur unterstützen, wenn er unser Land so sicher machen möchte, wie es geht. Wer kann ernsthaft (Gegenteil von U-Haft, es lebe die Spaßgesellschaft!) etwas gegen Fingerabdrücke im Reisepaß haben? Sind doch schon lange drin! Noch nie gesehen, wie Herrschaften auf USA-Flügen zwischen Käsematschbrötchen und Schokotalern nach dem Reisepaß fingern, weil sie die Nummer für das grüne Formular brauchen, auf dem man eintragen muß, ob man a) eine Revolution in den USA plant oder b) Lebensmittel mit einführt? Patsch, schon ist der Fingerabdruck drin. Aufregung hier also überflüssig, aber die wird eh bald vorbei sein, siehe Volkszählung, Waldsterben und Robbenschlachten in früheren Zeiten (als Minister Schily noch ein Grüner war). Wünschenswert ist die knallharte Kontrolle von SMS-Gewohnheiten. Wer mehr als fünfmal pro Tag eine Nachricht mit dem Schweregrad »Trinken grad Bier. Ätsch!« versendet, sollte grundsätzlich ein Jahr weggesperrt werden. Hinter derartigen Mitteilungen kann sich nur die Aufforderung zu einem terroristischen Gewaltakt verbergen, alles andere wäre geradezu unfaßbar sinnlos. Muß für solche Aktionen technisch aufgerüstet werden? Wir meinen: nein. Warum wendet man sich nicht an die Mitarbeiterinnen im Kiosk an der Ecke, in Schnellreinigungen, Metzgereien und Bäckereien? Wer hier die immer kälter werdenden Umgangsformen einer entpersönlichten Welt beklagt, hat solche Institutionen mit absoluter Sicherheit (die es sonst nicht geben kann, Überzeugung aller Demokraten) seit Ewigkeiten nicht mehr betreten. »Spät geworden gestern?«, schallt es einem fröhlich entgegen, weil die fesche Backwarenverkäuferin zum Dienst eilt, wenn der Kreative nach Hause schwankt. »Ist der neue Benz Ihnen?«, will man in der Reinigung wissen, wobei die Grammatik durchaus eine besonders virtuose Form von Chiffrierung darstellen könnte. Geradezu gespenstisch wird es, wenn einem auf dem Flughafen von Palma de Mallorca die Frage ereilt: »Funktioniert der Herd wieder?« Wieso? Welcher Herd? Wo? »Mein Schwager hat bei Ihnen in Köln die Küche angeschlossen!« Da schau her. Jetzt nehmen schon die Verwandten Kontakt auf. Eigentlich schön, und man kann von Glück sagen, daß es um die Küche geht und einem nicht vom Schnauzbart hinter dem Kontrollmonitor beim Einchecken zugerufen wird: »Sie hatten mal was mit meiner Mutter.« Wer jemals eine Eigentumswohnung in einem Dreiparteienhaus, dritter Stock, besessen hat, kennt das panikartige Gefühl, wenn kurz vor Verlassen des Treppenabsatzes im zweiten Stock die Tür aufgerissen wird, und eine frustrierte Frauenstimme kreischt: »Ihre Dachrinne ist verstopft.« Natürlich ist sie verstopft, denn der in Salzsäure aufgelöste Körper des pensionierten Friseurs (»War das gestern im Kino Ihre Frau?«) wurde überraschenderweise nicht abgeschwemmt. Aber das weiß weder Schily noch die Alte. Ein bißchen Intimsphäre muß bleiben.

Markt

Warum gehen Menschen samstags auf den Markt? Hauptsächlich, damit sie dienstags etwas haben, das sie angefault wegschmeißen können. Aber auch als soziologisches Biotop ist der Markt manch anderer Gelegenheit vorzuziehen.

Nehmen wir zum Beispiel den deutschen Freizeitmann. Im Berufsleben vielleicht Sachbearbeiter oder Controller, samstags jedoch, auf dem Markt, trägt er dunkelrote Jeans mit tannengrünem Polohemd. Und er trägt den Korb, der bei Doppelverdienern gerne mal mit grünem Kunststoff ausgeschlagen ist. Während der ersten halben Stunde auf dem Markt bleibt der Korb leer. Da wird Schwätzchen gehalten, und zwar mit einer Bandbreite zwischen hygienischen Verhältnissen im geliehenen Neoprenanzug der Tauchschule und Größe des Tumors. Die Gattin des Körbchenträgers trägt häufig Bundfaltenjeans und Blusenkragen hochgeklappt. Der Markt profitiert von zwei soliden Vorurteilen: Alles frisch vom Bauern und viel günstiger als im Supermarkt. Dies kann nur behaupten, wer die Preise im Supermarkt nicht kennt. Und wer Möhren und Kartoffeln bei einem Lautsprecher auf zwei Beinen mit akuter Humordiarrhöe kauft, der unter seinen Holzkisten Kunstrasen verlegt hat, ist selber schuld. Zu einem hohen Prozentsatz sind auf unseren menschlich gebliebenen Gemüsebasaren die Rucksackdeutschen vertreten. Wir wissen, daß dies nichts mehr mit Revanchismus und verlorenen Höfen zu tun hat. Es handelt sich um kreative junge Menschen, die ihre Habe seit geraumer Zeit auf dem Rücken nach Hause schleppen. Wer meditativ versunken zwischen Gurken, Artischocken und Radieschen entlangschleicht, um am Ende nichts zu kaufen, der kann nicht merken, daß sein Rucksack Kindern ins Gesicht knallt. Der fragt erst mal beim Milchcafé am Nachbartisch nach Tampons. Außerdem stellt uns der Markt vor weit größere Probleme: Wie kann man politisch korrekt die Vermutung formulieren, daß ein Händler, dessen Wiege irgendwo zwischen Amselfeld und Bosporus stand, mit »präzise abwiegen« etwas anderes meint als ein deutscher Medienschaffender? Können Oliven 14 Mark kosten? Bin ich Faschist, wenn ich ein leichtes Defizit beim Wechselgeld konstatiere? Doch gemach! Denn jetzt kommt die größte Herausforderung an unsere Fähigkeit zum christlichen Miteinander: ein Behinderter in einem Elektrostuhl von der Größe einer halben A-Klasse. Die Verbraucher bilden im kollektiven Verständnis eine Schneise, doch es nützt nichts: Kinderwagen werden gerammt, Obststände wackeln, Senioren an Krücken geraten ins Wanken. Unsere Gemüsemärkte sind nicht behindertengerecht für Behinderte in Elektrostühlen! Dies alles strahlt unser behinderter Mitbürger an diesem Samstagvormittag aus. Mal auf dem Gehweg. Mal auf der Straße. Wo halt schneller grün wird. Wir verlassen stumm und nachdenklich den Markt. Patrick Süskind hat einfach recht, mit »jenem lauwarmen Gefühlsgemisch aus Ekel, Verachtung und Mitleid – bekannt als Toleranz!«

Läuten lassen

Es muß erlaubt sein, diesen Text mit der Binse zu beginnen, daß sich das Handy längst durchgesetzt hat. Nur noch in veralteten Kabarettnummern finden wir, gleichberechtigt mit der Doppelnamengrünen, den gegelten Handybesitzer, der sich wichtig tut. Ebenso verstaubt wirkt es, fast religiös zu betonen, daß man kein Handy besitzt. Deshalb: Ich besitze kein Handy! Natürlich ist das ein Pseudosnobismus, denn ich bin umzingelt von Menschen, deren Handy ich im Bedarfsfall mal benutzen könnte. Allerdings ist dieser Bedarfsfall äußerst selten. Ich wüßte gar nicht, wen ich anrufen sollte, bei dem es nicht auch Zeit bis zum Wiedererreichen eines Festnetzanschlusses hätte. Auch dort erfreut mich eine Segnung der modernen Informationstechnologie: das Display. Selbstverständlich bezahle ich eine Extragebühr für die schwache Hoffnung, daß meine Rufnummer unterdrückt wird. Wenn sich dereinst die unterdrückten Rufnummern aller Länder vereinigen, könnte es unschön für mich werden, aber momentan kann ich sehen, wer anruft. Oder ich sehe »Externer Anruf«. Bin ich der einzige, der einzelne Anrufernummern auch mit einem individuellen Läuten verbindet? Es gibt Nummern, die klingeln schüchtern. Die wissen schon, daß sie stören. Dann gibt es die Aggressiven, fordernden, die dem irrigen Glauben verfallen sind, erwartet zu werden. Und es gibt die Doofen, die schon seit Jahren auf dem toten Apparat anrufen, für den ich nur noch die Grundgebühr bezahle, ohne abzuheben. Im Sinn von rangehen. Ich kann nicht sagen, daß mein Leben ärmer geworden wäre, seit ich es läuten lasse. Ich frage mich immer, was all die Menschen reden, die mit dem Handy am Ohr aus dem Auto steigen. Wer hat die dummen Teile aus der Wäschekammer gelassen, die mit drei Handys, welche abwechselnd klingeln, im *Meeting* sitzen? Wie blöd muß ein Chef sein, der eine Trulla mit drei klingelnden, dudelnden und piependen Handys in ein *Meeting* mitnimmt, in

dem er auch nur eine einzige Mark verdienen will? Seit dem
1. Februar ist das Telefonieren mit Handy im Auto verboten.
Erlaubt sind aber beispielsweise diese Dinger (*Headsets?*) mit
Knopf im Ohr und Mikro im Kabel. Und die sollte man fördern! Denn angesichts der immer länger werdenden Wartezeiten auf unseren Flughäfen sorgen diese Zombies für höchstes
Amüsement! Zum ersten Mal sah ich so einen am Gepäckband
in Berlin: erst laut: »Hallo, wie geht's« – Pause – Schrilles Lachen – Pause, auf und ab gehen, dann, sehr laut: »Das wußte
ich, daß ihm das wieder passiert.« Ich wußte nicht, daß es solche Handys mit Knopf im Ohr gibt, und dachte: »Welche Art
von geistiger Behinderung erlaubt es diesem Menschen dennoch, ohne Begleitung zu reisen?«

Ich schwöre es! Deshalb mein Tip: das Handyverbot im
Auto zum Abgewöhnen nutzen. Läuten lassen. Mehr Freiheit
geht nicht.

Plug & Play

Wir sind nicht technikfeindlich. Wir verschließen uns nicht den Segnungen der modernen Kommunikationstechnologie. Aber wir verbinden gerne das Traditionelle mit dem Zukunftsweisenden. Zum Beispiel eine grandiose neue ISDN-Leitung mit einem drei Jahre alten Telefon. Dieses Telefon war für mich bisher ein supermodernes Gerät, mit dem man »ohne Kabel« in der Wohnung rumlaufen und dabei telefonieren konnte. Ohne Kabel ist falsch. *Schnurlos* heißt der Fachbegriff. Das Teil zum Rumlaufen heißt auch nicht Telefon, sondern *Handset*, und der kleine Kasten, der klingelt, ist eine *Feststation*. Man konnte also bisher schnurlos wie am Schnürchen telefonieren. Das änderte sich, als wir eine ISDN-Leitung bekamen, selbstverständlich für den ZUGANG INS INTERNET!!!! Denn wer will schon das MEDIUM DER ZUKUNFT VERSCHLAFEN???? Ich jedenfalls nicht, und obwohl ich nicht weiß, was ich persönlich mit dem Internet soll, vergeht kein Kantinenessen, in dem ich nicht über den »Wahnsinn, der in Zukunft im Internet abgeht« schwadroniere wie Thierse vom Verfassungsbruch. Bei dieser Gelegenheit erfuhr ich auch, daß man fürs Internet nicht unbedingt ISDN braucht, es genügt ein *Modem*. Allerdings kann man dann irgendwie nicht gleichzeitig telefonieren. Das ist natürlich nichts für mich. Ich brauche gleichzeitig alles plus x. Dann mußte ich als ISDN-Besitzer eine zerschmetternde Diagnose akzeptieren: Mein drei Jahre altes Telefon war *analog*. Ich wußte zwar, daß analog das Gegenteil von digital ist, aber mir war nicht bekannt, daß analog schlimmer ist als Krebs. Eine Katastrophe. Schmeiß es weg! Wirf es von dir! Keine Möglichkeit zur Rettung? Doch! Das Gerät heißt *TA 2a/b Komfort* und kommt selbstverständlich vom Börsengiganten Telekom. Ich kürze hier die Liste der Vorschläge ab, die ich hörte (zentrale Telefonanlage, Straße aufreißen, neue Basisstation für bis zu neun (!!!) Nummern und Tür öffnen mit dem Handset, während man die Mikrowelle höher stellt), bis ich beiläufig einen Telekommitarbeiter nach einer Rettungsmöglichkeit für mein analoges Museumsstück fragte, und er auf Anhieb die Wunderwaffe TA 2a/b Komfort auf einen Zettel kritzelte. Vom Ehrgeiz getrieben, wollte ich das Gerät noch am selben Abend anschließen, und zwar selbst. »Das muß dir einer konfigurieren«, war ich gewarnt worden. Wozu? Schließlich entnahm ich der Bedienungsanleitung, daß mein Gerät in der *plug-&-play*-Version ausgeliefert wird. Bedeutet: reinstecken und anrufen! Nicht ganz. Denn obwohl ich vierhundertdreiundneunzigmal die Programmierung der *Beispielkonfiguration 1 a/b* (Abheben, dann 1121, dann die Nummer des Anschlußes und dann die Raute) drückte, hörte ich nie den *positiven Quittungston* (1-s-Ton 425 Hz). Wie klingen 425 Hz? Tief. Im Gegensatz zu dem 0,5-s-Ton 1600 Hz, die mir chronisch in den Ohren pfiffen. Zwei Stunden lang rätselte ich, warum ich zwar angerufen werden konnte, beim Rauswählen aber nur kurz einen Ton hörte, als ob eine Maus in ein Starkstromkabel beißt. Und dann entdeckte ich plötzlich ein Zauberkürzel: MFV. Mehrfrequenzwahlverfahren. War mein analoges Oldiegerät MFV-tauglich? Und siehe, ein Wunder geschah: Ich fand noch die Bedienungsanleitung für das *ST 9000 PX* von Hagenuk. Und auf Seite 36 finden wir die grandiose Formel F 924 F, die gedrückt werden muß, um MFV einzuschalten. Kaum ist das Telefon umgestellt, ertönt ein Quittungston, der so positiv ist, daß es einem die Tränen in die Ohren treibt. Jetzt kann ich raus- und reintelefonieren, daß es eine Freude ist. Und ich brauche nicht mal die Möglichkeit, gratis innerhalb der Wohnung zu neun Geräten weiterzuverbinden. Das funktioniert nämlich bei uns so: Es klingelt. Einer geht ran, hebt ab und ruft: »Telefon für dich!« Der andere ruft zurück: »Bin nicht da.« Auflegen. Fertig. Wunderbar!

Buffalos

Wie ich neulich so im Auto an der Ampel warte, fallen mir junge Menschen auf, die teils mit staksenden Bewegungen den Zebrastreifen überqueren, teils wie festbetoniert an der Bushaltestelle warten. Die jungen Damen sind überwiegend bauchfrei gewandet, die männlichen Adoleszenten wirken wie aus dem Boy-Group-Genlabor und verharren regungslos wie ein Gecko auf der Lauer, vermutlich, um die Tolle, die sorgfältig über die Stirn bis halb über die Augen drapiert ist, nicht zu gefährden. Dann aber entdecke ich plötzlich eine Gemeinsamkeit bei all den jungen Menschen: das Schuhwerk. Hohe, schwere, ins brikethafte tendierende Galoschen, die zu meiner Zeit Plateauschuhe hießen. So was trug Humphrey Bogart, wenn er die Bergmann küssen mußte. Die Schuhe wirken wie festbetoniert an den Füßen. Sie sind nur etwa bis zur Hälfte geschnürt, oben hängt eine Zunge raus, die bei starkem Regen durchaus Unterschlupf bieten könnte. Ich bin zu tolerant, um Zusammenhänge zwischen sozialer Klassenzugehörigkeit und Schuhwerk herzustellen, aber im hessischen Landtag müßten sich die jungen Deutschen von der Bushaltestelle vermutlich einiges anhören.

Ich hatte das Schuhwerk bereits ein wenig dem Vergessen anheim fallen lassen, als kürzlich beim Frisör meines Vertrauens plötzlich wieder das Thema drauf kam und eine förmliche emotionale Explosion auslöste! Diese Schuhe, so erfuhr ich, heißen »Buffalos« und sind »das letzte«. Mehrere Menschen im Salon kreischten, schrien und stöhnten gleichzeitig beim bloßen Gedanken an Buffaloträger. In Sekundenschnelle wurde ein komplettes Soziogramm derjenigen erstellt, die »mit diesen Tretern maximal noch als Radiergummi mißbraucht werden können«.

Selten habe ich in den letzten Monaten ein einstimmigeres Urteil über ein Kleidungsstück vernommen als über die Buffalos. Fazit: Obwohl es sehr schwer ist, erstklassige Kräfte für einen boomenden Frisörsalon zu finden – wer in Buffalos kommt, kann direkt wieder gehen! Denn die Buffaloträgerin beispielsweise kommt nicht nur »mit den Klötzen am Geläuf«, nein, sie wird umweht vom Dreiklang »Buffalos, rausgewachsene Dauerwelle und wilde-Pflaume-Tönung«. Letztere faszinierte mich. Noch nie was gehört von wilde-Pflaume-Tönung, klingt aber irgendwie schon sehr geil. Deshalb runter mit den Teilen, wer einen Job will! Sonst wartet Ihr ewig mit der Zigarettenschachtel im Bund der knallengen Stretchhose auf den Bus. Und irgendwann ist der auch für die wildeste Pflaume abgefahren.

Straßenfeste

Fahren Karussells in Frankreich doppelt so lange? Nun, da der
Euro naht, verstärkt sich der Eindruck, die ziemlich häßlichen
Plastikdinger auf unseren Straßenfesten seien die reinsten Kurz-
läufer, verglichen mit den schönen, teilweise doppelstöckigen
Holzkarussells in der französischen Provinz. Gibt es keine
Euronorm über die Mindestfahrzeit? Wenigstens scheint die
Familientradition gewahrt, denn wo früher beim Einsammeln
der Fahrchips schon mal der Eindruck entstehen konnte, hier
werde offener Vollzug praktiziert, sind es jetzt offenbar die eigenen, ebenso minderjährigen wie tätowierten und präpotenten
Kinder, die der lustlosen Mutti im Kassenhäuschen zur Hand
gehen. Stirbt der Schiffschaukelbremser? Die Kassenmutti
scheint voll darauf konzentriert zu sein, das Karussell nach fünf
Runden wieder anzuhalten, weshalb sie auch keine Zeit mehr
hat, in ein Mikro mit Taschentuch drüber die klassischen Ka-
russellbetreibersprüche (»Es geht wieder los! Alle fahren mit,
alle haben Spaß«) aus der guten alten Zeit zu klopfen, deretwe-
gen man selbst lange Jahre Ansager beim Karussell werden
wollte.

Ein Klassiker liegt auch in diesem Jahr auf unseren Straßenfesten ganz weit vorn: Champignons in Knoblauchsauce. Vor
allem Frauen mit mindestens dreißig Kilo Übergewicht, die
sich das Schälchen von ihrem auch schon zu dicken Sohn an
den Biertisch bringen lassen, sollten vor Bildung eines Hun-
gerasts versorgt werden, weil sie sonst so gierig schlingen –
bei gleichzeitigem Weitersprechen –, daß speicheldurchtränkte
Champignonpartikel dem Gatten aufs Freizeithemd spritzen.
Der Gatte praktiziert folgendes: Er hat beim Essen den Pudel –
auf dem Arm! In der linken Hand hält er das Schälchen mit der
Knoblauchpampe, und gleichzeitig sitzt ihm im linken Arm
auch der Pudel. Über den Pudel hinweg schaufelt er sich jetzt
mit der rechten Hand tropfende Pilze in den Mund, wobei der

Abstand, den der gefüllte Löffel bei der Aufwärtsbewegung zum Hinterteil des Pudels hält, mit bloßem Auge nicht präzise zu erkennen ist. Streifen ist denkbar.

Nebenan an der Würstchenbude versucht ein dicker Endfünfziger mit nikotingelbem Vollbart jeden Zentimeter seiner Thüringer Rostbratwurst mit Senf aus dem Spender zu bestreichen. Es hapert mit der Feinmotorik, der Senf verpaßt die Wurst und landet auf den grauen Schuhen. Der Himmel ist grau, kein Lächeln weit und breit, und auf der LKW-Ladefläche singt eine »Sängerin«, die auch im Umfeld von Christoph Daum nicht überraschen würde: »Meine großen Pampelmusen sind der Gipfel in der Blus'n.« Beim nächsten Bier schweife ich leicht benebelt ab ... Gentechnologie ... PID ...

Im Park

Kann sein, daß ich mich irre, aber wenn man in deutschen Städten hört: »Meinen Geburtstag feier ich im Park« oder »Am Wochenende fahr ich aufs Land«, hat das leicht was Angestrengtes. Um aufs Land zu fahren, muß ich doch eigentlich eine Stadt verlassen, oder? Sagen wir mal New York oder Paris. Wo es brummt und wo eindeutig urbane Spielregeln herrschen. Nehmen wir dagegen heimatliche Metropolen wie Köln oder Berlin, könnte es doch allenfalls heißen: »Ich fahr ein Stückchen weiter raus aufs Land.« Denn in unseren Großstädten dominiert doch eher die Landbevölkerung, mehr oder weniger erfolgreich als Städter verkleidet. Einziger internationaler Trend, der in diesem Frühjahr verstärkt zu beobachten ist: bei Rot über die Ampel fahren! Allerdings nicht mit römischem oder madrilenischem Lebensgefühl, sondern mit leicht eisalpiner Verbissenheit. Wenn man sieht, wer in welchem Auto noch bei Rot drüberfährt, fragt man sich, warum die so schnell wohin wollen. Aufs Land? In den Park? Wenn ich Park höre, krieg ich immer eine leichte Gänsehaut. Park soll Bohéme suggerieren, Frühstück in französischen Filmen, eigentlich aber fast immer Central Park: Banker in 4000-Dollar-Anzügen auf Rollerblades neben zwei karibischen Muskelpaketen auf Stelzen und mit Wasserflasche auf dem Kopf, daneben fünf schwindlig machende Rapper und eine Siebzigjährige im Unterrock und mit Hula-Hoop-Reifen und Leningrad-Cowboys-Frisur in Rot. Wirkt aber alles ziemlich lässig. Deutschen Parks fehlt für solche Lässigkeit eindeutig das Personal. Wir haben nur den liegenden Radfahrer, den trommelnden Afrikaner und Frisbee-Studenten mit nicht ganz authentischer west-coast-street-credibility. Und natürlich jede Menge Mountainbiker, Jogger und Hunde. Und grillende Mitbürger aus dem levantinischen Einzugsbereich. Es wäre übrigens schön, wenn MKS und BSE in diesem Sommer zu einem drastischen Rückgang der Grillbereitschaft in

Deutschland führen würden. Ist aber eher nicht zu befürchten. Macht man den Grill halt an und setzt sich so drumrum, einfach fürs Lebensgefühl. Ist es eigentlich strafbar, nur mal so dazwischengefragt, wenn man in der Öffentlichkeit ohne Flasche in der Hand erwischt wird? Sei es Bierflasche (auf dem Weg zu Rock- oder Punk-Konzert) oder Wasserflasche (auf Flughäfen)? Natürlich, unsere Models müssen aus Beautygründen täglich drei Liter Wasser trinken. Aber könnten die das nicht am Stück zu Hause machen und dann auf dem Flughafen bis zum Abflug in der Toilette verschwinden? Überhaupt, Models: Warum laßt ihr euch eigentlich im Flieger sämtliche verfügbare Zeitschriften herbeten, wenn ihr dann doch immer sagt: »Die BUNTE, bitte«? Und für euch, modebewußte Väter mit Piratenkopftuch, gilt: Im Park auf Rollerblades einen Buggy schieben geht nur dann echt cool, wenn man nicht größer ist als Tom Cruise. Sonst hat es eher was von Gehhilfe auf Rädern. Bitte Rasen schonen!

Zeitfresser

Jeder zweite Beschäftigte in Deutschland fühlt sich an seinem Arbeitsplatz starkem Termin- und Leistungsdruck ausgesetzt! Wahnsinn! Eigentlich eine schöne Nachricht, daß wir schon wieder »zweite Beschäftigte« haben, es geht also aufwärts. Aber woher der Druck? Viele Leistungsträger unserer Gesellschaft bekommen ihren täglichen Zeitplan nicht mehr in den Griff. Mancher wünscht sich gar, der Tag hätte 26 Stunden. Hierfür ist nicht unbedingt eine Änderung des Kalenders notwendig, neuerdings erfreuen sich Zeitmanagement-Seminare großen Zulaufs. Dort gibt es für runde 400 Dehemm wertvolle Tips, wie das Unangenehme mit dem Nutzlosen besser koordiniert werden kann. Goldene Regel Nummer eins: Schreibtisch aufräumen! Dieser Tip mag manchen irritieren, der gar keinen Schreibtisch hat. Anstatt aber zu grübeln, warum das so ist, sollte er lieber mal Regel Nummer zwei befolgen: Arbeiten unterteilen von wichtig bis weniger wichtig, respektive von sinnlos bis überflüssig. Das Unangenehme nicht vor sich herschieben! Sprich: Sich einfach mal vornehmen, jeden Tag pünktlich zur Arbeit zu erscheinen. Dort lauert allerdings einer der gefährlichsten Zeitfresser der modernen Kommunikationsgesellschaft: die redselige Quasselstrippe, die einem ein Ohr abkaut. Häufig versteckt sie sich hinter Kaffeemaschinen und in den unbeleuchteten Nischen von Teeküchen, von wo aus sie nahezu geräuschlos an einen herantritt. Das salopp hingeworfene »Hallo, wie geht's?« ist für den Zeitfresser nicht etwa die Verabredung, mit »Supi« zu antworten, sondern es folgt bereits ein mehrminütiges Solo zu Themen wie »Wir hatten am Wochenende Besuch« oder »Ich hab einen Katalog für dich, falls du was für den Garten brauchst«.

Der Zeitfresser schafft es, einem mit vollem Kaffeebecher über enge Flure zu folgen, wo eigentlich nicht mal mehr Platz für Schatten ist. Knallt man ihm die Tür vermeintlich vor der

Nase zu, stellt man fest, daß er sich kurz zuvor bereits mit einer fast artistischen Pirouette in den Raum gemogelt hat. Besonders virtuos wird es, wenn er sich verabschiedet, eingeleitet mit den Worten: »Also, ich muß weitermachen.« Die vier Schritte bis zur Tür sind unterlegt mit einer Meditation über »Ich bring dir das Buch mal mit, wenn ich es wiederfinde«, und kurz bevor der Griff zur Klinke erfolgt, wird nochmal abgedreht zurück ins Zimmer mit der Feststellung »Ist doch der Wahnsinn, was die mit dem Schäuble gemacht haben«. Dies kann bis zu dreimal erfolgen, wobei beim dritten Mal bereits die Tür geöffnet wird und einerseits noch ins Zimmer gesprochen, durch leichte Seitenblicke aber bereits ein neues Opfer fixiert wird, welches ahnungslos über den Flur geht. Besonders grausam wird es, wenn man sich in gegenläufiger Bewegungsrichtung trifft und mit Handy am Ohr staatstragende Bedeutung simuliert. Schweißgebadet hat man es mit einem kurzen Kopfnicken vorbei geschafft, wie ein Flüchtling ohne Visum, da trifft einen der Satz in den Rücken: »Hast du mal zwei Minuten Zeit?!« – Neiiiiiin!!!

Saisonfinale

Herr, es ist Zeit! Und zwar höchste. Schicke uns ein Wetter, welches um diese Jahreszeit in unsere Breiten paßt, damit die Gartenwirtschaften, Terrassencafés und Stühle-draußen-Restaurants sich im wohlverdienten Winterschlaf (gerne bis Ende Mai, auch Mitte Juni) zurückziehen. Halt: Dies ist kein Affront gegen das Kellnerpersonal im Draußen-gibt's-nur-Kännchen-Bereich, welches durchaus eifrig seinen Dienst tut und im Schnitt weitaus besser ist als sein Ruf.

Viele zeigen erstaunliche Nervenstärke, angesichts nicht erzogener Gianlucas und Vanessas, die lärmend und nervend dem Servierpersonal zwischen die Beine torkeln. Zu Recht finden wir deshalb auf immer mehr Speisekarten den Hinweis: *Die Spielecke gehört den Kindern, die Gänge gehören den Kellnern.* Schön formuliert, etwas mehr Entschiedenheit bei der Durchsetzung wäre aber wünschenswert (siehe auch Koalitionsvertrag).

Zwei Fragen dürfen an dieser Stelle dem Volk von Nichtwählern gestellt werden: Sollten Söhne von teigig weißen Eltern mit rotblonden Raspelbirnen (er + sie) Gianluca heißen? Ist dieser Name, dessen immanent laszive Artikulation nach kühlen Hotelzimmern mit frischer Bettwäsche, holzgetäfelten Decken und Champagner klingt, und zwar gegen sechzehn Uhr und südlich von Rom, ist dieser Name nicht einem sexuell in antiken Traditionen verhafteten Geschöpf vorbehalten, mit schwarzen Locken und einem dünnen Flaum, der sich in der Breite eines Patek-Philipp-Armbandes zwischen Nabel und Schambein erstreckt, so wie bei *Mehmet Scholl* auf dem Foto in *BUNTE*?

Und sollte zweitens nicht die Rubrik *Aus Neptuns Reich* auf unseren Speisekarten langsam verboten werden? So wie *Kiddis Corner* und *Aus Pott und Pfanne*, ebenso wie *Auf der Schubkarre* serviert. Hat unser Volk nicht das Recht, *Bratkartoffel & Co.* nicht mehr lesen zu müssen?

Wenden wir also unseren Blick aus deutschen Freiluftspeisekarten auf die Nebentische, und was sehen wir da? Aua! Männer in gelben Polohemden. Schmerzhaft (auch in lachs, rosé und feuerrot – dann allerdings passend zu Glatze), aber längst nicht so irritierend wie befreundete Ehepaare, die in *Tommy-Hilfiger-Pullovern* Skat spielen, wobei reihum immer einer aussetzt. Ist das erlaubt? Gehören *Tommy-Hilfiger-Pullover* nicht ebenso wie über der Hose getragene *Ralph-Lauren-Hemden* an die Körper von Endzwanzigern, die so aussehen, als hätten ihnen ihre *Arzt- und Apothekereltern* zeitlebens Süßstoff ins Rektum geblasen? Schlimm genug, auf unseren Flughäfen Frauen mitansehen zu müssen, die *Prada* zur Wurstpelle degradieren, aber Wülste unterm Polopferdchen und kaputte Strähnchen über Stars und Stripes? Gnade, bitte!

Lesen Sie demnächst: Warum *New-Balance-Turnschuhe* ab Grösse 46 1/2 bei Automatikschaltung Flüche im Fäkalbereich evozieren können.

Traummonate

Auch Monate haben Gefühle. Deshalb haben wir gewartet, bis der November vergangen war, damit er nicht mitkriegt, was über ihn so alles geredet wird: »Ich mag den November nicht.« Oder: »Der November ist mir zu grau.« Oder ganz schlimm: »Von mir aus könnte man den November direkt streichen.« Unschön, was sich der Nebelmonat (Poesie) so alles gefallen lassen muß. Dabei paßt gerade er zu Deutschland. Wie kein zweiter: Nationalmonat, sozusagen.

Grau, verhangen, regnerisch. Ende in Sicht. Erkältung im Anzug. Ein Totengedenktag jagt den nächsten. Was kann der Deutsche gegen diesen Monat haben? Spürt er vielleicht, daß dieser Monat so ist wie er selbst? Wird ihm die bis an die Grenze zum Obszönen getriebene Lächerlichkeit bewußt, wenn er versucht, in »sonnigen Gefilden« dem November zu entfliehen? Auf Kreuzfahrten, unter Palmen oder irgendwo sonst, wo er nichts verloren hat? Es gilt, den November in Deutschland nicht nur auszuhalten, sondern zu genießen. Leichtigkeit zu empfinden bei der Anfahrt auf Wolfsburg. Beschwingt in die Bochumer Fußgängerzone einzubiegen. Voller Vorfreude mit zitternder Stimme zu flüstern: »Gleich erreichen wir Duisburg.« Grau ist die schönste Farbe der Welt. Ein blauer Himmel über Deutschland ist nichts als ein verlogenes Glücksversprechen. Was hat die Sonne über Kassel verloren? Nichts! Soll da scheinen, wo sie hingehört. Capri, von mir aus, oder Florida. Sind dort jemals Meisterwerke entstanden? Vereinzelt, möglicherweise. Nicht aber von kleinen Händen, welche geschaffen wurden, um problemfrei den Griff einer Espressotasse fassen zu können, sondern von Depressiven, welche ihre künstlerische Tiefe im nebligen Norden erwarben. Völlig falsch ist übrigens auch, den November künstlerisch aufwerten zu wollen, indem man ihn in Venedig verbringt, »wenn die Touristen weg sind«. Venedig im November – das kann jeder. November in Gummersbach – da ist der Anruf aus Stockholm nicht mehr weit. Was wäre aus Franz Schubert geworden, hätte er je die Malediven gesehen? Aus, vorbei, vergessen. Die Malediven sind das Ende. Keine Krähen, kein Eis, keine gefrornen Tränen. Wer soll auf den Malediven von bunten Blumen träumen, so wie sie einst blühen im Mai? Der Mai paßt übrigens ganz gut nach Deutschland. Zart, blühend, voller Hoffnung, die dann doch nicht erfüllt wird. August geht noch, paßt aber besser nach Schweden und Ostpreußen. Mit Knechten im Gras gewälzt, während der Verlobte ahnungslos vorüberreitet. Aber was ist das alles gegen das Gefühl, im November falsch angezogen durch die Innenstadt zu schlendern. Die Verwendung von »bummeln« ist übrigens ab sofort unter Strafe gestellt. Bei »Schaufensterbummel« wird der Paß einbehalten. »Lecker Kaffee trinken« wird an Schily gemeldet. Man muß den November nutzen, um sich für das noch bevorstehende Schlimmste zu stählen: die Weihnachtsmärkte! Zu warm, zu süß, zu Sperrholz. Unverkäuflicher Ramsch in hastig zusammengenagelten Erzgebirgsattrappen. Klebriger Glühwein, der in Anoraks geschüttet wird, die das Gesäß nicht bedecken. Pelzmäntel bei achtzehn Grad. Wir flehen um Erlösung aus dem Stall.

Kurze Jacken

Was kann es in diesen Tagen schöneres geben, als über unsere Weihnachtsmärkte zu schlendern? Vieles, doch dies ist nicht das Thema. Vielmehr müssen wir besorgt die Feststellung treffen: Wer durch unsere Innenstädte bummelt, etwa um sich mit dem *Euro-Starter-Kit* zu versorgen – 'tschuldigung, das gehört jetzt auch nicht zum eigentlichen Thema, aber in den letzten Tagen waren viele irritierte Menschen anzutreffen, die einerseits im Radio vom »großen Run« auf den Euro und von »Riesenschlangen« hörten, die sich vor den Schaltern bildeten, und dann beim Besuch der heimatlichen Sparkasse feststellen mußten: kein Schwein da! Wie kann das geschehen? Und warum holen sich Menschen Geld in kleinen Plastiktütchen, das in zwei Wochen sowieso aus dem Automaten quillt? Wahrscheinlich tragen solche Leute auch zu kurze Jacken. Denn dies ist unser heutiges, aus modischer Sicht ebenso relevantes Thema wie aus medizinischer: die Deutschen, ein Volk in zu kurzen Jacken!

Fröstelnd streicht das Volk aus dem Land des dreimaligen Weltmeisters um die Glühweinstände, die Schultern hochgezogen, die Hände zur Hälfte blaugefroren (Taschen nicht tief genug), vor allem aber: Gesäße unbedeckt.

Enge Jeans und kurze Jacken – was in Gefilden wie Rio oder sonstwo durchaus als sexy empfunden werden mag, ist angesichts unserer Temperaturen nur als Leichtsinn zu werten, welchen sträflich zu nennen uns der Respekt vor der deutschen Sprache verbietet. Ganze Pulks von durchgefrorenen Werktätigen schieben sich morgens aus den S-Bahnen, dicht an dicht gedrängt, um durch nachbarschaftliche Körperwärme mangelnde Stofflänge auszugleichen. Vor allem Jeans- und Lederjacken sind von einer verwaschenen Knappheit – ironischerweise durchaus häufig mit Kunstpelzbesatz auf dem hochgeklappten Kragen –, die ungehindert polare Zugluft in die Harnwege streichen läßt.

»Kind, du holst dir ja den Tod« möchte man schützend am liebsten den jungen Dingern zurufen, welche in derart kurzen Fetzen durch die Bahnhöfe hasten, daß unsereins sich schämt, hinzugucken. Aber man muß ja, wegen der Kälte. Aber es sind auch die Mütter, welche nicht nur strohdumme Pisa-Looser in die Welt gesetzt haben, sondern sich mit dem Gräßlichsten bekleidet, das je in Billiglohnländern gefertigt wurde: dem Anorak, der unten zum Zubinden ist. Dieser könnte zwar das Gesäß bedecken, wenn auch nur halb. Wie aber soll das möglich sein, wenn die Gesäße Formen angenommen haben, die in jedem Kaufhausdetektiv den Verdacht aufkommen lassen, hier würden Autoreifen aus dem Laden geschmuggelt? Der Anorakindustrie ist in diesem Zusammenhang kein Vorwurf zu machen. In Sorge aber um die Volksgesundheit rufen wir den Menschen zu: Deutsche, kauft nichts, wo es unten reinzieht!

Sonst könnt ihr vielleicht bald nicht mehr den Artikel in diesem Blatt lesen, der fragt: Was ist von Frauen Anfang Vierzig zu halten, die »Donaldson«-Klamotten tragen? Frohe Weihnachten!

Sylvesterpläne

Je näher das Jahresende rückt, desto häufiger wird man mit Umfragen belästigt von der Art: Was erwarten Sie vom nächsten Jahrtausend? Wie werden Sie den Jahreswechsel vollbringen?

Viele der Mikrofonhalter sind einem seit langem bekannt, haben sie doch noch vor kurzem Papier im Kopierer nachgefüllt oder auf eigene Kosten Flyer für regionale Kabarettgrößen erstellt, im Rahmen der boomenden Fernsehindustrie haben sie jetzt ein sogenanntes EB-Team im Schlepptau und »machen Berichte«.

Vor allem der schutzlos seinen Kopfhörern ausgelieferte Tonmann eines solchen Teams muß sich im Laufe eines Abends eine schier unfaßbare Menge von Gelalle und Gestammel anhören. Was befähigt Menschen, die noch vor einem Jahr vor Beginn von Livesendungen Rockstars die neuen Stiefel geweitet haben, heute als »Reporter« andere nach ihren Erwartungen ans nächste Jahrtausend zu befragen?

Nichts! Diese erfrischend knappe und analytisch bestechende Auskunft führt allerdings zur Überlegung, warum der Befragte artig antwortet: »Ich habe keine besonders großen Erwartungen und werde den Sylvesterabend zu Hause mit meiner Familie verbringen.« Warum sagt er nicht: »Hör mal zu, du talentfreier Einzeller, der letzte auf diesem Planeten, der zu diesem Thema eine Auskunft braucht, das bist du. Vielmehr solltest du dich fragen, warum du noch in den letzten Wochen des alten Jahrhunderts sinnlos Luft verbrauchst und hart arbeitenden Steuerzahlern im Weg stehst?« Ja, warum sagt man das nicht? Man ist halt Menschenfreund, und außerdem wäre es ja dann auf Band, und vielleicht hört's noch einer von der Zeitung, und so leicht will man's denen ja auch nicht machen. Schön – amdnoch. Aber was erwartet man eigentlich vom nächsten Jahrhundert, und wie will man den Sylvesterabend verbringen? Irgendwie geht man wahrscheinlich auch im nächsten Jahrhundert zur Arbeit, wird dann krank und stirbt. Aber geht man überhaupt noch zur Arbeit? Engagiert man sich nicht viel stärker in sozialen Netzwerken, weil die erwerbsgebundene Arbeit immer mehr an Bedeutung verlieren wird? Sind Krankheiten nicht weitgehend – oder, volkstümlicher, weitestgehend – besiegt? Wird ein Greis immer noch nur »jene Anhäufung von Organen in fortschreitendem Auflösungsprozeß« sein (M. Houellebecq in *Elementarteilchen*) oder die neue, von der Werbung verehrte Zielgruppe mit dem ewigen Leben? Bei Licht besehen sind das Fragen, die einen nicht wirklich beschäftigen. Die hat man halt so drauf, für die Flut von Antworten, die ständig von irgendwoher erwartet wird. Und was den Sylvesterabend betrifft, da macht man's doch wie immer: Zusagen, damit man seine Ruhe hat, und kurz vorher alles wieder absagen. Ansonsten bei unaufwendig zu bereitenden Nahrungsmitteln und kontrollierter Alkoholzufuhr dem Jahreswechsel entgegendämmern und sich dann in Form bringen für die Wiener Philharmoniker. Radetzkymarsch.

DIE MEGAOFFENE GESELLSCHAFT UND IHRE STÜTZEN:
Politik und Politiker

Nein, dieser Sir Karl! Stimmt es, daß sein Werk an unseren phi-
losophischen Fakultäten schon nicht mehr zum Kanon gehört?
Gelegenheit also, es im Selbststudium mal wieder komplett
durchzuackern. Wie zu lesen ist, liebte Sir Popper Schokolade.
Bei der Lektüre empfiehlt sich also der Verzehr von drei Tafeln.
Sollten dadurch Probleme entstehen, keine Bange: Ab Seite 127
wird's medizinisch.

Bubukanzler

Weil Mami und Papi immer so viel über Politik sprechen und das oft gaaaanz schwer zu begreifen ist, soll die heutige Geschichte einmal ganz besonders für die Kleinen gemacht sein.

Der Papi von uns allen, der nette Mann, der manchmal eine Brille auf der Nase hat oder in der Hand und damit rumwedelt, das ist der Bundeskanzler. So nennen ihn aber nur die Erwachsenen. Kinder dürfen Bubukanzler sagen, wie zu einem ganz doll lieben Stofftier. Wie gesagt, der Bubukanzler ist der Papi von Deutschland und macht sich den ganzen Tag ganz doll viel Gedanken, was er tun kann, damit es uns gut geht und wir ganz viel Spaß haben. Der Bubukanzler hat ganz viele Freunde. Die aller-, aller-, allerbesten Freunde heißen Partei. Das ist so was ähnliches wie eine Bande oder ein Geheimclub. Damit alle merken, wie dolle Freunde die Partei und der Bubukanzler sind, heißen sie auch Parteifreunde. Natürlich kann der Bubukanzler nicht alle Parteifreunde zu sich nach Hause einladen. Sind ja zu viele. Deshalb machen sie Parteitage. Da trifft man sich in Hallen, also so ganz, ganz großen Restaurants. Kennt ihr doch, wenn Oma den siebzigsten Geburtstag hat. Da passen ja auch nicht alle zu Hause rein. Auf so einem Parteitag hält der Bubukanzler dann eine Rede. Da sagt der Bubukanzler dann Sachen, die er schon ganz oft gesagt hat, aber weil die Partei ihn so lieb hat, hört sie ganz doll zu.

Kennt ihr ja auch von Omas siebzigstem. Es gibt allerdings auch Freunde vom Bubukanzler, die sind nicht in seiner Partei. Nicht in seiner eigenen, die ihm ganz allein gehört. Noch nicht. Zum Beispiel der Joschka. Joschka heißt wirklich Joschka. Alle nennen ihn so, auch die Erwachsenen, weil er so ein knuddeliges Knautschtier ist. Früher hat der Joschka ganz viel auf der Straße gespielt und war manchmal auch ein bißchen ungezogen. Aber seit er der Freund vom Bubukanzler ist, macht er fast noch mehr Hausaufgaben, als vom Lehrer, Herrn Bush, aufgegeben wurden. Freiwillig. Nur abschreiben läßt er niemand. Der Joschka hat auch ganz viele Freunde und die heißen auch Partei. Mit ihnen hat er sich jetzt grade am Wochenende getroffen. Wir wissen nicht, was da passiert ist, aber wir können es uns denken. Erst mal hat der Joschka wahrscheinlich nicht so schöne Sachen an, wie er es tut, wenn der Herr Bush ihn an die Tafel holt. Ist ja Wochenende, und er will mit den anderen auch ein bißchen spielen. Manche von den anderen, die zwar noch nicht bei Herrn Bush in der Schule sind, aber schon mal vom Hof aus durchs Fenster gucken dürfen, wenn Joschka seine Hausaufgaben zeigt, haben auch schöne Sachen an. Aber die meisten anderen haben Klamotten zum Rumtoben an und dürfen sich ruhig dreckig machen. Ein bißchen tobt der Joschka mit, aber wenn die anderen zu schlimme Wörter zu ihm sagen, dann wird er auch schon mal böse. Ein bißchen. Das meint er ja nicht so, aber manche kriegen immer noch Angst. Dann wissen alle, daß der Joschka vielleicht bald nicht mehr mit ihnen spielen will, und dann sind sie gleich gaaanz lieb, weil der Joschka nämlich nicht nur den Schlüssel zum Schrank mit den Spielsachen hat, sondern auch als einziger so groß ist, daß er ans Schloß kommt.

Neulich mußte der Bubukanzler übrigens einem Freund sagen, daß er sagen soll, er will nicht mehr mitspielen. Erst mal. Der hat nämlich in einem Flugzeug, das auch dem Bubukanzler gehört, ganz teure Sachen zum Essen bestellt und dann ganz schlimme Wörter zur Bedienung gesagt, weil die das nicht schnell genug gebracht hat. So was geht natürlich nicht. Macht der Bubukanzler zu Hause ja auch nicht. Aber das erzähle ich euch ein anderes Mal.

Vaterschaftsurlaub

Wieder einmal will der Phänotyp des zeitgenössischen Berufs-
politikers, Tony Blair, strahlend vorangehen: Vaterschaftsurlaub ist geplant, wenn seine Frau Cherie im Mai ihr viertes Kind
bekommt.

Beispielhaft? Aber sicher! Allerdings muß dem in Partner-
schaftsfragen stark verunsicherten deutschen Mann der eine
oder andere Rat an die Hand gegeben werden: Bei den Blairs
wird es nicht so sein, daß ein unrasierter Ehemann in Sweatshirt
und an den Knien ausgebeulten Jeans hinter der Gardine her-
vorlugt, wie seine Babsi im Ford Mondeo zum Halbtagsjob als
Lehrerin an die Gesamtschule rumpelt, während er zu Hause
die Gören kaum gebändigt kriegt. Denn natürlich sind die Blairs
jetzt schon voll ausgestattet, was das Personal angeht. Kindermädchen, Haushaltshilfe, Zugehfrau – alles da.

Da kann sich Tony ruhig noch mal Tee nachschenken und
einen Blick in die Boulevardpresse werfen, während seine Cherie unter ihrem Mädchennamen in die Anwaltskanzlei rauscht.
Überhaupt: ständig und überall dieses *unter ihrem Mädchennamen*! Der ist Booth, aber das weiß doch jeder. Als ob irgend-
einer in England sagen würde: »Also, diese Frau Booth, die ist
so patent und fleißig, wie die das mit ihren vier Kindern und
dem Job unter einen Hut kriegt, man könnte glatt meinen, sie
wär die Frau Blair.« Da unser Kanzler ja alles unterschreibt und
nachmacht, was von Tony kommt, steht zu befürchten, daß
dem deutschen Mann künftig ein staatlich genehmigter Vaterschaftsurlaub winkt. Prima! Wir wissen nicht, ob der Kanzler
selbst noch mal Vaterschaftsurlaub plant, aber uns Normalos
soll's recht sein. Wenn Mutti aus dem Haus ist, wird erst mal
weiter gefrühstückt. Die Kinder dürfen spielen, wo und so lange sie wollen. Wenn das Baby schreit, kriegt es ein Zäpfchen. Ist
das größere Kind schon schulpflichtig, darf es zu Hause bleiben
(Aber nichts der Mama sagen!). In der Schule rufen wir mit

krächzender Stimme an und erzählen was von »schlimmer Erkältung, fast Lungenentzündung«. Mittagessen. Wollt ihr echt Kartoffeln und Gemüse?

Nö, natürlich nicht. Wir gehen zu McDonalds. Dann geht es auf den Spielplatz, den Markt mit jungen Müttern checken. Die eine oder andere sieht ja doch recht adrett aus, aber die meisten haben sich spätestens nach dem zweiten Kind völlig aufgegeben. Praktische Haarschnitte, praktische Klamotten, praktisch wertlos. Unklar ist die Frage: Wie wirkt der Mann mit Kind nachmittags auf dem Spielplatz auf Frauen? Sehen sie in ihm den einfühlsamen, modernen Mann, der seine eigene Karriere als Laborassistent zurückgestellt hat, damit sich seine Frau als Diätassistentin weiter verwirklichen kann? Oder wittern sie in ihm einen ewigen Loser, den die Alte zu Hause eh schon nicht mehr ertragen kann, wenn sie müde von der Arbeit kommt? Kann ein Mann heutzutage auf dem Spielplatz bedenkenlos einem anderen Kind auch was von den Keksen abgeben, ohne von einer hysterischen Spätgebärenden gleich als potentieller Triebtäter verdächtigt zu werden? Fazit: Wird Zeit, daß man wieder aus dem Haus kommt. Right, Mr. Blair?

Gabriel

»Mittwoch, 15. Dezember 1999, 06.00 Uhr, für das Frühstück fehlt mir der Appetit.« So schreibt in der WamS einer, der ein bißchen so aussieht, als hätte sich Brisko Schneider für den Auftritt vor einem Untersuchungsausschuß fein gemacht: Sigmar Gabriel, 40, in seinem Besinnungsaufsatz *Der Tag, an dem ich jüngster deutscher Ministerpräsident wurde*. Ein riesiger blauer Container steht jetzt in seinem Garten, denn der junge MP wird natürlich rund um die Uhr bewacht. Menschlich, wie er ist, hat er die Beamten in den letzten Tagen und Nächten in einem Kellerraum einquartiert, weil »die Übernachtung in einem Polizeifahrzeug wirklich eine Zumutung gewesen wäre«. MP Gabriel empfindet diesen Aufwand »mehr als übertrieben«, aber »mein Innenminister« will es so und auch »meine Nachbarn in der alten Berg- und Hüttenarbeitersiedlung am Goslarer Sudmerberg fühlen sich so sicher wie noch nie«.

Schön, der Hinweis auf die Berg- und Hüttenarbeitersiedlung, die selbstverständlich auch noch alt ist, ein bissel Stallgeruch möcht schon sein. Zwei Abschnitte später wird es Zeit für Mitgefühl, nämlich für Glogo, der zwar »nicht im West-LB-Learjet durch die Welt düste«, sondern sturmfest und erdverwachsen mit den Chartermaschinen der TUI, dafür aber Trouble mit den Rechnungen hatte. Glogo »stehen die schweren Tage der vergangenen drei Wochen ins Gesicht geschrieben«, schreibt sein Nachfolger. Das muß hart sein! Nicht die Anstrengungen, sondern die Tage direkt! »Später werde ich zu Gerhard Glogowski sagen, daß der Verlust eines politischen Amtes ... 40 Jahre Engagement für unser Land ... weder schmälern noch tilgen kann.« Guter Satz, paßt gerade in diesen Zeiten in jeder Partei.

Und dann passierte es: Als er die 83 Abgeordneten der SPD trifft, spürt Sigmar Gabriel: »Irgendwo ganz tief im Inneren meldet sich der kleine häßliche Zweifel.« Ist es nicht eher ein schöner großer Zweifel an der Loyalität der kleinen, häßlichen Fraktion? Schließlich »kennen Journalisten ja die niedersächsische Tradition, bei geheimen Wahlen zum Ministerpräsidenten schon mal kleine Rechnungen zu begleichen«. Doch jetzt ist erst mal der Hellseher gefragt: »Neben mir sitzt Gerhard Glogowski. Er wird mir später als erster gratulieren, und zwar aus vollem Herzen.« Wer so ins volle Herz des Vorgängers schauen kann, der weiß natürlich auch, was im niedersächsischen Landtag vorgeht, nachdem 85 Ja-Stimmen für Sigmar Gabriel vermeldet wurden: »Atemlose Sekunden lang müssen alle Abgeordneten diese Nachricht verinnerlichen.« »Halb zwei« weist Gabriel dann seinem Land den Weg in die Zukunft, mit mehr Lehrern und so. »Die Rede wird sehr gut aufgenommen.« Abends dann Riesenfete mit echten Freunden aus Goslar, dem »Club der Nein-Sager«, der auch weiterhin dafür sorgen wird, daß »ich die Bodenhaftung nicht verliere«. Und was sagt die CDU? »Sie sagen mir schulterklopfend, das war Klasse, vor allem der neue Stil und der frische Wind.« Hombach, hilf!

Bund light

Hier schreibt ein Kriegsdienstverweigerer und Zivildienstleistender. Halt, schon falsch! Denn am 20. April 1975 habe ich ja nicht den Kriegsdienst verweigert, sondern nur den Wehrdienst. Bis heute habe ich nicht begriffen, ob zum Kriegsdienst herangezogen werden kann, wer den Wehrdienst nicht absolviert hat. Ist aber eh nur theoretisch, weil Deutschland ja nie mehr in einen Krieg verwickelt werden kann. Und darf. Sagen alle. Und nun das: Unser großartiger Altaltbundespräsident von Weizsäcker (hat Kriegsdienst absolviert!) präsidierte einer Kommission, welche unsere fabelhafte Bundeswehr drastisch runterfahren möchte. Personalmäßig. Bisher standen 320 000 Mann Gewehr bei Fuß, falls der Russe kommt. Neuesten Erkenntnissen zufolge kommt der Russe aber gar nicht mehr, sondern er bleibt entweder drüben und feiert in Moskau durch, oder er fliegt gleich weiter bis zur Côte d'Azur, wo er in Badehosen und im »Turnleiberl« (Zitat eines befreundeten Österreichers) in Monte Carlo im Casino sitzt.

In Zukunft sollen also 80 000 Mann direkt eine Fahrschule eröffnen oder deutsche Boxhoffnungen TV-wirksam auf dem Weg von der Kabine zum Ring schützen, denn beim Bund werden nur noch 240 000 gebraucht, 140 000 davon als sogenannte »Interventionsarmee«. Schon mal gehört, diesen Ausdruck? In Zeiten, da Deutschland fußballerisch einsam an der Weltspitze steht, kann dies nur als eine Armee gedeutet werden, die aggressives Forechecking betreibt und sich im gegnerischen Strafraum festsetzt, während deutsche Armeen bisher traditionell den Gegner eher kommen ließen. Weit irritierender jedoch ist die Zahl von 30 000 zukünftigen Wehrpflichtigen, wenn man bedenkt, dass 400 000 stramme Burschen pro Jahr zur Verfügung stünden. Muß man nicht Kampfhandlungen im Flur der Musterungsbehörde fürchten, wenn man liest, daß diese 30 000 auch noch durch höheren Sold gelockt werden sollen?

Nun gehört zwar Stellenabbau im modernen Wirtschaftsstandort Deutschland zur Tagesordnung, doch eher im Hinblick auf Shareholdervalue. Davon war beim Bund jedoch bisher eher wenig zu hören. Wie wäre es mit zwei weiteren Zauberworten des neuen Jahrhunderts: Internet und Fusion? Einerseits könnte sich die BW mit anderen Armeen (Russen, Franzosen) zusammen tun, um auf dem Weltmarkt konkurrenzfähig zu bleiben. Vorgängermodelle in der Geschichte (Japan, Italien) lassen jedoch eine sorgfältige Prüfung bei der Partnerwahl ratsam erscheinen. Andererseits könnte die Bundeswehr ihre Interventionsabteilung outsourcen und als »Interventionsarmee.de« ins Netz stellen, späterer Börsengang nicht ausgeschlossen. Vorteil: Der Landser könnte bei Mutti wohnen bleiben, einzige Voraussetzung für einen virtuellen Einsatz zwecks Krisenbewältigung ist ein häuslicher Internetzugang. Und da wiederum müßten die Provider doch Schlange stehen! Im World Wide Web ist ja auch der Ausrüstungsstandard unserer Bundeswehr nicht so entscheidend, von dem es ja vereinzelt heißt, der modernste sei er nicht. Wir sollten keine Zeit verlieren, denn als Pazifist möchte ich nicht erleben, daß der Stahlhelm durch einen Turban ersetzt wird. Im Gleichschritt, marsch!

Steuerreform

Er hatte doch alles gelernt. Er hatte doch jede Zahl gekannt. Er hat sich doch mit der Familie beim Flötenspielen fotografieren lassen. Und sein Zeigefinder war sowieso der steilste im ganzen Land. Und jetzt das! Irgendwie steht Friedrich Neuanfang Merz so kurz vor dem Urlaub ziemlich doof da. Wie in der Schule. Während der Streber bis spät in die Nacht büffelt und am Abend vor der entscheidenden Arbeit früh zu Bett geht, zieht Gerd mit seinem Hans (der eigentlich auch büffelt und früh zu Bett geht, aber doch von tricky Gerd fasziniert ist und ihn deshalb morgens im Bus die Mathehausaufgaben abschreiben läßt) rauchend und saufend um die Häuser und schreibt am nächsten Tag auch noch die bessere Arbeit. Außerdem muß der Zeigefinger auch noch befürchten, von seinen Kumpels Diepgen, Schönbohm und Perschau die Hucke voll zu kriegen, weil er sie in der ersten Hektik als bestechlich verdächtigt hat.

Und das ist echt gemein. Eberhard Diepgen zum Beispiel ist nun wirklich nicht bestechlich. Man wundert sich nur, warum er in Berlin so häufig als »diese Pfeife« bezeichnet wird.

Vor allem in Medienkreisen ist ständig zu hören: »Das hat wieder der Diepgen, diese Pfeife, vermasselt.« Verständlich, daß man da für einen lockeren Typen wie den Kanzler zugänglich wird. Angesichts des Debakels für Angie und den Zeigefinger fragt man sich, ob Dr. Kohl aus dem Feiern überhaupt noch rauskommt. Nicht wenige in der CDU werden sich denken: Das hätt's beim Dicken nicht gegeben! Der hätte die Kasperln auf dem flachen Land auf Vordermann gebracht. Auch nicht weiter verwunderlich, daß Bremen der noch jungen Führungsriege in der CDU Widerworte gibt. Schließlich genießt Dr. Kohl schon heute jene Bewunderung, wie bald wieder in der ganzen Partei: Was aber bringt uns die im Grunde einzig und allein der FDP zu verdankenden Steuerreform? Wichtigste Erkenntnis: Wer bisher schon nichts gezahlt hat, zahlt demnächst noch weniger, und der Rest sollte an die Rente denken! Zwei Details sind besonders für alle diejenigen interessant, die in den vergangenen Wochen mit ihrer Einpersonenfirma Milliarden am Neuen Markt gemacht haben: Kursgewinne innerhalb der Spekulationsfrist müssen nur noch zur Hälfte versteuert werden. Wozu also noch 130 TDM Jahresgehalt mit demnächst 42 Prozent (bleiben 65 TDM), wenn bei 500 Mio Kursgewinn durch Mausklick nur 21 Prozent fällig werden (bleiben 250 Mio)? Und: Wer seine Dotcom-Bude verscherbelt, weil er sich entweder überraschend auf einer Todesliste gefunden hat oder mit 24 überhaupt aus dem Berufsleben ausscheiden will, zahlt künftig auch nur noch die Hälfte an Hans Eichel. Gilt allerdings nur »einmal im Leben«. Könnte problematisch werden, denn dank Gentechnologie währt das Leben ja bald ewig. Aber das richtet der Gerd nach dem Urlaub.

Katholisch

Und jetzt das! Den Österreichern darf man wieder Bussi geben, Toleranz ist für uns auch ohne Volksentscheid genauso wichtig geworden wie die WM-Qualifikation, da dringt aus der Ewigen Stadt eine sanfte Stimme, welche spricht: »Die Kirche kann nicht nach dem Motto vorgehen: Was kriegen wir fertig, was nicht.« Da hat Joseph Kardinal Ratzinger Recht, und sicher hat er das berühmte milde Lächeln auf dem Gesicht, wenn er erfährt, daß seine aktuelle Erklärung »Dominus Jesus« in seiner Heimat verkürzt wird auf die Botschaft: Die katholische Kirche ist die einzig Wahre! Was natürlich stimmt, aber öffentlich zu behaupten seit einiger Zeit etwas unmodern geworden ist, denn der schlichte Katholik ist leicht verunsichert und froh, wenn er nicht alleine in der Kirche sitzt. Dies zu verhindern gibt sich die Basis alle Mühe. Straßenfeste, Basare im Advent, Laien am Altar, Dilettanten am Grab – Zustände wie bei ARD und ZDF: Kurz, es wird so ziemlich alles getan, um die wenigen Getreuen zufrieden zu stellen und bei der Stange zu halten. Womit wir bei der Politik wären, denn verfährt nicht auch der Konsenskanzler ähnlich? Der allerdings muß bereits bei »Ölschock« und »Benzinterror« deutlich seine Grenzen erkennen. Zwei Themen, die ob ihrer Profanität von einem Kardinal nicht mal am Rande erwähnt werden, getreu dem Bibelspruch: »Die Spatzen auf dem Felde, sie säen nicht und heizen doch.«

Muß hier erst das Thema Kirchensteuer erwähnt werden, um zu verdeutlichen, daß in Deutschland das Verhältnis zwischen Kirche und Staat besonders innig ist? Na also! Deshalb erlauben wir uns einen Direktvergleich der beiden Oberhäupter, und wenn man an die Durchhalteparolen aus Spiekeroog denkt, sagt man herzlichst Danke für die Hiobsbotschaften aus Castell Gandolfo. Trotz erheblicher körperlicher Beeinträchtigung fasziniert der Papst noch immer locker Millionen Menschen bei Liveauftritten. Kennt man das auch von Nichtkatholiken?

Deutschlands Katholiken können sich also entspannen: Auch bei schwächelnden Repräsentanten an der Staatsspitze gibt es eine übergeordnete Instanz, welche die Dinge in weit größeren Zusammenhängen sieht. Rau dagegen hat keinen Ratzinger. Kann etwa Staatsminister Mike Naumann die Aufgabe bewältigen, seinen Glaubensbrüdern in den Kultusministerien klar zu machen, daß die Ringparabel in Nathan ab sofort als unverbindlicher Vorschlag des Verfassers zu sehen ist?

Natürlich müssen wir Katholiken uns jetzt vor Arroganz hüten, bloß weil wir die Besten sind, vielmehr ist es so, »daß wir an der Geduld Gottes teilhaben müssen«, bis sich das Einswerden des Gottesvolkes vollzieht. Allerdings wäre zumindest ein katholischer Vizepräsident durchaus wünschenswert, einfach um mal ein Zeichen zu setzen. Kardinal Ratzinger denkt weit in die Zukunft: »Wir warten auf den Augenblick, an dem auch Israel zu Christus Ja sagen wird.« Mir würde fürs erste schon eine schlichte Meldung in der Tagesschau genügen: »Bei einem Blitzbesuch in Leipzig hat Bundespräsident Rau heute Nachmittag Joh. Seb. Bach für katholisch erklärt.«

Ministerjobs

Wer die Diskussion rund um die Rentenreform verfolgt, kommt zu dem Eindruck: ganz schön stressig, dieser Job als Bundesarbeitsminister. Alle wollen höhere Rente, keiner will noch arbeiten, und der arme Walter Riester soll alles bezahlen. Wie einfach haben es dagegen manche seiner Minister-Kollegen. Der Außenminister zum Beispiel. Richtig geiler Job. Tolle Reisen in geräumigen Jets, auf Elefanten reiten, in Paris prendre du café, walking in Manhattan, und Konferenzorte heißen gern mal Biarritz oder Nizza. Ständig wird man fotografiert mit Superstars wie Madeleine Albright (ist allerdings bald ausgezählt und braucht vermutlich neuen Job), und wenn's zu Hause mal Trouble gibt – husch in den Airbus und ab nach Fernost. Innenminister ist auch nicht schlecht. Hubschrauber fliegen, Schäferhunde streicheln und immer gute Karten bei der Polizei. Gesundheitsministerin kann dagegen auch eher stressig werden. Jeder will zur Kur, dazu Massagen, Fango und Akupunktur, und wenn die Kasse den rheumafesten Slip nicht bezahlt, wird gleich die Konkurrenz gewählt. Nahezu paradiesisch nimmt sich dagegen der Job als Landwirtschaftsminister aus. Immer frische Milch und frische Luft, zünftiges Vespern bei diversen Ausstellungseröffnungen, und wenn die Bauern mal wieder durchdrehen, ist Brüssel schuld. Könnte allerdings in den nächsten Wochen leicht Wind von vorne kriegen, wenn eine schlaue Medienlobby bei uns BSE-Panik à la française ausruft. Was genau ist eigentlich ein Staatsminister? Sitzt zwar mit am Kabinettstisch, hat aber ansonsten seine Ruhe. Wenn er nicht Bundesfilmpreise verleiht, hält er dem Kanzler die Kultur vom Hals. Ist aber irgendwie kein richtiger Minister, eher so was wie Teamchef oder Sportdirektor. Ohne Lizenz, aber mit Krawatte. Finanzminister ist der Topjob. Ob UMTS oder Post – die Milliarden strömen nur so. Soviel Miese kann die Bahn gar nicht machen, daß da nicht noch genügend übrig blieb. Nicht mal die

Bundeswehr braucht mehr Geld, weswegen Verteidigungsminister der pure Honeymoon zu sein scheint: Bart ab, eng tanzen und Küßchen bis zur nächsten Panzersperre – kein Minister hat mehr Fun und Spaß am Leben. Unterm Strich kann man sagen: Irgendwo alles nicht schlecht, aber Kanzler sein ist doch am geilsten. Man läßt die anderen machen, und wer nicht schnell genug zurücktreten will, kriegt die Fraktionssolidarität zu spüren. Basta!

Alles Müller?

Wie ich so genüßlich meinen Wurstsalat esse (seit Renate Künast im Amt ist, verspüre ich geradezu zwanghaft den Wunsch,
Fleisch- und Wurstwaren aller Art zu verspeisen), schaue ich
über den Teller auf die Zeitung, und zwischen zwei dicken Öl-
spritzern (schwäbischer Wurstsalat muß in Öl schwimmen),
fällt mein Blick auf Wirtschaftsminister Müller. Er war mir immer sympathisch. Er wirkt so unangestrengt und unaufgeregt,
in Talkshows kann man an ihm dieses leise, auch leicht resignie-
rend wirkende Lächeln von jemand beobachten, der zum wiederholten Mal den Stuß von Laien anhören muß und dann sehr
geduldig wieder mit den Erklärungen bei Null anfängt. Jetzt
scheint Minister Müller die Faxen langsam dicke zu haben:
Streß mit Walter Riester, der auch um seinen Job nicht zu beneiden ist. Mal auf deutsch gesagt: Wenn Renate Künast Trouble in ihrem Fachgebiet wittert, bläst sie einfach 400 000 Rin-
dern die Rübe weg! Was soll Riester mit den Rentnern machen?
Im Unterschied zu Walter Riester muß Werner Müller schon
längst nicht mehr arbeiten. Er kann sich seit vielen Jahren Urlaub in der Schweiz leisten, denn als Topmanager in der deutschen Industrie hat er Milliarden verdient. Außerdem könnte er
sofort wieder in der Industrie weitere Milliarden verdienen, als
Chef bei Daimler zum Beispiel oder so. Riester muß weiter machen, denn niemand weiß besser als er, was ihn als Rentner erwarten würde. Worum geht's eigentlich? Walter Riester fordert
pro Arbeiter zweihundert Betriebsräte, freigestellt natürlich.
Freigestellte Betriebsräte laufen den ganzen Tag mit engagier-
tem Gesichtsausdruck und Händen in Kitteln durch die Hallen
und fragen: »Kollegen, wie läuft's?« Zum Kittel tragen sie Krawatte, den Kittel tragen sie, weil sie nie den Kontakt zur Basis
verloren haben. Ohne Betriebsrat würde zum Beispiel ein Ar-
beitnehmer, der sich am vorletzten Tag seines vierwöchigen
Domrepurlaubs den Knöchel verstaucht und anschließend

sechs Monate auf Reha geht, sofort erschossen. Gut also, daß es einen Betriebsrat gibt! Minister Müller dagegen wünscht mehr Mitbestimmung in unseren Betrieben. Vor allem mehr Mitbestimmung für den Chef im eigenen Laden. Daß ein Chef heute nur noch fürs Finanzamt arbeitet, bestreitet wohl keiner. Gerade der mittelständische GmbH-Geschäftsführer muß sich zusätzlich noch häufig fragen: Woher sind die Pflanzen und wo sind die Gläser? Früher (CDU regiert) waren die Gläser nur ständig versifft. Heute (Sozis) sind sie einfach verschwunden. Weiß der Kanzler das? Es wird Zeit, daß er sich auf die Seite von Werner Müller schlägt (Sorry, Herr Riester. Ist nicht persönlich gemeint).

Erziehungsurlaub

Kürzlich stoße ich per Zufall während eines längeren Monologs in Gegenwart zweier Frankfurter Journalistinnen auf ein interessantes Thema: berufstätige Mütter in Deutschland. Warum wird das eigentlich in Zeiten des Dauerwahlkampfs nicht aggressiver ausgeschlachtet? Das Thema ist ja nicht neu, aber durchaus aktuell und seeeehr dankbar. Wenn ich mich so als interessierter Politlaie umschaue, entdecke ich nur zwei Themen: Arbeitsplätze und keine Wurst. Respektive keine Arbeit und jetzt auch noch kein Schwein. Das mit dem Fleisch interessiert übrigens schon wieder deutlich weniger. Empirische Kantinenstudien sagen mir, daß mit Galgenhumor deftig Fleisch gegessen wird. Motto: Mir doch wurscht. Morgen läuft 'ne andre Sau durchs Dorf. Wird nachrichtenmäßig einfach langsam wieder zuviel an BSE und MKS und Bläschen hier und Pusteln da. Siehe Robbenjagd in den Achtzigern. Der Neue-Besen-Faktor bei Renate Superstar hat sich bis bald auch verflüchtigt, warum also nicht beim Thema »Mutti geht wieder arbeiten« die beiden essentiellen Themen – vor allem für den deutschen Mann – verknüpfen: Frauen und Geld? Ein klarer Fall von Chefsache für den Regierungschef. Nicht nur kennt er die Situation aus engstem persönlichen Umfeld, auch könnte er schlagartig Frauen, Rentner, Arbeitslose, Ökos, Azubis und EU zu noch glühenderen Verehrern machen. Nämlich so: »Eine supermoderne Wirtschaftsmacht wie die BRD kann es sich nicht leisten, auf die enorme Leistungsfähigkeit von Frauen im Beruf zu verzichten (Jubel bei den Frauen). Wie uns die Freunde in Frankreich (Jubel in Frankreich) vormachen, ist es dafür keineswegs notwendig, auf Kinder zu verzichten (Jubel bei gebärwilligen Frauen, Rentenversicherern und katholischer Kirche). Die Ökosteuer (Fundis flippen aus) ermöglicht uns eine gleichzeitige steuerliche Entlastung bei berufstätigen Müttern, als Kanzler denke ich da an vorläufige Steuerfreiheit während der ersten zehn Jahre nach Ende des Mutterschutzes (auch adoptivbereite gleichgeschlechtliche Paare brechen bei dieser Passage in der *Tagesschau* in Tränen aus). Mit dem ersparten Geld kann fachkundiges Personal zur Kinderbetreuung eingestellt werden (im Baltikum machen sich Horden von zwanzigjährigen Diplom-Kinderkrankenschwestern mit Laetitia-Casta-Figur zu Fuß Richtung Deutschland auf). In einer humanistischen Führungsnation wie der unseren kann es nicht angehen, daß Eltern sich fragen müssen: Nimmt der Mann oder die Frau Erziehungsurlaub? Wir werden dafür Sorge tragen, daß Vater und Mutter Urlaub von der Erziehung nehmen können, und daß der Staat den üppigsten finanziellen Rahmen, der dafür denkbar ist, schafft (es fliegen Slips und BHs auf das Podium der Bundespressekonferenz, Kinder werden zur Handauflegung hochgereicht).«

Das Thema zieht, hundertpro. Vielleicht ist Stoiber ja schneller.

Stammzellenclement

Wir in NRW! Wieder mal Spitze! Jetzt auch als Stammzellen-forschungsstandort fast uneinholbar vorne! Kann der Normal-bürger da überhaupt noch folgen? Muß einem nicht ganz tradi-tionell schwindlig werden, bei all den Kürzeln, die in letzter Zeit zu lernen waren? BSE, MKS, und jetzt auch noch PID.

Zum Glück ist Herr Jauch in der Sommerpause, sonst hätte es vielleicht eine wackere Hausfrau oder einen gentechnolo-gisch unkorrigierten Prominenten samt Publikumsjoker bei tausend Mark erwischt, weil sie nicht gewußt hätten, ob BDI, PID, PDS oder IBM unter den Embryonenschutz fallen. Nimmt die Politik keine Rücksicht mehr auf unsere Stammti-sche? Klingt Stammzelle nach mehreren Pils und Kurzen nicht irgendwie nach RAF? Hier naht Aufklärung, und zwar der Reihe nach:

1. BSE und MKS sind geheilt. Unsere Wurst ist sauber, unser Fleisch willig, alles in Butter, sonst stünde es ja in der Zeitung. Also Grill raus, Nobelpreis für Künast, Mahlzeit.

2. Nach drei Flaschen Wein und fünf Steaks hat man im Ma-gen oft so ein Druckgefühl und am nächsten Morgen so einen Kopf. Die Gentechnologie könnte das abschaffen, und zwar so-fort und rückwirkend. Wer da was dagegen hat, soll seinen Paß abgeben.

3. Wenn der Kanzler signalisieren will: »Ethik macht Spaß!«, verkleidet er sich als Abgeordneter und setzt sich unten rein (vergleiche auch das Prinzip »Tribünenadler« von Hans-Hubert V., Erfolg bekannt). Dabei stützt er den Kopf so nach-denklich in beide Hände, als wären's Cousinen. Tiefschürfend, Sternstunde, Presse ergriffen.

4. Zur selben Zeit in Israel: Clement kauft ein. Stammzellen in Haifa. Herstellung bei uns verboten, Einkauf erlaubt. Siehe auch Drogen: Handel verboten, nehmen erlaubt. NRW perfek-ter Standort für Stammzellenforschung, denn in großen leeren

Fernsehstudios (»Hollywood, am Rhein«) ist viel Platz für Mikroskope.

5. »Wo die Menschenwürde berührt ist, zählen keine wirtschaftlichen Argument.« Bedeutet das ein Verbot von Schalke 04? Außerdem – was haben Clement und der Kanzler mit Johannes Rau zu tun? Man kennt sich flüchtig, ist irgendwo auch in derselben Partei, aber der Kanzler muß Wahlen gewinnen. An Ratten ließe sich feststellen: Ist Arbeitslosigkeit vielleicht genetisch bedingt? Weniger Faulenzertum dank PID?

Fazit: Wer jetzt noch nörgelt, hat mal wieder nichts kapiert. Der soll doch in das Drüben von morgen gehen. Wir stellen ja nicht her, wir kaufen bloß ein. Wie beim Waffenhandel. Wir liefern Schraubenzieher und Radkappen. Unsere Schuld, wenn ein Irrer daraus eine Atombombe bastelt? Pfingsten, das liebliche Fest war gekommen. Da lesen wir in der FAZ ein Interview mit Erwin Chargaff, 96. Zitat: »Das Leben beginnt mit der Befruchtung!« Und weiter: »Ein lebendes Wesen kann nicht das Leben erforschen. Der Naturforscher Goethe hätte wohl Bundespräsident Rau zugestimmt.« Und ganz am Schluß stellt Erwin Chargaff noch zwei Fragen, die im Wahlkampf vermutlich aus Termingründen unbeantwortet bleiben müssen: »Menschen leben jetzt länger, aber wie leben sie länger? Und warum?«

Abgeordnete

So nun auch wieder nicht. Zwar ist jeder Abgeordnete nur seinem Gewissen verpflichtet, aber man muß nicht Gerhard Delling sein, um zu formulieren, daß in gewissen Situationen die Partei immer Recht hat.

Jetzt ist also Generalsekretär Münti gefragt. Unter Wahlleiter Struck hatte es leider den Anschein, daß Albaner eher ihre Waffen abgeben als SPDler die Stimme. Bei Onkel Herbert wäre das nicht passiert. Aber Struck ist kein *Kärrner* oder *Zuchtmeister*, sondern darf den Kanzler berühren, am Ellbogen und an der Schulter. Muß die SPD-Fraktion jetzt in die Qualifikation? Droht ein parteiinternes Minsk oder Kiew? Es droht nur das nächste Nominierungsverfahren für die schönen Landeslistenplätze, und da hat Münti gar nicht sehr zwischen den Zeilen gedroht. Carsten-Jancker-Verhalten wird nicht geduldet: den Ball vom gegnerischen Tor wegköpfen! Bloß, wen soll Rudi (Völler, nicht Scharping, Anm. d. Verf.) nehmen, wenn nicht Jancker? Kirsten? Bierhoff? Unsere Freunde, die in der Bundesliga zaubern, sind alle Ausländer. Amoroso, Elber, Rosicky … Da hat es Münti leichter. Er setzt einfach bei der nächsten Wahl Leute auf die Landeslisten, die ihrem Gewissen so sehr folgen, daß sie anschließend im Sinn der Partei abstimmen.

Wenn wir den Generalsekretär bei *Christiansen* richtig verstanden haben, funktionieren unabhängige Fraktionsmitglieder so: Bei den Probeabstimmungen hinter verschlossenen Türen folgen sie ihrem Gewissen und stimmen mit *NEIN*. Gut so, alle sind beeindruckt. Aber dann, in echt, stimmen sie natürlich so, wie von Strucki an der Tafel aufgemalt. Wären da nicht Vordrucke am praktischsten? Alles andere wäre so, als würde sich Ballack mitten im Spiel ein sagen wir mal englisches Trikot anziehen.

Anziehen will sich Minister Scharping nichts. (Dieser Delling hat mich versaut. Akuter Überleitungszwang!) Vor allem nicht den Schuh der Verschwendung. Recht hat er. Schauen wir mal nach USA (gemeint ist Nordamerika, nicht unser seliger Adolf, wie Winifred Wagner bei Guido Knopp verriet). Präsident Bush vier Wochen *Working Vacation* auf eigener Ranch. Ex-Präsident Clinton ließ *Airforce One* auf Rollfeld in L. A. anhalten (Haare schneiden) und nahm zum Adieu Möbel mit aus dem Weißen Haus. Who cares? Deshalb bei uns: Verfassungsänderung notwendig! Nur noch Big Shots, die mindestens zehn Mio. Euro im Ölgeschäft gemacht haben, dürfen in den Deutschen Bundestag. Wer nicht im Privatjet geboren wurde, darf *Wahlkreis* nicht mal aussprechen. Dann ist Schluß mit Neid seitens der Wähler und Angst vor Versorgungslücken bei Abwahl. SPD – weil wir's nicht mehr nötig haben! Dazu exklusiv im nächsten Heft: Wozu braucht Merz 'ne Aktentasche?

Ran, Kanzler!

Der Kanzler wird nervös. Mitten im Urlaub muß er erfahren, daß Deutschland mehr Arbeitslose hat als *ran*-Zuschauer. Klar, daß er da auf die unschuldige kleine Fußballshow losgeht. Er will mal wieder ablenken. Während die Kultsendung ohne staatliche Fördermittel bemüht ist, sich auf einem neuen Sendeplatz zu etablieren, sitzt er völlig emotionslos in seiner Zweitligastadt und schaut ZDF. Natürlich weiß jeder, daß das ZDF ein traditionell roter Sender ist, aber muß es ein Regierungschef so auffällig machen, nur weil im nächsten Jahr Wahlen sind? Wir, die Zwangsgebührenzahler, haben nicht nur seit Jahr und Tag die linkslastige Berichterstattung aus Mainz zu ertragen, ebenso wie Plakatkampagnen, bei denen Mitarbeiter sich überwiegend das rechte Auge zuhalten, jetzt signalisiert uns auch der Kanzler: Wenn mein Volk mich auch nur ein kleines bißchen lieb hat, dann schaut es samstags mit Frau und den Kleinen nicht *ran*. Aber was ist mit der Marktwirtschaft? Und den Arbeitsplätzen, von uns, den kleinen SAT.1-Mitarbeitern? Im Klartext: Herr Bundeskanzler, warum machen Sie *ran* kaputt? Uff, das hat gesessen! Da wird er ganz schön schlucken, wenn er das liest. Dabei wäre es eine Kleinigkeit für den Regierungschef, zwischen Politik und Fußball segensreiche Verbindungen herzustellen. Warum nicht bei der nächsten Wahl Stimmabgabe per Decoder? Nach persönlichen Berechnungen des Autors entspricht die Zahl derer, die wählen gehen, ungefähr der, die einen Decoder besitzt. Anstatt sich im nächsten Herbst in ungemütlichen Wahlkabinen rumdrücken zu müssen, könnten die Abonnenten bequem von zu Hause entscheiden: Gerd und Guido machen weiter! Die ARD darf in der Tagesschau 5 Sekunden über das Wahlergebnis berichten, muß sich allerdings schon einen Monat vorher auf den Wahlsieger festlegen. Das wäre doch ein Vorschlag zur Güte, denn irgendwie sind Fans ja auch Staatsbürger und damit ja irgendwo auch Wähler. Und

Fan wie Wähler blickt doch kaum noch durch. Gut, man weiß, daß Dr. Niebaum von Borussia Dortmund 750 Mio. für den Kauf von Amoroso bekommen hat. Ist ja auch in Ordnung, viele Profis ziehen sich halt hauptsächlich nur noch wegen des Geldes um (Kritik!), aber ohne Geld eben kein Amoroso, und auch ein Andy Brehme wäre sonst vielleicht als Trainer nach Real Madrid gegangen. Da fällt mir auf, gerade am Erscheinungstag dieser Zeilen sollen doch Gespräche stattfinden, wegen *ran* früher oder später oder früher oder später oder später beim ZDF und so. Als SAT.1-Mitarbeiter schaue ich natürlich in jedem Fall *ran*, egal zu welcher Uhrzeit, obwohl ich mich schon nachmittags bei *Premiere World* intensiv informiert habe. Aber ich will einfach wissen, ob das Spiel auf SAT.1 genauso ausgeht. Falls mein arbeitgebender Sender aber einen neuen Sendeplatz sucht, also, ich hab natürlich nichts zu sagen und will mich auch nicht aufdrängen, aber 23.15 Uhr wäre nicht schlecht. Die Werbung weiß das. Vor allem die Zielgruppe der jungen Männer in Jogginghosen (Bier, Rasierschaum, Nußöl) sitzt da schon die Woche über bei SAT.1. Und falls alles nichts hilft, kann der Kanzler sich schon mal auf SAT.1-Mitarbeiter mit Bauhelmen einstellen: Wir kämpfen für Holzmann-TV.

ENDLICH REICH!
Börse, Steuern und Finanzen

Warnung! Das folgende Kapitel ist für Sie nur zu verstehen, wenn Sie die Gesamtausgaben von John Maynard Keynes, Adam Smith und Max Weber auswendig können.

Oder Sie waren mal mit Alan Greenspan essen. Vielleicht haben Sie auch mal auf Pump Aktien am Neuen Markt gekauft. Das ist aber das mindeste.

35 %

Was erlaube Struck? Empörung, wohin man schaut, Aufregung all überall in den Parteispitzen. Dabei hat der sympathische Motorradfahrer mit der Glatze (läßt sich leichtsinnigerweise auf seiner BMW ohne Helm fotografieren! Wenn das Münti sieht!) einen Vorschlag gemacht, der endlich mal der schweigenden Mehrheit der Spitzenverdiener aus der Seele spricht: Runter mit dem Spitzensteuersatz auf 35 Prozent. Bravo! Bisher muß der traditionelle SPD-Wähler doch inklusive Solizuschlag und Kirchensteuer von jeder verdienten Million schlappe fünfhundertsechzigtausend Mark abdrücken. An wen? An den Neusingle. Hans Eichel. Kurz am Rande: Während das Heer der Geschröpften die Urlaubszeit zwischen den Malediven und Sylt verbringt, urlaubt der gierige Hans solo auf Langeoog. Danke, lieber Gott!

Warum also diese Wut in der formerly known as Arbeiterpartei? Hat man nicht erkannt, daß der Vorschlag von Struck die Menschenwürde drastisch steigert? Hat man dort schon einmal registriert, wie würdelos das »Ich brauch 'ne Rechnung, bitte« durch die Pizzeria schallt? Wie uncool es ist, im Taxi noch armselig auf die Quittung zu warten (»Soll ich schreiben Stadtfahrt? Datum von heute?«), anstatt einfach einen Hunni rüberschieben und »stimmt so« auszusteigen. Sind Strucks Kritiker schon einmal durch die Bürogeisterstädte des (deutschen) Ostens gegangen, wo der Wind durch die AfA-Ruinen pfeift, wo die Glas- und Betontürme stehen, errichtet als Abschreibungsmodelle, ein »Geschenk, das Vater Staat nur einmal in diesem Jahrhundert macht«, so ein prominenter Anwalt und Steuerfachmann. Damit ist dann nämlich Schluß. Schluß mit demütigenden Steuersparmodellen und würdelosem Leben in Monte Carlo. Dann werden im Spitzensatz 35 Pfennig pro Mark einbehalten, und aus die Maus. (Vergleichen Sie bitte die 35 Pfennige mit den 560 000,00 DM vom Anfang dieses Textes.)

Wir, die Neue Mitte, die vom Boom der fernöstlichen Aktien genauso überrascht wurde wie von den niedrigen Zinsen für Festverzinsliche verärgert und vom schlaffen DAX genervt, wir fordern Generalvollmacht für Steuerzahlerfreund Struck. Wir wollen Auftritte wie die von Otmar Schreiner in Saarbrücken nicht mehr sehen, wo er sich aufgeführt hat wie einer, der EM-TV bei zwohundert verkauft hat. Überhaupt das Saarland! Warum darf sich der saarländische Ministerpräsident eigentlich zu Steuerfragen äußern? Das ist so, als ob Borussia Mönchengladbach den Austragungsmodus der Championsleague kritisiert. Der deutsche Steuerdschungel muß entlaubt, abgeholzt und trockengelegt werden. Begriffe, die den Grünen (kleinerer »Koalitionspartner«, Anm. d. Verf.), aus ihrer Anfangszeit bekannt vorkommen dürften. Wer in der Lage ist, das Dickicht ökologisch verträglich (sonst spielt die FDP nicht mit) zu entlauben, dem sollte der Kanzler die Machete in die Hand drücken und auch vor Pathos nicht zurückschrecken: Mach et, Strucki!

Kondratieff

Wer hätte das gedacht! Kurz vor Ende des aus Börsensicht eher dahindümpelnden Jahres 1999 kommen wir Kleinanleger in den Genuß einer Jahresendrallye, die manchen überraschen dürfte, der den Wagen schon winterfest in der Garage hatte. Da wird so mancher, der »die Bücher schon zugemacht hatte«, noch mal durchstarten, um wenigstens auf einem respektablen Platz in der Punktewertung durchs Ziel zu gehen. Schluß mit den Metaphern! Waren Sie dabei, im Knallermarkt Information und Technologie? Haben Sie auch bis dato mit schnuckeligen Kuschelwerten aus dem Eurostoxx 50 wie *Nokia* zwohundertvierzehn, *Deutsche Telekom* hundertelf oder *Mannesmann* hundertzwounddreißig Prozent gemacht, seit dem letzten Sylvester vor dem letzten Sylvester des Milleniums?

Im Klartext und für alle, die immer noch ein Sparbuch haben: Wer an Nikolaus 98 zehntausend Mark in diese drei Werte investiert hat, holt sich jetzt rechtzeitig vor dem Fest noch mal zehntausend ab, und zwar netto und mit dickem Grinsen an Hans Eichel vorbei, ganz legal und ohne nächtliche Wanderungen nach Luxemburg oder wöchentliche Fahrten in die Schweiz. Während wir also grübeln, wohin mit den Gewinnen, hören wir zum einen ein Murmeln: Autos!

Um Gottes Willen! Keins kaufen! Sondern Aktien von Daimler Chrysler und VW. Echt? Ehrlich? Mit denen haben wir uns doch schwarz geärgert im vergangenen Jahr?! Doch! Die sollen hammermäßig wiederkommen. (Zyklisch!!!) Also soll man oder soll man nicht? Da vernehmen wir zum anderen einen Begriff, der klingt wie Bargeld pur: *Kondratieff*. Bitte was? Nie gehört, und doch so einfach: *Nikolai Kondratieff* hat bemerkt: Alle 40 bis 60 Jahre kommt seit 1800 eine Welle, und die spült heran: Dampfmaschine, Eisenbahn, Elektrotechnik, Auto und Informationstechnik. Und was schwappt im sechsten und nächsten Kondratieff auf uns zu? Gesundheit, und zwar ohne

Ende. Pumperlgsund werden wir als Hundertzwanzigjährige in unseren solarenergiebetriebenen Häusern vor dem Internet im Fernseher sitzen (also wir sitzen auf der Ökocouch, aber das Internet ist im Fernseher), und draußen spült der Kondratieff das Geld für alle ran, die in solche Werte investiert haben.

Das Zauberwort der mehr als rosigen Zukunft heißt »Gentechnologie«. Wird noch kritisch gesehen, hat aber Riesenchancen, wenn sie erst mal Glatzen wegmacht und Sehkraft herzaubert. Da könnte man fast glauben, Nikolai Kondratieff sei ein Deutscher gewesen. Denn bei jeder seiner Wellen, ab Dampfmaschine, Eisenbahn oder Auto, waren wir feste mit dabei. Gut, mit Computern und Internet waren uns die Amis leicht voraus, aber wir sind ja eine Turniernation. Wenn in etwa fünfzig Jahren die nächste Welle voll über uns schwappt, wird so mancher heute Vierzigjährige nicht wissen, wohin er dann kurz vor dem Hundertsten mit der Kohle soll, weil er rechtzeitig in diese Werte investiert hat. Vielleicht in die ewigen Werte, die alle Wellen überstehen: Wein, Weib und Gesang?!

Infineon

Deutschland taumelt. Unter glasigen Augen zischt, stammelt und haucht es von fiebrigen Lippen: *Infineon*. Friseure hetzen unter Lebensgefahr über zweispurige Straßenbahngleise, anständige Familienväter eröffnen Depots bei Schalterbeamten, von denen sie gehaßt werden, und wer es wagt zu fragen: »Hast du auch gezeichnet?«, der wird aus glasigen Pupillen angestarrt, als hätte er gefragt, ob man mal einen Tag ohne Luftholen ausprobieren möchte. Schon die Aussprache teilt die Infizierten in mindestens drei Klassen: *Infinju*, das ist der Vollprofi, der Crack, der mit zittrigen Händen registriert hat, daß *Pixelpark* auf Seite 225 bei n-tv nach unten gerutscht ist, seit es *Popnet* gibt. Bei *Popnet* zuckt es leicht in der linken Gesichtshälfte, denn man hat zwar *gezeichnet*, aber nicht *gekriegt*. Das ist der Cyberfluch: »Siehe, Ihr werdet zeichnen, aber nicht kriegen!« Früher sagte der Volksmund: »Hüte dich vor den Gezeichneten« und meinte damit Menschen, die seit neuestem in der *Aktion Mensch* repräsentiert werden. Es ist wurscht, ob du Mensch oder Sorgenkind bist, wenn du z. B. *Popnet* nicht gekriegt hast. Achtzig Prozent sind dir mindestens durch die Lappen gegangen!

Ohne einen Finger zu rühren!! Alle, die *noch nie was gekriegt* haben, können apathisch die Prozentzahlen herbeten, die ihnen entgangen sind seit dem *Erstausgabekurs*.

Die zweite Gruppe sagt *Infineohn*. Sie ist noch nicht im Vollbild der Erkenntnis, hat aber von gigantischen Gewinnen gehört, die man macht, wenn man *gleich am nächsten Tag verkauft*. Angehörige dieser Gruppe zeichnen zwischen 30 und 70 Aktien und sind ein bißchen irritiert, daß *Siemens den Laden los werden will*, obwohl die doch irgendwas gegen Krebs oder Computer oder chipsmäßig erfunden haben. Wer *Infineohn* sagt, strahlt eigentlich aus, daß er erleichtert wäre, wenn er nichts kriegt, weil er der Sache eigentlich doch nicht traut. Und dann gibt es den erlauchten Kreis derer, welche von *Infinéon* sprechen, très français, comme *Napoléon*. Diese Elite hat den kompletten Aktienboom bisher verschlafen und mogelt noch immer ganz oldfashioned unter großen Anstrengungen Schwarzkohle am Finanzamt vorbei in die Schweiz, wo die Knete dann gebunkert wird und nichts bringt. Jetzt aber sind sie aufgeschreckt, weil man ihnen vorgerechnet hat, wieviel cooler es ist, wenn man einfach Steuern zahlt und mit der Nettokohle an der Börse Gutes tut. Interessiert erkundigen sie sich, wie das eigentlich geht, wenn man so Aktien kaufen will. Ganz einfach: Man ruft einfach seinen Banker an und fragt, was der so empfiehlt. Sollten am anderen Ende der Leitung Begriffe wie *Rentenpapiere* oder *Was interessantes aus unserem Haus* fallen, schnell auflegen und erst mal chic essen gehen. Danach bei wirklich jeder Raiffeisenkasse, die jemals auch nur in die Nähe eines Verdachts einer Aktienemission gerät, ein Konto eröffnen und so ungefähr *zwanzig oder so Infineon* zeichnen. Wenn der Banker wieder bei Bewußtsein ist, einfach mal fragen: »Stimmt das eigentlich, daß Uli H. vom FC B. noch immer alles gekriegt hat, was er gezeichnet hat?« Und nicht vergessen: An Gewinnmitnahmen ist noch keiner Pleite gegangen!

B-Menschen

Unsere größte Tageszeitung hat es auf den Punkt gebracht: In Deutschland ist wieder ganz offen von B-Menschen die Rede. Ausgelöst wurde dies allerdings von der *Dresdner Bank*, die bekanntermaßen eine Neueinteilung ihrer Kundschaft plant mit der leicht verkürzt wiedergegebenen Idee: Wer als Privatkunde nicht mindestens DM zwohunderttausend auf dem Konto hat, braucht sich künftig gar nicht mehr in die Schlange zu stellen. Eine schöne und gute Idee, denn wir sind seit kurzem das Land, in welchem es mehr Aktionäre als Gewerkschaftsmitglieder gibt, und wer es im Zeitalter boomender Internetaktien (kommt wieder, kommt wieder) noch nicht auf lockere zwohundert Mille gebracht hat, sollte sich schämen. Und dabei hilft die Dresdner Bank. Denn in Zukunft kann es jeder Tankwart und jede Verkäuferin auf den ersten Blick sehen: Zeige mir deine Karte, und ich sage dir, wer du bist. Zwar gibt es das bisher auch schon bei den Kreditkarten, und wer morgens beim Auschecken im Hotel eine Goldene oder gar eine Platin über den Tresen schieben kann, wirkt schlicht doppelt bis dreifach so glaubwürdig, daß er »den Film definitiv nicht geguckt hat«, sondern »beim Zappen nur mal so reingerutscht ist«. Ganz nebenbei bemerkt wirken goldene Kreditkarten immer ein bißchen uncool. Immer ein bißchen so, als hätte ihr Besitzer viel Mühe drauf verwendet, ein Jahreseinkommen von hundertdreißigtausend Mark nachzuweisen. Und was bitte macht wohl die Dresdner Bank mit einem, der Hundertdreißigtausend pro Jahr verdient? Ab zur Sparkasse, aber dalli! Der goldene Kreditkarteninhaber ist also der B-Mensch schlechthin: Nicht reich genug für Platin, nicht cool genug für das schlichte Plastikkärtchen, welches die Vermögensverhältnisse offengelassen hätte, und zudem noch fliegt er hochkant bei der Dresdner raus. Scheißleben.

Und nun zu mir, dem A A A-Menschen (Selbsteinschätzung).

Was geschah mit mir schon vor vielen Monaten? Abgeschoben zur *Bank 24*. Ohne Diskussion wurde es mir in einem Brief mitgeteilt. Dabei habe ich wirklich im Laufe der Zeit 200 000 DM angespart. Ehrlich. Wenn die Bank mal in ihren ZEN-TRALCOMPUTER (tut uns leid, der ist grade abgestürzt, Frankfurt ist heute überlastet) schauen würde, dann könnte sie sehen: Herr Schmidt, Harald hat zwohunderttausend Mark, und wir können froh sein, wenn ihn die Dresdner nicht mit der Sänfte rüberholt. Statt dessen? Abgeschoben zur *Bank 24*, wo B-Mensch noch eine Verbesserung wäre. Das sollte die Deutsche Bank mit ihrem absturzgefährdeten Zentralcomputer wissen: Wir Neureichen sind sehr empfindlich! Wir haben's ganz gern, wenn unsere Bank weiß, was wir jeden Monat an Kohle rüberwachsen lassen! Und wenn wir dann so einen unpersönlichen Brief kriegen, in dem wir unsere tatsächlichen Vermögensverhältnisse nicht gewürdigt sehen, dann reagieren wir schnell mal sehr beleidigt. Dann kommen uns schon mal Begriffe wie SCHWEIZER PRIVATBANK in den Sinn. Was kommt als Nächstes? Eine goldene Kreditkarte? Fazit: Es gibt keine Gerechtigkeit mehr auf der Welt, nicht mal bei den Banken. Aber Rache ist möglich: Morgen gehe ich zur *Deutschen Bank* und zeige dem Schalterbeamten 200 000 Mark in bar. Und wenn dann der Privatkundenbetreuer mit Salto vorwärts auf mich zukommt, stelle ich zwei Bedingungen für die Kontoeröffnung: Er muß den Brief von der Bank 24 essen und zum Nachtisch eine Kreditkarte von der Dresdner. Und wenn er runtergeschluckt hat, gehe ich raus und gebe das Geld aus. Vertrauen ist der Anfang von allem.

Die Ölwahrheit

Weltpolitische Großzusammenhänge zwingen uns heute, mit einer Floskel zu beginnen: Der Wähler ist undankbar. Da hat uns der Kanzler während der letzten Wochen den besten Schröder geliefert, den es je gab (Mallorca, Osten, UNO), und kaum wird der Sprit einen Tick (Neue-Mitte-Fachausdruck) teurer, schon verliert die künftige Überlebende der beiden aktuellen Regierungsparteien an Sympathiepunkten. How comes? Wieder mal trifft blinder Volkszorn die Falschen, dabei könnte sehender Volkszorn so leicht die Richtigen treffen, vorausgesetzt, folgender Text wird aufmerksam im häuslichen Kreis nachbearbeitet. Die wirklich Schuldigen an den unmenschlichen Ölpreisen sind 1. Die Scheichs. Jeder weiß, daß die Scheichs förmlich im Öl schwimmen. Während sie selbst auf der Falkenjagd sind oder es im Harem krachen lassen, fördern ihre Verwandten (ausschließlich Multimillionäre) barrelweise Rohöl aus dem Sand. Je nach Lust und Laune wird dann in klimatisierten Zelten oder Megahotels (die natürlich dem Scheich gehören), bestimmt, was so ein Barrel (so heißt bei Scheichs das Faß bzw. Pittermännchen) kosten soll, und wir dürfen zahlen. Hier sollte allerdings nicht der Eindruck entstehen, in diesem Blatt würde scheichfeindlichen Tendenzen Vorschub geleistet. Natürlich ist auch ein Scheich von einer deutschen Tanke aus betrachtet in erster Linie Ausländer, den vermutlich gesellschaftliche Zwänge, von denen wir Mitteleuropäer keine Vorstellung haben, zwingen, frühkindliche Traumata am Ölpreis auszutoben.

Starten wir also die Aktion »Mein Kumpel, der Scheich«, und wenden uns alsdann einem weiteren Hauptschuldigen zu, 2. dem Dollar. Hier schreit der Kleinaktionär auf, denn der teure Dollar macht den Euro billig und unseren schönen Neuen Markt kaputt. Vor allem macht der Dollar den Sprit teuer, denn natürlich kassieren der Scheich und die bösen Multis (Multis sind Scheichs in Industrieform, Anm. d. Verf.) in Dollar. Sie sind ja nicht doof. Und wer macht den Dollar teuer? Unsere angeblichen Freunde, die Amis! Wenn früher das Öl mal zu teuer wurde, schickten sie ein paar Kriegsschiffe und Flugzeuge los, und die Sache war geritzt. Heute ziehen sie uns, ihren treuesten Verbündeten, das Geld bei USA-Reisen dermaßen aus der Tasche, daß sich nur noch deutsche Scheichs New York leisten können. 3. Wirtschaftsboom. Auch für Laien ist der Wirtschaftsboom daran erkennbar, daß die Wirtschaft boomt. Der Schlot raucht. Die Luft brennt. Die Start-ups geben Gas. Womit? Natürlich mit Öl! Viel Öl – viel teuer. So einfach kann BWL sein. Wir können die Wirtschaft nicht runterfahren, nur damit Benzin billig wird. Gerade für die junge IT-Generation ist es ein Statussymbol geworden, sich den teuren Sprit einfach leisten zu können, egal ob flüssig oder in Tablettenform. Wer hart arbeitet, will cool tanken. Fazit: Irgendwie klingt das alles nach Teufelskreis. Zumal wir von der Ökosteuer noch gar nicht gesprochen haben. Und da kann nun wirklich der Kanzler was dafür, denn der hat sie ja erfunden. Quasi. Aber hin und wieder mal 7 Pfennig für den deutschen Baum sollten es einem schon wert sein. Und je weiter der Baum weg, desto besser. Entfernungspauschale!!! Erst denken, dann tanken.

Vermögensbildung

Pro Monat bekomme ich im Schnitt zwei Bücher von Börsen- und Finanzgurus geschickt, mit dem Hinweis, diese Bücher »müßten für Sie eigentlich von großem Interesse sein«. Stimmt. Denn alle Werke lassen sich leicht vereinfacht verkürzen auf die Formel: Viel Geld, viel gut. Nur – woher viel Geld nehmen? Denn nur, wer viel Geld hat, kann – selbstverständlich ohne Arbeit – in kurzer Zeit noch mehr Geld machen, wie auch ein altes Schwäbisches Sprichwort weiß: »D'r Deifel scheißt emmer auf d'r greschde Haufa.« Betrachten wir also zunächst exemplarisch Fall A: Ein junger Mann Ende zwanzig, mit knakkigem Körperbau und mehreren Sonnenbrillen, verdient als Chief-Developper in einem Medien-Unternehmen brutto fünfzehntausend Mark pro Monat. Von denen etwa acht netto bleiben nach Abzug der Ausgaben für Wohnung, Sonnenbrillen, enge Hosen, V-Ausschnitt-T-Shirts, Schlangenlederimitationsschuhe, Ibiza-Wochenendtrips, Drogen und Unterhalt für eine zweijährige Tochter aus der Zeit vor dem Medienbusiness, monatlich etwa 280 Mark. Früher wurde dafür noch Sekt an der Tanke geholt, aber in letzter Zeit macht sich der junge Mann Gedanken um die Zukunft und hat bei einem One-Night-Stand eine Lebensversicherung mit monatlichen Beiträgen von 260 Mark abgeschlossen, die ihm nach 37 Jahren »voraussichtlich« zwanzigtausend Mark Rente im Monat oder einmalig zwei Milliarden garantiert, natürlich »abhängig von den Zinsen und so«. Über diesen Abschluß ist Beispiel A so happy, daß er zusätzlich noch bei einem guten Freund Auslandsimmobilien im Wert von zwei Millionen Mark erwirbt. Den Kredit ohne Sicherheiten besorgt ihm der ehemalige Schwager des Bekannten zu »ungefähr elf Prozent«, ein echtes Schnäppchen, da die Zinsen ja »voll steuerlich absetzbar sind«. Bei dieser Anlagestrategie hat sich das Vermögen bereits nach fünf Monaten verdoppelt oder halbiert, was aber aufs gleiche rauskommt. Anders dagegen Fall

B: Ein vierundsiebzigjähriger Diakon erbt völlig überraschend von seinem als verschollen geltenden Vater 100 Millionen Mark. Nach einer leichten Herzattacke kann der Erbe wieder klar denken und drittelt das Vermögen nach dem klassischen Prinzip Immobilien, Aktien, Festverzinsliche. 35 Mio. gehen in Bundesschatzbriefe mit dreißigjähriger Laufzeit, denn Kandidat B möchte mindestens so alt werden wie sein angeblich verschollener Vater. Weil sein Herz für alte Häuser schlägt, werden weitere 35 Millionen in Immobilien aus der vorletzten Jahrhundertwende investiert, in denen schon seit dreißig Jahren dieselben Mieter wohnen, zum Quadratmeterpreis von fünffuffzich. Mit den restlichen 30 Mio. zeigt sich der Investor unerwartet risikobereit: Er investiert in hochspekulative New-Economy-Werte wie Deutsche Telekom und Daimler-Chrysler, zwei Garagenunternehmen, bei denen die Verwendung des Begriffs »Shareholdervalue« ein Entlassungsgrund ist. Unterm Strich bleibt vor Steuern eine jährliche Rendite von sagenhaften 2,4 Prozent, immerhin stattliche 2,4 Millionen Mark. Die ist auch nötig, denn auf die 100 Mio. aus der Erbschaft werden nach Abzug des Freibetrages 130 Mio. Mark Steuern fällig, aber das ist ein anderes Thema.

Aktie Gelb

Das irre Flackern in den Augen vieler Börsennovizen des nun
auch schon fast wieder vergangenen Jahres ist stumpfer geworden. Manch einer, der im März und April täglich siebzig Prozent mit irgendwelchen Pixelmix und Ziemlich New Media an
Gewinnen mitgenommen hat, spricht heute in leisem Ton von
Indexfonds, die den DAX nachbilden. Fast zärtlich wird die
Stimme, wenn sie von der wunderbaren Entwicklung des M-
Dax sprechen. Ein bißchen muß einen das Mitleid packen,
wenn man an die vierhundertzweiundsiebzig Internet-Fonds
auf der Watchlist denkt, die kaum noch eines Blickes gewürdigt
werden. Verstohlen werden die Listen mit den »besten Fonds
der letzten 20 Jahre« herausgekramt, weil »1500 % über zwanzig Jahre ja gar nicht so schlecht sind«. Stimmt. Und warum
nicht ganz viel Festgeld vor sich herschieben, bis es bei dreißig-
jährigen Bundesschätzen wieder sieben oder acht Prozent gibt?
Doch schon droht ein Rückfall in die Sucht, denn die Aktie
Gelb lauert. Das könnte die volkigste Aktie seit der seligen Telekom werden, und mancher würde sicher zeichnen, was das
Zeug hält, wenn er nicht grade ein bißchen unflüssig wäre wegen Nachkaufs der T-Aktie bei 95 Euro. Aber die erholt sich
wieder! Die Bevölkerung erhält die Postaktie geschenkt. Gut,
das ist jetzt leicht übertrieben, aber fast. Maximal 23 Euro soll
das Papier (Fachsprache) kosten, und wenn man bedenkt, daß
der Euro praktisch nix mehr wert ist, dann kann man fast noch
auf die 0,50 Euro Frühzeichner-Rabatt bis 10.11. verzichten.
Wer aber eine Million Aktien frühzeichnet, kann allein mit den
rabattierten fünfhunderttausend Euro ein bißchen am Neuen
Markt zocken (EM-TV? Telegate? Bieten jetzt Einstiegskurse!)
Frühzeichner klingt zwar irgendwie nach grauem Anorak und
Schaufensterbeinen (»Mein Mann wurde ja nach dreißig Jahren
im Betrieb von einem Tag auf den anderen Frühzeichner«), ist
aber in Wirklichkeit die Bezeichnung für ganz Pfiffige. Früh

zeichnen – spät verkaufen, dann klingelt's wie bei Hans Eichel. Denn nach zwei Jahren Aktie halten (trotz Halbeinkünfteverfahren im nächsten Jahr) gibt's pro 15 Aktien eine Treueaktie. Macht bei einer Million Aktien mehr als sechzigtausend für lau. Und nach zwei Jahren steht die Postaktie mindestens bei 4000 Euro (siehe Porsche, ein Unternehmen mit ähnlichem Tempo). Das wird eine feine Unterschrift unter dem Foto im Album: der Frühzeichner mit seiner Treueaktie.

Wer kassiert eigentlich die ganze Kohle? Natürlich der Bund, also wir. Gut 300 Millionen knallt Vadda Staat auf den Markt, macht locker mehr als sechs Milliarden Euro zum Einstieg. Wenn man das noch mit den Milliarden von den UMTS-Lizenzen zusammen nimmt, stellt man fest, daß der Staat vor Kohle kaum noch laufen kann. Gut, daß er uns gehört!

Greenspan

Im heutigen Jahresendtext sei darauf hingewiesen, daß die auf den Herbst verschobene, dann für Weihnachten vermutete und nun im kommenden Frühjahr garantierte Sommerrallye 2000 bald kommt. Bestimmt. Ziemlich sicher. Nicht alle Aktionäre sind in der glücklichen Lage, ungefähr fünfzig Prozent Verlust vom Chef persönlich in einem Brief erklärt zu bekommen. Für den Rest sei hier der Schuldige beim Namen genannt: Mr. Alan Greenspan. Der schrullig rüberkommende Senior, den man sich gerne mal als Partner von Walter Matthau in einer Börsencomedy gewünscht hätte, ruiniert – vereinfacht gesagt – nach Belieben unsere Depots. Nur total inne Insider sind in der Lage, Alans (wir in der Börse sind *on first name*) streng geheime Zeichen zu deuten: Trägt er eine rote Krawatte, bedeutet es Zinsen, die ins Bodenlose fallen. Hat er die Aktentasche auf dem Weg zur Pressekonferenz leicht geöffnet mit zwei, drei rausschauenden Manuskriptseiten, knallt der Neue Markt durch die Decke (echt, gab's mal!). Natürlich sagt dieser Greenspan nie ein klares Wort. Das wäre von uns Kleinsparern zuviel verlangt. Aber ständig spricht er zwischen den Zeilen, besonders, wenn er nur eine Zeile sagt. »Bitte einen Kaffee« aus dem Mund des Finanzgurus bedeutet eindeutig: »Für die kommende Börsenrallye, ausgelöst durch bombastische Zinssenkungen, muß ich meinen Kreislauf so richtig in Schwung bringen.« Natürlich kann sich hinter den beiläufig hingenuschelten Worten auch verbergen: »Uff! Wenn ich dran denke, wie in der nächsten Stunde die Technologiewerte abstürzen, brauch ich erst mal 'nen Kaffee.« Die tatsächliche Bedeutung herauszufiltern, ist nun Aufgabe der sogenannten »Analysten«. Analysten stufen den ganzen Tag hoch und zurück, und zwar immer hinterher. Mal sagen sie kaufen und mal verkaufen, aber besonders gefährlich wird's, wenn sie sagen halten. Dann ist klar: Nix genaues weiß man nicht, erst mal hören, was dieser Greenspan sagt, hüstelt oder andeutelt. Bald wird bestimmt das Leben von Alan Greenspan verfilmt, mit Jim Carrey in der Titelrolle: Wie der Finanzgrinch uns die Jahresendralley stahl. Man fragt sich wirklich als jemand, der im vergangenen Herbst erstmals mit belegter Stimme von der Erotik der Rentenfonds sprach, wozu wir auf den Ausgang der US-Präsidentenwahl gewartet haben, nach der es ja angeblich den Dow Jones unmittelbar in die Erdumlaufbahn katapultiert hätte.

Hat doch eigentlich eher nix gebracht, börsentechnisch. Warum? Weil es wurscht ist, wer unter Alan Greenspan den Präsidenten macht. Jetzt einsteigen!

Börse

Die vorgehaltene Hand darf wieder weggelassen werden: Schon seit einigen Tagen bietet die Börse Einstiegskurse. Neuester Trend: das *Value-Prinzip*, sprich: Man kauft nur noch Aktien, die echt wirklich was wert sind, wie Warron Buffet. Denn unter uns Börsianern war seit geraumer Zeit ein Sinneswandel zu beobachten: Wo man sich früher mit zwei erhobenen Händen die tägliche Wertsteigerung signalisierte, ist jetzt der meistgehörte Satz »Ich schau schon gar nicht mehr rein.« Ins Depot. An und für sich keine schlechte Methode, die ja vereinzelt auch als Strategie schlechthin empfohlen wird. Allerdings nur empfehlenswert bei den richtigen Werten. Das wäre schon das erste kleine Problem: Was sind die richtigen Werte in Zeiten, da viele ehemalige Aktienliebhaber eher unschöne Begriffe wie *Insolvenz* in ihren Sprachgebrauch aufnehmen müssen? Alles, was irgendwie nach *Pixel*, *Kabel* oder *Media* klingt, wird in unseren Kantinen entweder nur noch verschämt geflüstert oder eindeutig angeekelt hervorgewürgt. Aus sportlichen Gründen sei erwähnt, daß mit eben solchen Werten im vergangenen Jahr locker fünfzig Prozent in einem Monat gemacht werden konnten. Plus, versteht sich. Zwar nicht mehr von selbst, war aber so. Und damit kommen wir zu einem immer moderner werdenden Begriff aus der Abteilung »heilt nicht, aber lindert«: *Verlustvortrag*. Der grundehrliche Kleinaktionär, der im letzten Jahr innerhalb der Spekulationsfrist sagen wir mal zehntausend Euro Gewinn gemacht hat, kann sich vom Fiskus diese Summe doch gegen die vorsichtig geschätzten zehn Mio Miese aus diesem Jahr gegenrechnen lassen. Denn ab 2002 winkt das *Halbeinkünfteverfahren*. Und damit, Freudentränen sind möglich, sind Verluste von jetzt schon heute das Doppelte wert! IQ-unabhängiges Einfachbeispiel: Bei hundert Euro sind Sie in die T-Aktie rein, bei fünfzehn raus. Macht (Schluck!) fünfundachtzig Miese. Mal hundert Aktien (schön wärs!), gleich achttausendfünfhundert Euro in den Sand gesetzt. Mit den verbleibenden eintausendfünfhundert kaufen Sie jetzt was ganz Solides, sagen wir mal ein Medienunternehmen, das pro Tag zweistellig verliert. Natürlich geht diese Aktie demnächst wieder hoch, kann ja gar nicht anders sein. Ehrlich. Wenn Sie also, getrieben vom Verstand (oder von Gefühlen) diese Aktie beispielsweise im nächsten März mit siebzehntausend Euro plus innerhalb der Spekulationsfrist verkaufen, kostet Sie das keinen müden Cent Steuern. Denn ab nächstem Jahr werden Gewinn und Verlust nur noch zur Hälfte angerechnet! Oh Freude über Freude: Man kann in diesem Jahr also gar nicht genug »Verluste realisieren« (Börsenfachsprache für »Kohle in die Tonne kloppen«), denn bei den zu erwartenden bombastischen Gewinnen im nächsten Jahr muß es doch was zum Verrechnen geben. P. S.: Sollten die Gewinne im nächsten Jahr ausbleiben (die Börse ist in gewisser Weise unberechenbar), schmeißen Sie diesen Text einfach weg. Die Aktien auch.

Eventuell.

Verlustrealisierung

Darf man Sie schon wieder auf das Thema Börse ansprechen? Fein. Wäre ja denkbar gewesen, daß da gewisse Empfindlichkeiten herrschen, jetzt, wo das Erbe weg ist oder Sie den Kredit abstottern, weil Sie entgegen aller Warnungen auf Pump in den Neuen Markt gegangen sind. Nun, da sich die Börse nicht nur beruhigt, sondern ganz hundertprozentig eindeutig nach oben zeigt, sollten Sie sich mit einer Vokabel vertraut machen, die – ganz ehrlich – bares Geld bedeuten kann: Verlustrealisierung!

Mal angenommen, Sie sind bei zweiundachtzig Euro rein in *Telekom*. Bitte beruhigen Sie sich, hören Sie auf zu zittern! Es geht hier doch um ein Beispiel, wie Sie die etwas mehr als fünfzig Euro Miese pro Aktie in bares Geld verwandeln können. Also: Sie verabschieden sich von Ihren tausend Volksaktien und realisieren damit fünfzigtausend Euro Verlust. Das Tolle: Die können Sie mit den fünfzigtausend Gewinn verrechnen, die Sie im vergangenen Jahr innerhalb einer Woche mit *Sunburst* gemacht haben! Bitte? Ach so, da sind Sie dringeblieben, weil da noch mehr drin war. Angeblich. Hm, das ist natürlich schade. Aber irgendwo werden Sie doch Gewinn gemacht haben, wo doch der Neue Markt vor einem Jahr so gebrummt hat? Ach so, Sie hatten einen Börsenbrief abonniert, und da wurde hochgestuft auf krampfhaft halten. Da gibt's nur eins: Verlust vortragen lassen ins nächste Jahr. Da werden Sie ja wieder Gewinne machen, daß es nur so pfeift. Kann gar nicht anders sein. Sagen alle. Und laienhaft gesprochen zahlen Sie dann ja nur noch halb soviel Steuern auf Gewinne innerhalb der Spekulationsfrist, also sind die Verluste praktisch doppelt so viel wert. Vereinfacht: Sie können gar nicht genug Verlust in diesem Jahr machen, wenn Sie an den ganzen Gewinn vom kommenden denken. Und den legen Sie dann sicher an, zum Beispiel in Fonds. 'Tschuldigung, aber das konnte man ja nicht wissen, daß man Ihnen damit nicht mehr kommen darf. Böse reingefallen mit US-Technologie und Biotech? Sechzig Prozent Miese in einem Monat? Das ist natürlich bitter. Dabei hatten Sie doch dieses Heftchen, wo die Fonds aufgeteilt waren in Länder und Branchen, mit den Besten in vier Wochen, einem Jahr und fünfzehn Jahren. Was haben Sie noch gelacht, als Ihr Bekannter einen Fond gekauft hat, der über fünfzehn Jahre im Schnitt sechs Prozent gemacht hat. Wo Sie doch grade in türkische Biotech und ägyptische Pharma (zehntausend Prozent pro Tag!) investiert hatten. Was heißt, von dieser kriminellen Mopsfresse von diesem Schweizer Bankhaus empfohlen? Der hat doch jetzt hausinternes Interviewverbot und außerdem war's ja nur eine Empfehlung.

Wir empfehlen an dieser Stelle den allerneuesten Megatrend: Tagesgeld (wenn Sie erst mal wieder welches haben). Da sind durchaus schon mal vierkommasechs Prozent drin, jederzeit verfügbar. Klingt wenig, aber kennen Sie jemand, der im letzten Jahr vierkommairgendwas im Schnitt im Depot gemacht hat? Halten!

Renten und Steuern

Haben Sie kapiert, worauf es bei der neuen Riesterrente ankommt? Wieviel Geld man wo einzahlen sollte, wann man an wieviel davon ran darf und ab wann es wieviel wovon vom Staat dazu gibt? Walter Riester sollte einem erst mal schriftlich garantieren, wie alt man überhaupt wird! Wer zahlt schon gerne in der Hoffnung auf rüstige 90 Unsummen ein, wenn er dann kurz nach dem Fünfzigsten unerwartet und viel zu früh …? Dabei war gerade große Freude ausgebrochen über die angekündigte Supersteuerreform. Bei 35 Prozent Spitzensteuersatz ist Feierabend, in maximal fünfundzwanzig Punkten soll die gesamte Steuergesetzgebung enthalten sein. Allerdings: Sämtliche Vergünstigungen fallen weg. Zum Beispiel die schöne Entfernungspauschale, Begründung: Wer täglich sagen wir mal 200 km mit dem PKW zur Arbeit in die Stadt fährt, wohnt ja schon ziemlich weit auf dem Land und damit extrem günstig. Damit hat er schon den Vorteil gegenüber dem Sachbearbeiter, der ein teures Penthouse auf dem Hauptgebäude der ihn beschäftigenden Versicherung bewohnt. Anders sieht der Fall aus beim Staranwalt, der in Bogenhausen jugendstilmäßig untergekommen ist und täglich in seine Kanzlei im Fichtelgebirge fährt. Er ist natürlich benachteiligt, aber er hat's ja.

Wo wir grade von Bogenhausen sprechen: Kann es sein, daß ein fünfundsiebzigjähriger Rentner Boris Becker ganz naiv ans Finanzamt liefert? Wie in BamS zu lesen, hat der über all die Jahre treu und brav aufgelistet, wann Boris was wo gemacht hat (natürlich nur die bekannten Dinge!). Und da könnte es jetzt sein, daß Boris praktisch eigentlich in Deutschland war, wo er doch in Monaco gelebt hat. Die dumme Sache mit den 180 Tagen Anwesenheit im Steuerfluchtland, die auch schon etlichen noch dümmeren Fußballprofis zum Verhängnis wurde, die nach einer Fahrt aus Belgien noch zwanzig Zentimeter Schnee auf dem Autodach gehabt haben wollen. Die hatte es ihnen aber ganz simpel während des Schnackselns bei einer Sandra oder Vanessa in Köln aufs Dach geschneit, wo die zuständige Behörde auch nachgemessen hat. Ebenso auffällig ist, wenn acht Profis dieselbe Adresse in Eupen, grob geschätzt zwanzig Zentimeter hinter der belgischen Grenze angeben. Da wird das Finanzamt schnell mal stutzig. Mir persönlich sind Herrschaften bekannt (Abteilung Seriendarsteller), die sich in Monaco gemeldet hatten, sich dort aber die Mieten nicht leisten konnten, dann aber hin und wieder aus einer Bruchbude im französischen Hinterland ins Fürstentum zum Tanken fuhren, um dem Fiskus in der Heimat im Kontrollfall Belege vorweisen zu können. Wir merken uns also: Wenn das Steuerfluchtmodell nicht hundertpro wasserdicht ist, sind es immer Rentner Hans-Gerd G. und der Schnee von Sandra, die ganz ahnungslos den Stein ans Werfen bringen, um mit Calmund zu reden. Dann doch lieber ruhig schlafen mit Riester und Eichel, so wird man garantiert neunzig bei 35 Prozent.

Schwarzgeld

Die Freude am neuen Geld im neuen Jahr kann leicht getrübt werden durch ein leidiges Problem: Wohin mit dem ganzen Schwarzgeld? Viele grundehrliche Handwerker, Geschäftsführer und Künstler haben über die Jahre hinweg mühsam die Kohle am Finanzamt vorbeigeschleust, um jetzt feststellen zu müssen: Es fallen nur noch Kosten für die Altpapierbeseitigung an, denn wo können noch 500 TDM umgetauscht werden? Sicher, man hätte rechtzeitig anfangen können, und über fünftausend Tage hin hundert Mark täglich umtauschen können. Wäre etwas mühselig gewesen, und die Gefahr des Denunziertwerdens ist nicht von der Hand zu weisen: Gerade im ländlichen Raum, wo etwa Baugenehmigungen glücklicherweise schon mal eher unter menschlichen denn juristischen Gesichtspunkten verteilt werden, kann ein Anruf beim Finanzamt mit dem Inhalt: »Der tauscht jeden Tag hundert Mark bei der Raiffeisen um« durchaus zur Folge haben, daß man einen bis dato unbescholtenen Familienvater mit einem stabilen Strick in der Dämmerung die Garage betreten sieht. Wer kann das wollen? Leider viele.

Noch extremer verhält es sich bei manchen Sangeskünstlern, Abteilung Schlager, Unterabteilung deutsch. Sie lieben ihr Publikum. Deshalb gehen sie auf Tournee. Durch viele Städte. Dort kleben viele Plakate. Die kann jeder sehen. In der örtlichen Stadthalle kann jeder zählen, wie viele Stühle am Abend bereitgestellt sind, damit das Publikum ob der künstlerischen Darbietung von ihnen gerissen wird. Werden beispielsweise 1500 Karten verkauft und sind 1200 von der Feuerwehr erlaubt, dann werden vereinzelt 800 offiziell abgerechnet. Diese gibt der Veranstalter beim Finanzamt an, die restlichen 700 verrechnet er mit dem Künstler »so«. Mit diesem Geld, das sie »so« kriegen, kaufen sich viele Künstler gleich am nächsten Tag ein schickes Auto. Wieder am nächsten Tag kaufen sie mit dem Geld der 800 offiziell verrechneten Karten ein – sagen wir mal – schmuckes Segelschiff vor Ibiza. Irgendwann liest ein fleißiger Herr vom Finanzamt-Süd in einem bunten Heft, daß sich der beliebte Künstler Prpfldpt (Name vom Verfasser geändert) innerhalb von zwei Tagen ein schönes Auto und ein schönes Schiff gekauft hat. In der Kleinstadt, in der Herr Finanzamt lebt, ist Künstler Prpfldpt auch aufgetreten. Also läßt sich das Finanzamt mal die Unterlagen zeigen und macht eine sogenannte »Querprobe«. Der Veranstalter hat offiziell angegeben, daß er die Einnahmen für 800 Karten an Künstler Prpfldpt weitergegeben hat. Leider ist Künstler Prpfldpt dümmer, als Polizei, Feuerwehr und Finanzamt zusammen erlauben: Er hat nicht nur die 700 schwarz kassierten Eintrittskarten nicht abgerechnet (logo!), sondern auch die 800 nicht angegeben, für die er unterschrieben hat. Bingo! Wenn jetzt noch rauskommt, daß die Gattin von Künstler Prpfldpt in ihrer Fashionboutique bei ungefähr jeder dritten Kundin eine Null in die Kasse getippt hat, bleibt den beiden nur noch die schamhaft ehrliche Beichte in den bunten Magazinen. Dort kann der Künstler dann auch gestehen, daß er sein Publikum jahrelang nach der Methode »Flotex« bedient hat: Das immergleiche Lied mit immer neuen Titeln. Wir fordern Berufsverbot!

HOSE RUNTER BIS ZUM KNIE!
Gesundheit und Psyche

Mein Lieblingsthema. Mein einziges Thema. Ein williger Skla-
ve der Schulmedizin. Ein Süchtiger nach Ärztehäusern. Ein
Jünger fernöstlicher Lehren. Ein Verehrer der deutschen Phar-
maindustrie. Wenn ich, aus Bochum kommend, nächtens das
BAYER-Kreuz von der A1 aus leuchten sehe, habe ich nur ein
Gefühl: Heimat. Vielleicht spüren Sie es beim Lesen, sonst ruhig
eine Tablette Ihrer Wahl schlucken.

Gesundheitskarte

Kann sie das wirklich so gemeint haben? Gläserne Patienten? Eigentlich wirkt unsere Bundesgesundheitsministerin Ulla Schmidt doch sympathisch, volksnah, bodenständig. Ganz SPD eben. Und jetzt dieser Vorschlag mit der Karte, auf der alles drauf ist. Wir, die deutschen Hypochonder, für die nichts unterhalb des Tumors vorstellbar ist, sagen: Nein! Wir wollen nichts gespeichert haben, denn wir wollen dem Arzt alles erzählen. Ausführlichst und immer wieder. Das fängt schon bei der freundlichen Dame am Empfang an: »Guten Morgen, ich komme zur Magenspiegelung.« Sollen es die Umstehenden ruhig hören. Man geht ja nicht wegen nichts zum Arzt. »Haben Sie schon die Ergebnisse von der letzten Blutsenkung?« Diese Frage entfiele dann ja wohl, denn das Ergebnis würde kalt und unpersönlich gespeichert und vermutlich durch Einführen in eine Art Gesundheitskontoauszugsdrucker abgelesen. Vorbei auch eines der schönsten Rituale in der Praxis für Allgemeinmedizin: das Balancieren des Urinbechers um drei Ecken über den strapazierfähigen Praxisteppichboden, um ihn dann zwischen mehreren Wartenden (»Tschuldigung, darf ich mal?«) hindurch dem Fräulein am Empfang auf den Tresen zu stellen.

In Zukunft wird das doch bestimmt via Karte direkt abgewickelt (»Lassen Sie einfach die Karte auf dem Becher neben der Spülung liegen«). Größter Verlust aber wäre der Wegfall eines ebenso stillen wie informativen Vergnügens: das heimliche Lesen fremder Patientenkarteikarten, wenn der Arzt nebenan noch mal was holen muß! Um Mißverständnissen vorzubeugen: Natürlich gehen wir nicht hektisch mit zwei Fingern die Karten in der großen Schublade E–H durch, nervös über die Schultern schauend, wie es Patienten in billigen Arztserien machen, wenn sie sich nachts ins Arztzimmer schleichen, um zu sehen, ob sie vielleicht schon seit vorgestern tot sind. Nein! Aber irgendwas bleibt immer liegen. Und verkehrtrum lesen haben wir schon im Rektorat gelernt und später im Sekretariat des Intendanten perfektioniert. Es ist auch eher Anteilnahme als Neugierde, zu erfahren, daß Frau Ehrmann, Margarete, geb. 15.03.44, schon zum siebten Mal in diesem Jahr das linke Knie geröntgt bekommt. Wir werden also später, wenn es im Wartezimmer – wo wir auf das Ergebnis vom Chlamydienabstrich warten – heißt: »Frau Ehrmann, bitte«, genau darauf achten, ob sie humpelt. Was ihr zu wünschen wäre. Denn Knie röntgen und humpeln deutet auf Zerrung hin oder so. Aber nicht mal hinken und trotzdem ständig das Knie geröntgt bekommen – da wollen wir gar nicht dran denken, was das alles sein kann. Und elektronisch gespeichert haben wollen wir das auch nicht.

Deshalb, Frau Schmidt: Setzen Sie sich mal einen Nachmittag in ein Wartezimmer, wo sich die Patienten voller menschlicher Wärme ihre Krankengeschichten erzählen. Da ist kein Platz für neumodische Kärtchen. Die Diskretion muß gewahrt bleiben. Und was rauskommen soll, wollen wir selber erzählen.

Pro Brille

Von allen Seiten ist es zu hören. *Lasern* ist der neueste Schrei! Zuletzt hat mich Paul Breitner massiv verunsichert mit seiner Schilderung eines Lasereingriffs in den USA: nach jahrzehntelanger Quälerei mit harten Kontaktlinsen endlich morgens aufwachen und sofort sehen können. Für alle, die sowieso morgens aufwachen und sofort sehen können, ist vielleicht schwer nachvollziehbar, worin gerade da ein besonderer Reiz liegen soll, aber für alle anderen, die etwa so sehen, als ob man das Objektiv eines Fotoapparates auf extrem unscharf stellt, könnte die Vorstellung durchaus verlockend sein. Für mich nicht. Seit über fünfunddreißig Jahren trage ich eine Brille, sie ist mir sozusagen zu einem Körperteil geworden. Ich würde erschrekken, wenn ich morgens sofort alles scharf sehen würde. Zum Beispiel den Wecker. Um zu erkennen, wie spät es ist, muß ich mich entweder mit dem gesamten Körper in Richtung Wecker schieben (zu anstrengend), oder ich taste nach dem Wecker und halte ihn mir direkt vors Gesicht. Es folgt das Aufstehen ohne Brille, denn die liegt meistens im Bad. Man bewegt sich vorsichtig, wie in Watte, denn Entfernungen lassen sich nicht präzise abschätzen. Was liegt dort auf der Couch? Ein Pullover oder Besuch?

Wer alles sofort erkennen kann, nimmt sich einiges an Möglichkeiten für Phantasie. Mal ganz ehrlich: Wer will sich morgens im Bad schon auf Anhieb scharf erkennen können? Das stark verschwommene Etwas im Spiegel läßt dem Betrachter den Glauben: So schlimm sieht es heute gar nicht aus! Es folgt das Rasieren. Einseifen ohne Brille geht wunderbar, denn da, wo es weiß im Spiegel wird, das muß der Schaum auf dem Gesicht sein. Beim Griff zum Rasiermesser ist allerdings das Tragen der Brille empfehlenswert. Hier ist unsereins mittlerweile so geübt, daß man mit dem Messer unter die Brille fahren kann, ohne Schaum auf die Gläser zu kleckern. Häufig höre ich übrigens auch den Satz: »Daß du durch diese Gläser überhaupt noch was siehst!« Ich putze meine Brille nämlich fast nie. Zu faul. Deshalb ist sie ständig verklebt, verhaart, verkratzt und verschuppt. Stört mich aber nicht. Mir genügt, was ich sehe. Teilbereiche. Den Rest denke ich mir. Für Menschen, die Sport treiben, ist es ohne Brille zweifellos viel angenehmer. Noch größerer Vorteil allerdings: Mit Brille kommt man erst gar nicht auf die Idee Sport zu treiben. Jedenfalls eher zögerlich. Man setzt sich lieber mit Zigarette vor ein schönes Bier in der Kneipe. Vorteil Brille: Der Rauch zieht nicht so direkt in die Augen. Und wenn die Linse doch mal leicht gerötet ist und brennt: Brille abnehmen und nachdenklich die Augen reiben. Wirkt sehr nachdenklich und kommt bei Frauen riesig an. Und damit wären wir beim abendfüllenden Thema »Sex mit Brille«. Also mit Brille auf. Kommt natürlich auf den Einfallsreichtum an, aber stark vereinfacht läßt sich sagen: Durch Absetzen der Brille beim Mann kann die Partnerin bis ins hohe Alter ihre Attraktivität bewahren.

Männerarzt

Endlich wird der Ruf lauter nach einer medizinischen Fachrichtung, die bislang merkwürdigerweise auf keinem Praxisschild zu finden war: dem Männerarzt! Doch halt! Ist es richtig, hier vorschnell von einem männlichen Doktor auszugehen? Denken wir kurz eher literarisch als medizinisch, und schon fällt unser Blick auf einen Klassiker der leichten Leseunterhaltung: den Frauenarzt im Arztroman. Gerne adlig, stets von edler Gesinnung, grau meliert bis weißhaarig, mit stahlblauen Augen, federnden Schritten, angenehmer Stimme und stets leicht gebräunt, hat er schon oft durch bloße Handauflegung auf weibliche Unterarme unrettbar verschüttet geglaubte G-Punkte freigeschaufelt.

Kurz vor dem Fest muß es erlaubt sein, daß sich die Männerwelt ein weibliches Pendant zu dieser medizinischen Insel des Vertrauens wünscht. Es ist allerdings nicht direkt eine in den Stürmen des Lebens gereifte weißhaarige Urologin, aus deren stahlblauen Augen es blitzt: »Hose runter bis zum Knie«, an die wir hier denken, eher schwebt uns vor, mit einer Frau Doktor Castra oder Frau Prof. h. c. Bündchen in entspannter Privatpatientenatmosphäre den überproportionalen Anteil weiblicher Schuld an der erektilen Disfunktion zu analysieren. Natürlich ist es falsch, das Aufgabengebiet der üppigen Medizinerin mit den feurigen Augen auf den Bereich zwischen Skrotum und Prostata zu verkürzen. Denn noch immer ist es der Herzkasper, der den unermüdlich in allen Lebensbereichen Höchstleistung erbringenden Mann als Killer Nr. 1 aus dem Kreise seiner Lieben oder auch von seiner Familie reißt. Wünschen wir uns hier als Diagnoseform wirklich kalte Apparatemedizin? Muß im Rahmen der sprechenden Medizin 24-Stunden-EKG nicht eher bedeuten: verlängertes Wochenende in einem verschneiten Hotel, bei dem sich die Ärztin in extrem enger Zusammenarbeit mit dem Patienten ein Bild von der Pulsfrequenz unter Anforderungen wie Sauna, Schampus, Kaminfeuer und postkoitalem Nikotingenuß verschafft? Können Frauenhände, gleichermaßen geübt wie gepflegt, den Puls in der Leistengegend nicht viel präziser messen als ein schwitzhändiger Assistenzarzt, der den Herzkatheter gefühllos irgendwo in den Oberschenkel rammt? Wer braucht noch den Computertomographen, wenn ein geschultes weibliches Ohr den männlichen Unterbauch unmittelbar abhört?

Hier liegen die Chancen eines neuen Berufszweiges, der vor allem Models eine Alternative bietet, wenn sich die Zeit auf dem Laufsteg dem Ende zuneigt. Frau Fischer, übernehmen Sie!

Tiermehl

Schon wieder muß sich der kritisch interessierte Mediendeutsche an eine neue Vokabel gewöhnen: *Tiermehl*. Noch immer liegt uns *Haaranalyse* auf den Zähnen, aber die Sorge um BSE und vCJK läßt den Verbraucher alle fleischlichen Themen den pflanzlichen vorziehen.

Überhaupt: Lange nichts gehört von ihm, dem Verbraucher. War irgendwie ein altmodisches Wort geworden aus den maximal Siebzigern, so mit Mutti, die im Supermarkt das Gemüse umdreht und fünf Waschmaschinen nach Testergebnissen vergleicht. Ersetzt wurde der Verbraucher durch den *User*, der sich alles ganz zeitgemäß im Internet bestellte und dank phänomenalem Überblick den Markt nur so aufmischte. Plötzlich hören wir wieder Sätze wie: »Was geht denn noch mit gutem Gewissen über die Fleischtheke?« Das riecht aber schwer nach Fuffzigern und dem größten Stück für Vati! Und jetzt also BSE. Gibt's schon länger, war aber kein Thema. Jetzt aber, kurz vor dem Fest. Schuld ist der wiederentdeckte Verbraucher. Weil er dauernd billiges Fleisch haben will. Dies führt zu *industrialisierter Landwirtschaft* (seit vorgestern böse, bisher ganz o. k., außer mit Hühnern in zu engem Käfig). Experten fordern: »Wir müssen das Hirn aus dem Verkehr ziehen.« Aus Angst vor Comedyseuche müssen die zahlreichen Pointen zu diesem Satz entfallen. Hoch im Kurs allerdings folgende Statements in unserer Kantine:

1. »Ich esse schon lange kein Fleisch mehr.«
2. »Ich esse schon lange kein Rindfleisch mehr!«

Wobei die zweite Aussage auf mehr Cleverness schließen läßt, weil sie größeren wissenschaftlichen Sachverstand andeutet. Gar kein Fleisch klingt nach Hillu, und das will irgendwie keiner. Aber kein Rindfleisch, das läßt den Informierten erkennen. Gerne auch mit Detailwissen (Innereien, Augen und »vom Knochen«). Kein Scherz: Eine Task Force für Rindviecher wird gefordert, die das mit dem bösen Tiermehl (verboten!! ab sofort!!!) überwacht. Aber schon melden sich andere Experten, die sagen, Tiermehl ist nicht böse, wenn es vorher schön heiß gemacht wird. Und wenn das Tiermehl verboten wird, kommt das noch viel bösere Soja, und das ist? Richtig! GENMANIPULIERT!

Was also tun? Zwieback und Brennesseltee (soll Pestizidrückstände haben)? Viel Nudeln (da war doch mal was mit angebrüteten Eiern?!)? Reis (stopft)? Oder sollte vom Staat der Trend zum eigenen Rind gefördert werden? Wer sein Rind kennt, kann beruhigt die Hirnschale auslöffeln. Vielleicht muß es gar nicht so weit kommen. Man denke nur an die Häschen, die mit Rücksicht auf die Kinder dann auch nicht geschlachtet werden. Vielleicht sollte man einfach abwarten. Irgendwann kriegt der Satz »Die Kuh war infiziert« wieder ein eindeutige Bedeutung. Und morgen läuft 'ne andere Sau durchs Dorf.

Sodbrennen

Zwei Millionen Deutschen kommt es regelmäßig hoch. Sie schrecken aus dem Schlaf, sie fangen an zu würgen, sie reagieren sauer: Sodbrennen, die neue Trendkrankheit, bisher unterschätzt, aber mit Potential zum Must für die Infoelite. Falls Sie nicht sicher sein sollten, ob Sie an der kultigen Refluxkrankheit leiden, hier ein persönlicher Erfahrungsbericht mit den fast hundert wichtigsten Nahrungsmitteln, damit es Ihnen nachts die Soßen wieder aussi haut: Beginnen wir mit zwei Zigaretten vor dem Frühstück, gefolgt von drei Tassen Kaffee Marke »da bleibt der Löffel drin stehen«. Alsdann könnten zwei Scheiben Toast mit Marmelade und eine weitere Zigarette das Testfrühstück würdig abschließen. Das Mittagessen (wichtig bei dieser Versuchsanordnung ist es, keine Mahlzeit auszulassen) leiten wir mit einem Gläschen Schampus ein, bevor zur gebratenen Forelle mit Mandeln ein feiner Weißer gereicht wird, gerne Sancerre oder Chablis. Dazu tüchtig braune Butter über die Kartoffeln und nochmal extra Balsamico auf den Salat. Zum Dessert Walnußeis flambiert, anschließend einen Espresso und Grappa oder Cognac. Gegen sechzehn Uhr hilft eine Tafel Vollnußschokolade gegen gefährliche Unterzuckerung, bevor wir den Abend mit zwei Margaritas einleiten. Dann einen doppelten Wodka auf Eis und Spaghetti pesto als Vorspeise. Als Hauptgang liegen Sie mit Lachs in Pfeffersoße nicht falsch, und zum Abschluß Käse (unbedingt Gruyére und Roquefort). Beim Wein testen Sie die Kennerschaft des Personals: Bitte den Roten mit dem höchsten Säuregehalt! Sollte es im Anschluß an das Diner noch zu sexuellen Aktivitäten kommen, versuchen Sie bitte dabei vorwiegend eine gebückte Haltung einzunehmen und den Gürtel sehr eng zu schnallen. Dann gehen Sie schlafen.

Nun gibt es zwei Varianten: a) Ihr Magen schließt zur Speiseröhre hin perfekt ab, und Sie erwachen am nächsten Morgen wie aus einem Jungbrunnen. Dann bitte nicht weiterlesen. Im

Fall b) allerdings werden Sie gegen ca. 2.30 Uhr wach, weil Sie gerade das Gefühl haben, Ihre Speiseröhre wird geleert. Noch intensiver ist das abrupte Erwachen allerdings, wenn Ihnen – sorry Feingeister – saurer Speisebrei durch die Nase ins Freie schießt! Man muß kein Experte sein, um in diesem Fall mal einen Arztbesuch zu erwägen. Eine Magenspiegelung ist heutzutage eine geradezu sensationelle Erfahrung: Nach einer »Schlafspritze« (klingt irgendwie nach George Dabbeljuh, ist aber toll!) wachen Sie nach etwa zehn Minuten total entspannt wieder auf und erfahren anschließend, daß Ihr Leben in einigen Nebensächlichkeiten umgestellt werden sollte: Leichte Tees statt Alk, Schluß mit Rauchen, Torte nur noch an Omas Siebzigstem, Abendessen gestrichen und Schlafen im Stehen. Ansonsten gibt es das wunderbare *Agopton*, eine Art Partydroge für Refluxopfer: Wenn Sie es hin und wieder doch mal knallen lassen wollen (zum Beispiel jeden Abend) – einfach zwei Stunden vor der Alkoholvergiftung eine Pille eingeworfen, und schon ist es wieder wie in den goldenen Zeiten, bevor der untere Teil der Speiseröhre durch die Magensäure leichte Verätzungen erlitt, die in einem späteren Stadium auch ... Cheers!

Klassische Düfte

Wir alle kennen die Theorie, wonach der Flügelschlag eines Schmetterlings in sagen wir Uelzen ein Erdbeben im fernen Asien auslösen kann.

Vor einigen Wochen muß die Chaostheorie Pause gemacht haben, denn China hätte untergehen müssen nach dem Orkan aus Rotz, Schleim und Auswurf, der anläßlich eines Klavierabends in der Kölner Philharmonie über Alfred Brendel hereingebrochen ist. Der erste Satz von Mozarts Klaviersonate Nr. 13 war gerade verklungen, in wunderbarer Spannung freute man sich auf den Beginn des langsamen zweiten, da hob ein Gehuste und Gekrächze an, als wär der Zauberberg auf Betriebsausflug. Es gehört zu den unvergänglichen Ereignissen, das Gesicht von Brendel in diesem Moment gesehen haben zu dürfen. Leid, Verzweiflung, Milde, Demut, Verzagtheit, Verständnis und unendlich sanfte Ironie – alles lag über dem Antlitz des Meisters in den schier ewigen Sekunden, ehe er wieder in die Tasten griff.

Daß man zwischen den Sätzen nicht klatscht, hat sich mittlerweile herumgesprochen. Aber warum bitte muß gehustet werden? Entweder man hat Husten, dann bleibt man zu Hause oder man hat keinen, dann gibt's auch nix zu husten. Ich habe im gesamten vergangenen Jahr siebenmal gehustet und mich fünfmal geräuspert. Feierabend. Welche psychologisch tiefer liegenden Gründe veranlassen tausend Leute, nach dem ersten Satz einer Mozartsonate in ein kollektives Geröchel auszubrechen, als garantiere Husten an dieser Stelle das ewige Leben? Und schon sind wir thematisch in der Karwoche. Diesmal sind es die Festival Strings Luzern mit auffallend vielen hübschen jungen Geigerinnen und dem Geigenkünstler Kolja Blacher, die uns ins Konzerthaus locken. Gerade ärgere ich mich, daß ich wieder das Geld fürs Programmheft sparen wollte und jetzt nicht weiß, ob auf dem Podium Strawinsky oder Honegger erklingt, da meldet mein Geruchssinn in vorösterlicher Assoziation: Der Herr neben mir riecht, als ob er nach drei Tagen wieder aus dem Grab gekommen ist. Ich neige das Haupt in seine Richtung, was für den unwissenden Beobachter so aussehen mag, als wollte ich den Rhythmen Strawinskys (habe ich inzwischen im Programm der Dame vor mir erspäht) noch intensiver lauschen, tatsächlich aber möchte ich die Ausdünstungen des Herrn neben mir präziser analysieren. Dies mag auf empfindsame Seelen befremdlich wirken, aber wenn im subventionierten Kulturbetrieb einer neben mir stinkt, dann will ich wissen wonach. Ich tu meinem Nachbarn auf Zeit nicht unrecht, wenn ich ein Gemisch aus Mottenkugeln, Flatulenz und schlechtem Atem attestiere. Es mag auch ein Hauch von durch die chemische Reinigung in den Anzug gepreßter alter Schweiß mit dabei gewesen sein, der vor allem nach dem Applaus für den grandios gespielten dritten Satz von Bachs E-Dur-Violinkonzert freigesetzt wurde. Mein Nachbar klatschte nämlich nicht nur aus dem Handgelenk, die Bewegung setzte bereits unter den Achseln ein. Dabei vollführte er leichte Hüpfbewegungen auf dem Sitz, was die Geruchsfahne sanft flattern ließ. Trotzdem mochte ich ihn irgendwie. In seinem Gestank war er in gewisser Weise mit sich im reinen. Und wer sich bisher unter »Ölberg« nichts vorstellen konnte, der hätte sich nur mal seine Frisur anschauen müssen.

P. S.: Bach-Konzerte waren übrigens ausverkauft, und trotz kleiner negativer Eindrücke (s. o.) kann der Besuch eines Konzertes mit klassischer Musik wieder mal dringend empfohlen werden!

Zahnseide

Neulich, als ich an einer Elegie saß und in Erwartung des Reims auf der Feder kaute, fiel mir ein interessanter Zeitungsartikel in die Hände. Viel mehr – er kam mir in die Finger.

Eine unerwartet poetische Überschrift im stets lesenswerten Technikteil der FAZ: *Zahnseide wie Inseln im Meer*. Das schien so recht für mich gemacht, hatte ich mich doch kürzlich einer ziemlich unangenehmen Zahntaschenreinigung zu unterziehen. Dieser Eingriff wird von dentalen Laien, welche nicht richtig hinhören, gerne mit Zahnsteinentfernung verwechselt. Derlei kann schmerzhaft werden. Denn der gestählte deutsche Mann läßt zwar unter leichten Zuckungen den Tribut des Gebisses an Alkohol, Nikotin und wassonstnoch ohne Betäubung entfernen, aber wer Zahntaschenreinigung ohne Spritzen hinter sich bringt, der möge sich melden. Es sei denn, er ist in der Lage, sich wie Doktor Hannibal Lecter in einem Gedächtnispalast zurückzuziehen, während ihm eine durchaus einfühlsame Assistentin mit spitzem Gerät auf den Taschengrund geht. Da muß eine kleine Abschweifung erlaubt sein: Sind *Riedel*-Gläser wirklich so einzigartig?

Nicht nur David Blieswood will im neuen Jahr »weniger und besser« ausschließlich aus Riedel-Gläsern trinken, auch für den qualitätsbewußten Menschenfresser Dr. Lecter gibt es zu diesen Gläsern keine Alternative. On verra!

Von Hannibal Lecter zurück zu Altrud Liebs, der Verfasserin des Artikels, welche Zahnseide in eine bisher unbekannte poetische Dimension rückt. Dabei hat das zauberhafte Inseln-im-Meer-Bild durchaus einen handfesten technischen Grund: 34 feinste Nylonfäden, um nicht auszufransen eingeschmolzen in das flexible Co-Polymer *Pebax*. Und das sieht unterm Mikroskop aus wie Islands in the Sea. Wer sich künftig mit diesem Spitzenerzeugnis die Currywurstreste auch und gerade ZWISCHEN DEN SCHLECHT ERREICHBAREN BACKEN-

ZÄHNEN (!!!) holen will, der sollte in der Apotheke den Markennamen *Satinfloss* aus seinem Gedächtnispalast abrufen können, selbstverständlich vom Marktführer Oral-B, dem Riedel-Glas des Zahnpflegezubehörs. Wie zu lesen ist, wird auch Satintape angeboten, ein 1,5 Millimeter breites Band, mit dem »vor allem Anfänger oft besser zurecht kommen«. Eben. Sind wir nicht. Virtuosen der Zahnseide sind wir, die nicht länger Elementarteilchen des heimatlichen Fleischerhandwerks auf den Badezimmerspiegel als Bestätigung für geglückte Zwischenraumreinigung brauchen. Auch im Dunkeln können wir mit Zahnseide mittlerweile nahezu meisterhaft hantieren, gesteuert von jenem Gefühl, welches den Grenzbereich zum Sexuellen streift, wenn die Zahnseide tief zwischen Fleisch und Schmelz dringt. Hmmm! Wir sind sicher, auch Dr. Lecter würde schaudern, böte man ihm neumodischen Elektroschnickschnack an, welchen Frau Liebs in vorbildlicher Objektivität zwar auch als Marktneuheit vorstellt, unterschwellig aber ebenfalls abzulehnen scheint. Wir danken für ihren Artikel und stellen sie uns als moderne Frau mit strahlenden Zähnen vor.

Hexenschuß

Kindersitze auf Autorücksitzen sind männerfeindlich. Nicht politisch, aber orthopädisch. Der normale, gesunde, durchschnittlich 194 cm große deutsche Mann muß zum Abschnallen eines winterlich gekleideten Kindes, welches keinerlei Unterstützung bietet, weil das Stofftier mit schlimmem Bauchweh (beim Tier) beidhändig festgehalten werden muß, einen Bewegungsablauf vollziehen, der, etwa bei den Kindern des Chinesischen Staatszirkus beobachtet, den Kinderschutzbund auf den Plan rufen würde. Zusätzlich negativ wirkt sich das menschenfeindliche Wetter (seit rot-grün deutlich schlechter geworden) in Deutschland aus, welches vor allem die zehn Prozent trifft, welche neunzig Prozent des Vermögens haben und zu diesem Behufe bereits zu deutlich kälteren Tageszeiten dem Leistungsideal frönen. Da liegen die Faulenzer noch in der warmen Kuhle.

Plötzlich macht es also autsch. Ein charakteristischer Schmerz, den Millionen Deutsche fürchten. Er kommt immer dann, wenn man gerade nicht damit rechnet. Vor allem, wenn er lange nicht aufgetreten ist, obwohl man doch in viel kälterer Umgebung viel ungesündere Bewegungen gemacht hat: Hexenschuß! Es fährt rein. Wie mit einer langen Nadel, und dann einmal den Nerv rumgewickelt. Man muß sich nicht mal bücken, es kann schon genügen, die Autotür zuzuschlagen. Hat man sich gebückt, dann die Frage: Kommt man wieder hoch, wenn ja – wie weit? Dann kommt der Haß. Auf die blöde Bewegung, die eigentlich nicht nötig gewesen wäre, wenn. Auf den tagelangen Schmerz, der einfach nur nervt. Vor allem aber darauf, wie man sich jetzt bewegen muß. Nämlich so wie Menschen, über die man immer gespottet hat. Weil sie angeblich die Beine falschrum eingehängt haben. Die gehen, als ob sie auf dem Gesäß ein Tablett balancieren müßten. Diese Position ist einigermaßen schmerzfrei, führt aber zu häufiger teilnahmsvoller

Nachfrage und drei todsicheren Tips: 1. Keine Spritzen (Infektion, Totallähmung, Amputation)!!! 2. Tolle Tabletten (kein Kortison, null Nebenwirkung, fast völlig pflanzlich) und 3. Wärme!!! Dazu kommt, daß Hexenschuß in der öffentlichen Akzeptanz etwa den Stellenwert von Migräne hat. Stell dich nicht so an! Das Beste ist übrigens Vorbeugen durch tägliches Stretching. Kuck mal. Das sieht man gerne, wie die Sportskanone mit den Handflächen bei durchgedrückten Knien über den Boden streicht, während man sich selbst gerade ächzend gegen einen senkrecht stehenden Heizkörper hat fallen lassen. Wie tief kann der Schmerz den Menschen sinken lassen, wenn er plötzlich mit diesen Sitzbällen und häßlichen Stühlen liebäugelt, auf denen die Ökos im Büro rückenfreundlich mehr knien als sitzen. Das nun doch nicht! Erinnern wir uns an den stilvollsten Rückenleidenden der jüngeren Geschichte: JFK. Auf den Büroboden legen, in die heiße Wanne, nur im Stehen unterschreiben. Und schon gewinnen wir dem ganzen eine erotische Komponente ab. Soll ja bei JFK die Frauen geradezu wahnsinnig gemacht haben, daß er nur noch lag und machen ließ. Die Lebensleistung eines Spitzensteuersatzzahlers wirkt um ein vielfaches verklärter, wenn sie mit dem Zusatz versehen ist: »Und das mit diesen Rückenschmerzen!« Lee Radziwill müßte das bestätigen können.

EM-Kondition

Am dritten Tag stellt sich die Frage: Wird unsere Kondition für eine ganze EM reichen? Haben wir die Kraft, über die gesamte Distanz von drei Wochen zu gehen?

Mit *wir* ist hier ausnahmsweise nicht die deutsche Fußballnationalmannschaft gemeint, sondern wir im Sinn von denen, die zu Hause auf der Couch sitzen. Es deutet sich nämlich an, was bereits bei früheren EMen und WMen sichtbar wurde: Es werden alle Spiele geguckt. Einmal müssen nämlich unsere Gruppengegner beobachtet werden, das nächste Mal gilt es, potentielle Viertelfinalgegner zu observieren, dann gibt es Mannschaften wie England und Holland, die man einfach prinzipiell immer guckt, speziell Holland, weil die bekanntlich supermodernen schönen Fußball spielen. Konditionsmäßig sieht es so aus, daß wir zum Zeitpunkt von Holland gegen Tschechien schon Italien gegen Türkei und Frankreich gegen Dänemark hinter uns hatten. Italien gegen Türkei durfte man sich aus zwei Gründen nicht entgehen lassen: Italien wird immer geguckt, und Türkei mußte man mal sehen, wie stark die tatsächlich sind. Nachmittags nach halb drei bei Wasser und Kaffee (instinktiv die passenden Getränke zum Spiel) ist das konditionsmäßig noch kein Problem. Man geht zwischendurch mal auf den Balkon oder in die Küche, denn Italien spielt zwar gut, aber der Tip wird riskiert: Ciao im Halbfinale, spätestens. Am Spätnachmittag dann Frankreich gegen Dänemark, und hier führt an einer Flasche Bordeaux kein Weg vorbei: Die Franzosen sind sehr stark, und sie werden mit jedem Glas stärker. Irgendwie haben wir die Dänen als sympathisch in Erinnerung, mit total fröhlichen Fans mit bemalten Gesichtern in den Innenstädten. Das war's dann aber auch. Für einen selbsternannten Fußballexperten wie mich ist es ein Schock, erfahren zu müssen, daß die Brüder Laudrup bereits seit geraumer Zeit nicht mehr spielen. Ach so. Dann streichen wir besser Dänemark von der Liste mit den vierzehn Geheimfavoriten und gute Heimreise nach der Vorrunde. Der Bordeaux zeigt Wirkung, erste Ermüdungserscheinungen treten auf. Auswechslung ist nicht in Sicht, denn Holland wartet. Edgar Davids ist aber auch wirklich der einzige, dem diese Brille verziehen wird! Wollen wir hoffen, daß es nicht Mode macht, ein Jens Jeremies dürfte damit nicht kommen. Haben die Holländer die deutsche Staatsbürgerschaft angenommen oder woher kommt das grausame Gekicke? Wir halten uns bis zur zweiten Halbzeit wach, in der Hoffnung, daß die Holländer »wie verwandelt aus der Kabine kommen«. Fehlanzeige. Am nächsten Tag wird Deutschland prinzipiell geguckt. Aber richtig freuen tun wir uns auf England gegen Portugal. Wir werden nicht enttäuscht, aber fünf Spiele in zwei Tagen sind hart. Morgen spielt Norwegen. Eigentlich ein fernsehfreier Abend, aber mehrere Experten halten Norwegen dringend für einen Geheimfavoriten. Wahrscheinlich wird geguckt, in der Angst, das »absolut beste Spiel bisher« (immer, wenn ich nicht geschaut habe) zu verpassen.

Migräne-Stopper

Hätte die deutsche Fußballnationalmannschaft durch die kontrollierte Einnahme von Heroin die Vorrunde bei der EM überstehen können? Diese Frage mag so manchen DFB-Funktionär, der zeitlebens nur Alkohol zur Betäubung irdischer Ängste kennengelernt hat, irritieren, doch in gewisser Weise bedeuten Christoph Daum und Heroin dasselbe: Linderung, wenn nicht gar Rettung aus Leverkusen. Sollte diese Verbindung zunächst Kopfschmerzen bereiten, empfiehlt der Autor dieser Zeilen Aspirin. Ebenfalls aus dem Hause Bayer, ebenfalls gemixt von Felix Hoffmann, dem Entdecker des Heroins.

Aufgeregten Lesern sei zur Beruhigung jedoch mitgeteilt, daß an dieser Stelle keinesfalls leichtfertig ein Zusammenhang zwischen dem Opiat (Heroin, nicht Aspirin, d. Verf.) und dem deutschen Fußball hergestellt werden soll. Man denke nur an den Unterschied zwischen Straßenfußball und Straßenheroin. Das eine scheint unabdingbar und stark förderungswürdig, soll unser Team künftige Vorrunden überstehen. Das andere ist der Grund für den Imageverlust des einstigen Heilmittels und in gewisser Weise ebenfalls verantwortlich für frühzeitiges Ausscheiden. Grenzt es an Borderlinestilistik, wenn man trotzdem die Formulierung riskiert: Heroin und deutscher Fußball – besser als ihr Ruf?

Daß beide Themen überhaupt so dicht in meinem Kopf zusammenrückten, kam nämlich so: Als ich grade mal in BILD nachschauen wollte, wen Franz zum neuen Bundestrainer ernannt hatte, schlug mir die Schlagzeile entgegen: *Endlich Migräne-Stopper da!*

Genau das, worauf ich als langjähriger Migränepatient gewartet hatte! Bedeutete das ein Ende der Tage mit dem Handtuch über dem Gesicht, der herausgezogenen Telefonkabel und des unstillbaren Hasses auf die Türklingel? Mußte man sich nicht länger damit befassen, ob es sich um eine vaskuläre oder neuronale Migräne handelt, was vom Schmerz her eh wurscht ist? Schluß mit dem zwanzigfachen täglichen Gang ins Bad während eines Migräneanfalls, zuerst rennend, dann torkelnd und schließlich kriechend? Das Interessante an der Ankündigung des neuen Supermedikaments: Die Einnahme war schon *vor* einem Anfall möglich, was allerdings eine gewisse Routine im Umgang mit Migräne voraussetzt. Denn häufig erwischt es einen nach Streß und Alkohol (also fast täglich), wobei der Streß nahezu immer schon abgeklungen ist, wenn der Anfall kommt. Der Klassiker: Migräne am ersten Urlaubstag!

Wer bisher also bei Migräne-Stopper eher an den Jeremies dachte, kann beruhigt sein. Bald soll das neue Medikament in unseren Apotheken erhältlich sein, und ab dann kann durchgefeiert werden bis morgen frühfallera. Einfach das Superaspirin in eines der letzten Gläser, und hoch die Tassen auf Bayer. Heroinspaziert!

Haare färben?

Sollen, dürfen, müssen Männer sich die Haare färben? In Erinnerung an selige Internationaler-Frühschoppen-Zeiten wählen wir diese Art der Fragestellung, um ein Problem der Klärung nahe zu bringen, welches vor allem Dank unseres aktuellen Kanzlers häufig in elitären Zirkeln diskutiert wird.

Wir wissen nicht, ob der Freund aller Inder in kürzer werdenden Abständen zu einer Farbspülung greift oder gar bei Berliner In-Friseuren mit Farbpackung unter Alufolie auf dem Haupt anzutreffen wäre, allerdings ist mein extrem subjektiver Eindruck, daß der Kanzler zu besonders wichtigen Terminen stark nachgedunkelt im Plenum erscheint. Verkürzt: je fundamentaler die Tagesordnung, desto dunkler das Deckhaar. Mir selbst wurde kürzlich bei einem Kamingespräch unter Führungskräften in Kitzbühel von einer österreichischen Museumspädagogin empfohlen, die Haare färben zu lassen. Die attraktive Auslandsösterreicherin, die kurz davor ist, ihr Zweitstudium als Sexualtherapeutin zu beenden, stieß allerdings auf Protest bei ihrem ebenfalls anwesenden und ebenfalls grauhaarigen Gatten, der wie ich die Meinung vertrat, bei Männern sei das Färben grauer Haare ein untrügliches Zeichen für mangelnde Souveränität. In diesem Zusammenhang wurde auch mein bisher völlig falsches Bild von Therapeuten korrigiert. Für mich waren Therapeuten bisher Menschen, die selbst massiv einen an der Klatsche haben und nun durch ein »Studium« einerseits sich selbst ungebremst in den eigenen Defekten suhlen können, andererseits suizidgefährdeten Kassenpatienten Probleme einreden, die diese sich finanziell eigentlich gar nicht leisten können. Falsch! Mein brandaktuelles Therapeutenbild: Der Therapeut, nein – viel exakter: Die Therapeutin kann, will und darf überhaupt nicht helfen, sie kann nur dem (in der Sexualtherapie immer männlichen) Patienten einen kleinen Kick geben, durch den dieser sich selbst hilft. Was also tun, wenn einer seinen übermäßigen Sexualtrieb dadurch zu lindern sucht, daß er sich alle fünf Minuten ein Butterbrot schmiert?

Doch hier geht es ja um graue Haare, wobei mir allerdings die angehende Sexualtherapeutin, die bereits ein Ethnologiestudium abgeschlossen hat, bestätigte, daß es immer schwieriger wird, die leichte Überpräsentanz afrikanischer Staatsbürger in offenen Turnschuhen vor Fast-food-Filialen in Hauptbahnhofnähe zu beschreiben, ohne von den Nazis negativ besetzte Begriffe zu benutzen. Außerdem sind graue Haare ja nicht gleich graue Haare. Roland Koch beispielsweise, der sie oben länger trägt, verleihen sie trotz aller Strenge im Scheitelbereich eine gewisse Weichheit im Gesicht, wogegen sein Altersgenosse Friedrich Merz überhaupt keine grauen Haare hat, sondern eine Glatze, die zwar nicht zu sehen ist, wenn er im Bundestag die Regierung von den Oppositionsbänken aus kontrolliert, die aber durch die Kameraführung bei *Was nun, Herr Merz?* im ZDF stärker erscheint, als sie eigentlich ist. Das liegt daran, daß Politiksendungen im Fernsehen eigentlich abgefilmter Hörfunk sind und der Versuch gemacht wird, durch interessante Kameraführung (Fingernägel in Nahaufnahme, Großaufnahme der Augenbrauen des Befragten mit Nasenlöchern des Fragenden im Anschnitt etc.) nicht nur die Veranstaltung optisch aufzuwerten, sondern auch inhaltlich tief in den Bereich des Entlarvenden vorzudringen.

Zusammenfassend kann gesagt werden, daß bei Männern Haare färben doof ist, außer bei jungen Homosexuellen mit häufig wechselnden Geschlechtspartnern, die vermutlich stärker den noch häufiger wechselnden Modetrends unterworfen sind als etwa der triebgestörte Hetero, und für die grundsätzlich gilt: Die Haarfarbe muß zum Halsband passen.

Schöne Männer

Er ist eindeutig: der Trend zum schönen Mann! Nicht nur Beobachtungen in der engeren Umgebung, auch schonungslose Selbstbeichten in Frauenzeitschriften oder die Titelgeschichte des *FOCUS* bestätigen, daß der gepflegte, vor Witz sprühende und ewig treue Softiedaddy in Zukunft abräumen wird. Glück für uns alle, die wir auch diesmal wieder voll im Trend liegen.

Dabei ist es gar nicht so schwer, den neuen Schönheitsidealen zu entsprechen. Denn Männer sehen ja von Natur aus gut aus. Und wer eher nicht so gut aussieht, für den ist klar: Aussehen ist bei Männern nicht so wichtig. Hauptsache, sie sind Romantiker mit ausgeprägter Bereitschaft zum Zuhören, wenn man den befragten Superfrauen glauben darf. Hier möchte man allerdings doch mal intensiver nachfragen: Ist das wirklich so, Frauen, daß Blumen, Kerzen und das ganze Programm sowie eine endlose Aufnahmebereitschaft für euren Textbedarf für euch ganz doll wichtig sind? Echt? Gut, wir werden uns dran halten. Und nun zum Aussehen. Hier irritiert uns ein bißchen, daß unsere geliebten Machosymbole wie Haare in den Nasenlöchern, Drei-Tage-Bart und Schweißgeruch sowie fettige Haare und alter Pulli bei euch eher out sind. Ihr mögt echt auch keine Erfolgstypen mehr?

Ihr fühlt euch wirklich eher abgetörnt von Knete? Hm! Das muß aber wirklich ziemlich neu sein, denn gestern haben wir doch noch einen alten Sack mit Glatze nebst Frau mit Beinen bis zum Hals gesehen. Schreibt denn Donald Trump Gedichte, fragt er als erstes: »Schatz, wie war dein Tag«, faßt er auch mal im Haushalt mit an oder warum hatte er sonst »mehr und bessere Frauen als Clinton«? Ein bißchen tut es uns Männern schon weh, daß ihr, verehrte Frauen, uns zum Objekt degradiert, mit Waschbrettkopf und gegeltem Bauch. Gut, wir haben es mit euch jahrelang ähnlich gemacht, aber die Natur verlangt das von uns. Deshalb kommen wir Männer ja auch erst ab 50 in die besten Jahre, während Frauen ab 40 praktisch wertlos sind. Deshalb ist es auch sehr wichtig, daß wir durch partnerschaftlichen Umgang miteinander die Defekte der Natur korrigieren.

Wir müssen auch wieder mehr mit den Augen sehen, nach all den Jahren mit dem Herzen. Sollten wir also demnächst beispielsweise einen Plattenproduzenten schon ziemlich lange in den besten Jahren sehen, mit einem Kinn pro Exfrau, snickersfarbenen Zähnen, Tränensäcken und CD-großen Poren auf der Nase, begleitet von einem Megaschuß, dann denken wir leicht neidisch: Wahnsinn, wie der zuhören kann. Der kennt bestimmt den ganzen Heine auswendig und ist treu bis über beide Ohren. Hoffentlich erfährt die promovierte Harvardabsolventin an seiner Seite nie, daß er vor Kohle kaum noch laufen kann. Da sei Anna Nicole Smith vor.

ICH SPRANG AN LAND!
Reise, Urlaub und Ausland

Eines kann ich ruhigen Gewissens behaupten: Dieses Büchlein (soll bescheiden, poetisch und doch wertvoll klingen) ist die ideale Reiselektüre.

Es handelt sich um ein exemplarisches »Was,-schon-Mannheim?«-Buch. Das geht so: Man kauft beispielsweise auf dem Düsseldorfer Hauptbahnhof das Taschenbuch, fängt an zu lesen, und durch das behagliche Ruckeln des ICE fällt man irgendwo zwischen Köln und Unkel in den Schlaf, das Buch halb aufgeschlagen in der Hand und auf den Knien. Plötzlich ein Quietschen, ein Ruck – man schreckt hoch und murmelt: »Was, schon Mannheim?« Den Rhein im Schlaf bereist! Kann man von Literatur mehr erwarten?

Näbbetschobb

Zu den gesellschaftlich bedeutenden Fähigkeiten, die in zunehmendem Maße verloren gehen, gehört das Zuhörenkönnen. Ich höre gerne zu. Und häufig. Zum Beispiel neulich, als ich zu einem nicht in Deutschland geborenen Taxifahrer in den Wagen stieg:

»Isse wonne gleiss umme Ecke. Hier. Ersse Stock. Leider grosse Feller. Nur Ärger mitte Vermitter. Isse komplett verruckt oder übbergesnapp. Weisse nis. Sprisse niss mitte seine Frau, isse gesside, abber sprisse au niss mitte neue Frau. Sprisse niss mitte seine Sohn, nur immer seie in Garte. Tochter komme nisse merr nach Hause. Habbe auch immer nur gesrie. Disse Mann komplett verruckt. Isse gleich verdächtig weil wolle gleich untersreibe Mittvertrack. Isse sagge nä, esmal gucke, wonnung sön un alles un so, aber ersmal gucke an, er so nö, komm, gleich Vertrack. Und jetzt komplett verruckt. Isse habbe drei Ordner, so dick. Darfe nisse dusche morgens, darfe nisse dusche nachts, isse farre Taxi nur in Näbbetschobb, meine Frau arbeite, wir dürfen nis dusche nach Arbeit. Disse Mann so sreie in Garte, Nachbar son sweimal holle Polizei, aber nisse könne mache, disse Mann kenne alle. Isse nix weiß genau, aber nis korrekt. Mir egal. Isse gehe su Anwalt. Sagge mir: Isse habbe Recht. Gutt, aber warum dann nis Prosess? Disse Mann gehörre Haus, aber is besalle Mitte. Immer. Immer gutt Kontakt su alle Nachbar sonst. Ah, wie geht un so, kommsu mal su mir Kaffetrinke, immer Gäste. Meine Frau Geburstag, Freunde komme und wir grille auf Balkon. Nis laut, nur grille. Nässe Tag disse Mann Brief inne meine Briefkaste, wenne nochmal grille auf Balkon sofort raus aus Wonnung. Isse sagge: Isse meine Wonnung. Isse seine Haus, aber meine Wonnung. Besalle Mitte. Immer. Isse habe son gedacht, isse warte nis auf Prosess, isse nemme meine Ordner, habbe drei Stuck, so dick, un wisse Sie, wohin gehe? Su Frau Barbara Salles! Echt, ärrlich. Disse

Frau gutt. Is oft sähe, namittag, wenn komme von Arbeit, weil farre Taxi nur in Näbbetschobb. Und disse Frau immer gutt. Halbe Stunde, Fall klar. Isse wille hörre wasse disse Frau sagt su meine Vermitter. Isse son soviel geärgert. Dreissistausend Mark habbe isse son in Wonnung gesteckt vonne meine Geld. Disse Mann mache nix. Und meine Anwalt immer sreibe Briffe, aber nisse. Anwalt von disse Mann sreibe surück, weil isse grille auf Balkon an Geburtstag von meine Frau. Isse mirr egal. Könne Sie ersälle in irre Show. Stimmt alles. Ärrlich. Vielleicht könne spreche mit Frau Barbara Salles. So, hirr son Flughaffe. Quittung? Bitte Autogramm, meine Frau sons nis glaube. Hoffentlich isse Sie nis gelangweilt. Aber disse Mann verruckt. Sönne Tag und gutte Fliege!

Auto packen

Alle Jahre wieder: Wie stellt Vati es am geschicktesten an, aber auch wirklich alles für den Urlaub am Meer im Kombi (oder mehr trendy: Van) unterzukriegen?

Klassische Arbeitsteilung: Mutti packt die Koffer, Vati verstaut sie im Auto. Nur Vati weiß, ob ein Koffer gelegt oder gestellt werden muß, quer oder längs, ob die Gummistiefel unter den Vordersitzen verstaut werden sollen oder hinten zwischen die Koffer geschoben. Soll man überhaupt Gummistiefel mitnehmen? Und wenn es regnet? Wenn es regnet, hat man die Gummistiefel nie an! Man wird nämlich entweder vom Regen in Segeltuchschuhen überrascht, oder man geht sowieso nicht aus der Urlaubsbehausung, trotz Gummistiefeln und kiloweise mitgeschlepptem Regenzeug. Gummistiefel bleiben also zu Hause (werden dann aber leicht genervt nach der ersten Regenwoche gekauft). Wohin mit den Sachen, die man »für die Fahrt braucht«? Braucht man auf der Fahrt Schaufeln, Schwimmbretter und Plastikeimer? Nein. Dieses Zeug ist aber äußerst sperrig, und wie soll das Schwimmbrett verstaut werden, ohne daß Mutti im Fall einer Vollbremsung ungewollt zu Medea wird? Der Riesenkoffer, in dem man »Anzüge hängen« kann, hat den Nachteil, daß man a) beim Strandurlaub keine Anzüge hängen muß und daß er b) so groß und sperrig ist, daß außer ihm nur noch eine kleine Badetasche oder eine halbvolle Windelpakkung in den 400-Liter-Laderaum paßt. Sind also viele kleine Koffer besser? Eher nicht, weil in viele kleine Koffer eigentlich gar nichts reinzukriegen ist und man deshalb unglaublich viele braucht. Also greift man wie in jedem Jahr auf zwei besondere Haßobjekt zurück: Gelbe oder blaue Riesenplastiktaschen von IKEA oder Basttaschen aus Korsika mit abgerissenem Henkel. Warum ist der nicht repariert seit letztem Jahr? Niemand repariert so was! Warum wurde die Tasche dann nicht weggeschmissen? Weil die Tasche an sich schön ist, und kümmer dich mal lieber um den Buggy. In diese Basttasche kommt rein, was »sonst nirgends reinkommt« und »was man unterwegs braucht« und auch »fast vergessen hätte«. Kekse, Saft, Äpfel (obwohl *nie* jemand einen Apfel will), Fieberzäpfchen, Kindercassetten, kleines Kopfkissen, Ladegerät fürs Handy, Pflaster, zwei kleine Handtücher (fürs Abwischen nach dem Apfel), Malbücher und vieles, was man auch sonst nie benutzt.

Kurz vor Abreise sieht das Auto aus wie beim NATO-Partner vom Bosporus. Und dann stellt man fest: Irgend etwas Sperriges wurde vergessen! Zum Beispiel der kleine Koffer mit der Reiseapotheke. Du glaubst doch nicht, daß ich deswegen noch mal auspacke! Der wird jetzt gewaltsam zwischen Koffer und Wagendecke geschoben (Achtung, Hautabschürfungen an der Innenlampe! Vorsicht, Ratscher in der Deckenverkleidung!). Und wenn es trotzdem passiert? Wohin soll ich mich wenden zwecks Ausrasten? Wen schreit man in seiner blinden Wut zusammen? Schlafen doch schon alle, schließlich will man früh los.

Kindercassetten

Wir fahren nachts. In den Urlaub. Das hat den großen Vorteil, daß die Kinder während der Fahrt schlafen, und wenn sie dann aufwachen, ist man schon fast da. Fast. Es ist nämlich so, daß die Kinder vorher, am Abend vor der Fahrt, erst mal nicht schlafen, a) vor lauter Aufregung, weil es am nächsten Tag in den Urlaub geht und b) sie ja mitten in der Nacht geweckt und zum Auto getragen werden und nichts davon merken. Damit die Kinder um vier geweckt werden können, muß man selbst um halb vier aufstehen. Man will ja vorher zumindest noch duschen, frühstücken kann man ja auf der Fahrt. Und jedes Jahr frage ich mich dann, wie man leise duscht. Denn ich werde immer wieder aufgefordert, leise zu duschen, damit die Kinder nicht wach werden. Überhaupt zischt man sich ständig »leise, leise« zu, immer wenn eine Diele geknarrt hat oder ein Schuh runtergefallen ist. Es klappt! Angeschnallt sitzen die Kinder im Auto, inklusive Decke und Kuscheltier, und schlafen. Ich fahre los und frage mich: Schlafen Kinder mit offenen Augen? Beim Blick in den Rückspiegel schauen mich hellwache Kinderaugen an, und ich weiß, daß es nur noch wenige Sekunden sind bis zum Satz: »Mach mal Heidi an!« »Heidi, Heidi, deine Welt sind die Beherge …« Ich habe diese Cassette schon hundertzweiundsiebzigmal gehört. Fiebrig warte ich immer auf die Stellen, an denen der Almöhi spricht, denn der ist Profi und hat eine sensationelle Stimme. Aber Heidi und der Geißenpeter sind grausam. Besonders wenn sie lachen, läuft es einem kalt den Rücken hinunter. Es ist das mechanisierte und kälteste Kinderlachen, das je auf Tonträgern zu hören war. Warum sind die Kinderstimmen auf Märchencassetten fast immer so gnadenlos unbegabt? Warum nimmt man überhaupt Kinder, und nicht wie früher Frauenstimmen, die wie Kinder klingen? Doch plötzlich geschieht Zauberhaftes: Die beiden Kinderlein schlafen. Sofort wird die Cassette gestoppt. Wie dumm von mir!

»Nicht ausmachen«, tönt es von hinten. Und dann ergreift mich tiefe Scham, denn ich belüge meine Kinder: »Die hat sich so komisch angehört, ist glaube, die ist kaputt.« – »Dann mach was anderes.« Ich suche extrem lange in der Ablage mit den Kindercassetten, was ich mir eigentlich sparen könnte, denn im Grunde ist das ganze Auto eine Ablage für die Cassetten. »Die kleine Hexe.« »Mach die kleine Hexe, ja? Bitte!« Wer kann schon widerstehen, wenn er aus einem halb verschlafenen Kindergesicht so angebettelt wird. Die kleine Hexe ist ja auch prima und die Sprecher deutlich besser als auf der Heidi-Cassette, nur leider wird die kleine Hexe auch abends zum Vorlesen gewünscht, und mir tut schon der Hals weh, denn »der Rabe spricht aber anders«. Da fühlt sich unsereins doch von Ehrgeiz gepackt. Während ich so durch das frühmorgendliche Flandern fahre, kommt mir das Elternpaar in den Sinn, das seinen vier Kindern Schlafmitteln in den Tee gegeben hat. Das darf man nicht tun, gell? »Du bist eine gute Hexe«, sagt der Rabe Abraxas.

Strandreport

Der aktuelle Bericht von der französischen Atlantikküste: Deutsche mit Fernglas fallen auf! Noch ist nicht ganz klar, ob der Verdacht eher politischer oder sexueller Natur ist, die Blicke der Franzosen sind nicht eindeutig.

Dabei bin ich seit meiner Reise mit der QE II nichts weiter als ein ausgewiesener Experte der christlichen Seefahrt. Wenn ein Schiff vorüberfährt, stelle ich mir vor, woher es kommt und wohin es wohl fährt.

Klingt nicht besonders spektakulär, macht aber Spaß und hat was Meditatives. Zumal sich mit bloßen Augen erst nach Minuten sagen läßt, ob ein Schiff Richtung Ärmelkanal oder aufs offene Meer fährt. Mit Fernglas erkennt man es sofort. Natürlich läßt sich nicht vermeiden, daß mir ab und zu mal so ein kleines französisches Luder vor die Linse läuft, aber sie schiebt sich dann zufällig vor die Fregatte. Ich folge ihr auch nicht spannermäßig mit dem Feldstecher, sondern setze ihn ab und schaue so hinterher.

Dabei fällt auf: Verglichen mit der deutschen Mutti ist die französische Maman besser in Schuß. Sie beweist: Man kann auch vier Kinder kriegen, ohne nur noch so auszusehen. Liegt's an Paris, am Kindergeld, an der Tagesbetreuung oder pfuscht diese Rauchernation hemmungslos an den Stammzellen rum? Vielleicht liegt's auch nur an den Schühchen, passend zur Strandtasche. Hat was. In der Strandtasche – grasgrün, riesengroß und aus Kunststoff – liegen ein Badetuch, ein Handtuch und die Zigaretten. Und falls die Kinder (ein Sohn und drei Töchter von etwa 15–6) Hunger kriegen? Eine Schachtel Kekse! Jedes Kind hat noch einen kleinen Rucksack für das Badezeug, und damit hat sich's.

Es muß also nicht aussehen wie nebenan: zermatschtes Baguette, wabbelige Schenkel und Klamotten in einer Menge, daß man sich fragt: Haben die noch was zu Hause? Gott sei Dank sind's Holländer. Seit diesem Sommer kann ich Holländer am Strand fast ohne Irrtum von Deutschen unterscheiden.

Bei deutschen Zwei-Kind-Familien mit pubertierendem Bruder/Schwester-Paar trägt Vati eine Siebziger-Jahre-Brille, die sich den Lichtverhältnissen selbsttönend anpaßt. Bei den Holländern in identischer Personalkombination hat die Mutter dieselbe Frisur wie der Sohn. Sollte allerdings der Vater größere Brüste als die Tochter haben, sind es meistens Franzosen aus der Region, die nur übers Wochenende kommen.

Kurz vor Schluß noch eine irritierende Beobachtung an französischen Großmüttern: Die alten Damen hauen den Enkeln gerne mal mit flacher Hand ins Gesicht. Der Anlaß ist häufig nichtig (Kind läuft nicht ruhig an der Hand, will nasse Badehose nicht ausziehen), wenn man mal davon absieht, daß es überhaupt nie einen Grund gibt, Kindern mit der flachen Hand ins Gesicht zu hauen. Soll ich was sagen? Aber ich habe ja auch nichts gesagt, als neulich vor einem Baden-Badener In-Restaurant ein Anwalt auf einen Betrunkenen eingetreten hat. Ich nehme das Fernglas und schaue aufs Meer.

Verluste

Die Sonnenbrille war zuerst weg. Die neue. Die teure. Guck noch mal genau nach. Im Auto. Zwischen den Sitzen. Im Handschuhfach. Im Kinderwagen unten drin. Im Rucksack. Außentasche. Weg. Seit wann? Gestern hatte ich sie noch. Wo? Vor der Hüpfburg. Hattest du sie auf? Erst auf, und dann hochgeschoben. Wer schiebt schon die Sonnenbrille hoch! Das ist das letzte! Da kann man sie ja gleich ins Hemd hängen. Ich geh jetzt zurück zur Hüpfburg und schau noch mal. Die findest du nie! Ist doch alles Sand. Außerdem die vielen Leute, die da rumstehen, da ist doch so eine Brille sofort weg. Ich würde das aber sofort erkennen, wenn die jemand aufhat. Du glaubst doch nicht, daß jemand hier so eine Brille findet und dann auch noch hier damit rumläuft! Ach kümmer dich doch um deine Sachen. Zwei Tage später im Restaurant. Hast du mal das Portemonnaie? Ich denke, das hast du? Ich hab es dir aber sofort wiedergegeben. Wann? Vorhin, am Automaten. Ich hab das Geld reingegeben und es dann dir gegeben, damit ich es nicht bin, wenn es weg ist. Natürlich, einmal pro Urlaub reicht ja die Sonnenbrille völlig. Kannst du das jetzt mal bitte lassen oder kriege ich das jetzt bis Weihnachten zu hören? Ich hab das Portemonnaie nicht. Dann ist es in der Tasche mit den Badesachen. Du hast das Portemonnaie am Strand gelassen? Ich habe das Portemonnaie nicht am Strand gelassen, sondern die Tasche mit den Handtüchern, und da hast du wahrscheinlich den Geldbeutel reingegeben. Wann soll ich das gemacht haben? Weiß ich doch nicht.

Auf dem Weg zum Strand komme ich an unserem Auto vorbei. Die Tür hinten links steht (der Ausdruck wird immer seltener gebraucht) *sperrangelweit* offen! Wir haben das Auto vor drei Stunden geparkt! Seit drei Stunden steht die Tür auf einem großen Parkplatz offen, und nichts fehlt. Dabei beobachten doch im Ausland immer Diebe die Autos der Strandurlauber und geben dann Kumpanen sofort Bescheid und rauben alles aus. Aber eine drei Stunden lang offenstehende Tür läßt die Kriminellen vermutlich in Grübelei verfallen. Der neueste Trick von Interpol? Eine tödliche Falle der Mafia? Finger weg von deutschen Autos mit offenstehender Tür! An der offenen Tür bin ich nachweisbar schuldlos. Ich bin nämlich zur anderen Seite weggegangen, und dieses Infrarotding schließt auch ab, wenn die Türen offen sind. Nichts fehlt. Gar nichts. Nicht mal die Kinderliedercassetten von Detlev Jöcker. Die Südländer lieben eben ihre Kinder. Ich schließe die Tür (es ist mein Glückstag, normalerweise hätte ich in so einer Situation im infrarotgeschlossenen Auto den Schlüssel auf dem Fahrersitz liegen lassen, aber heute habe ich ihn in der Hosentasche). Am Strand steht die Badetasche neben dem Handtuch samt Geldbeutel und alles noch drin. Ich kämpfe mit den Tränen wie Schumi! Die Welt ist so gut geworden. Die Menschen so ehrlich. Links von mir spielen Kabylen Volleyball, rechts schlagen Schwarzafrikaner Rad. Nachdenklich gehe ich samt Geldbeutel zum Restaurant zurück. Was würde passieren, wenn ich in Geldscheine gewickelte Detlev-Jöcker-Cassetten in den Sand vor der Hüpfburg lege?

Strandpersonal

Nach drei Wochen am Strand ist das Personal bekannt. Vor uns liegt Phil. Phil heißt Phil, weil er aussieht wie Phil Collins mit schwarz gefärbten Haaren. Oder überhaupt mit Haaren. Phil kommt ziemlich pünktlich gegen zehn, trägt häufig eine zu kleine Baseballmütze und löst den ganzen Tag Kreuzworträtsel. Die Frau von Phil heißt Madame, hängt den ganzen Tag am Handy (mit der rechten Hand), mit der linken wischt sie sich imaginären Sand von den Beinen, was sehr französisch aussieht. Seit drei Tagen liegt etwa zwanzig Meter links von Phil Freddy. Freddy sieht echt eins a aus wie Freddy Mercury, inklusive Body und Schnäuzer. Freddy ist auf beiden Oberarmen tätowiert, aber nicht so, wie heute jede Deutschlehrerin tätowiert ist, sondern so wie einer, der dieselbe Jugend hatte wie Dépardieu, aber dann nicht zum Film ging, sondern zum Straßenbau. Freddy trägt auch in der prallen Sonne lange Trainingshosen. Rechts von uns liegt das Elsaß. Das Elsaß kommt immer erst gegen sechzehn Uhr und ist eine außergewöhnlich korpulente Dame. Sie hat ein Kleinkind und einen Säugling, beide werden liebevoll umsorgt von ihrem spindeldürren Gatten, während das Elsaß mit hinter dem Kopf verschränkten Armen unbeweglich auf einer Liege liegt.

Wir hatten die eine oder andere despektierliche Äußerung über das Elsaß gemacht (»kuck dir mal die Schenkel an«, oder »und der Alte so ein Streichholz«), als sie uns plötzlich auf Deutsch ansprach. Schluck! Ähäm …! Dabei glaubte ich, einen Elsässer Akzent zu hören. Vielleicht auch Luxemburg. Wahrscheinlich kommt sie aus Saulgau und spricht mit ihrer Familie französisch, damit die Kinder es im Internet mal leichter haben. Aber was ist das alles gegen den Strohhut! Der Strohhut liegt nicht am Strand, sondern arbeitet in einer Patisserie. Sie trägt eine grün gestreifte Schürze und einen Strohhut, und diese Kombination soll irgendwie besonders regional oder authentisch oder sonstwas wirken. Der Gesichtsausdruck des Strohhuts ist Hundertprozent depressiv. Wenn sie Gäste auf die Patisserie zukommen sieht, gleitet die Mimik ins Entsetzte. Bestellungen werden mit einer Mischung aus Panik und Ekel entgegengenommen. Während man sein Törtchen ißt, spitzelt der Strohhut hinter einem Balken vor, ob er bald die Rechnung bringen kann. In der Mittagspause trägt der Strohhut keinen Strohhut, sondern schwarzen Rock und Anorak. Sie raucht auf der Straße, während sie zu einer Telefonzelle hastet. In der Telefonzelle wirkt ihr Gesicht angespannt, als würde sie fragen: »Warum lebt er noch? Hat er die Tabletten nicht genommen? Und was ist mit der Spritze?« Käme Chabrol um die Ecke, er würde gleich »Der Strohhut« drehen. Alles schon so, wie in einem Film von ihm. Auch das Elsaß, Phil und Freddy könnten direkt mit einsteigen. Und die anderen vom Strand: Wachtel, Debilowitsch, die Ratte, Neger-Franz, Zellulita und der Muschelmongo. Wer am Strand liegt, braucht kein Kino!

Mountainbike

Bilderbuchtage in den Alpen bringen es mit sich, daß die Frage nicht länger unbeantwortet bleiben kann: Warum fahre ich nicht Mountainbike? Einerseits, weil ich kein Mountainbike habe, andererseits, weil es viel zu anstrengend ist. Beides stimmt, aber zunächst kann Punkt 1 betreffend Abhilfe geschafft werden im Mountainbikeverleih. Für den Novizen sehen alle Bikes fantastisch aus, und mit den vielen Gängen fahren sie sich für einen, der sich bisher mit Dreigangschaltung selbst an sanften Hügeln die Augen aus dem Kopf getreten hat, wie Sahne. Und schon geht es los, in der nagelneuen Radlerhose, die nie gekannte Stabilität im Schritt verschafft und dem kurzärmeligen Trikot mit den großen Taschen, wie bei der Tour de France.

Die Anfahrt durch den schattigen Wald »bis zum leichten Anstieg« (Auskunft Radlerfreunde) ist ein Traum. Anstrengungslos gleitet man dahin und fragt sich bereits nach zehn Minuten, ob der Mont Blanc für den ersten Ausritt nicht die angemessenere Herausforderung gewesen wäre. Nach einer halben Stunde ist die erste Steigung erreicht, an der schmerzhaft in den Oberschenkeln spürbar wird, was mit »rechtzeitig schalten« gemeint ist. Ich habe übrigens rechtzeitig geschaltet, nur leider in die falsche Richtung, weil ich in der Anstrengung nicht mehr wußte, ob es nach vorn oder nach hinten leichter macht. Beim nächsten Berg habe ich rechtzeitig geschaltet, allerdings in eine zu kleine Übersetzung, und das schnelle Treten bei gleichzeitig zentimeterweisem Vorwärtskommen muß ziemlich putzig gewirkt haben. Plötzlich sah ich einen mäßig steilen, jedoch extrem langen Anstieg, und mir schwante Schlimmes. Um es abzukürzen: Auf halbem Weg stieg ich ab!

Wer sein Mountainbike bergan schiebt, darf sich über folgende Zurufe von Überholenden und Entgegenkommenden freuen: 1. Durchbeißen. 2. Immer nur lächeln. 3. Wer sein Rad liebt, schiebt. Eine leichte Depression muß konstatiert werden, angesichts der Tatsache, wer einen alles, mit Rucksack und im Sitzen nur leicht strampelnd, überholt. Dafür wird man bei der Abfahrt mit zwanzig Prozent Gefälle reichlich entlohnt. Aber bloß nicht an Scharping denken.

Thüringen

Liegt es an der Bescheidenheit von Landesvater Bernhard Vogel, daß wir so wenig über Thüringen, Heimat der Genies wissen? Sicher, Peter Glotz ist weg (St. Gallen, der Kohle wegen,
sagen die einen, um noch mal eine neue Mentalität und Sprache
kennenzulernen, behaupten andere), aber Bach, Schiller, Goethe und der Rest bleiben. Die sind zwar alle tot, aber irgendwie
auch nicht.

Zuerst die Fakten. Thüringen ist ein Jahr älter als Frankfurt,
und wenn das Indigo nicht erfunden worden wäre, dann. Also,
älter als Frankfurt ist eigentlich Erfurt, aber immerhin leben in
der thüringischen Hauptstadt fast zehn Prozent der Landesbe-
völkerung. Und ringsrum wurde früher Waid angebaut. Vorher
nie gehört, ist aber eine Pflanze (gerade bei Kindern im Rheinland sollte schon früh darauf geachtet werden, daß p-f präzise
gesprochen wird, denn Flanze, Ferd und Fütze klingt doch
wirklich schauderhaft), die für Erfurts blaue Periode sorgte.
Dann kam Indigo, und ich habe nicht die sprachliche Disziplin,
die mir verbieten würde, hier zu sagen: Seither ist Thüringen
waidwund. Irgendwo. Kurz darauf wurde in Erfurt um die Ecke
von einem Italiener, der auch schon um 17.00 Uhr auf hat, die
SPD erfunden. Der Italiener hat die SPD nicht erfunden, aber
sein Restaurant liegt um die Ecke. Seither gehört Thüringen zu
Mainz, und deswegen ist Bernhard Vogel jetzt Ministerpräsident. Gegen 17.00 Uhr kann man beim Italiener auch Mainzer
treffen, die einem im Vorübergehen erklären, Thüringen hätte
historisch gewissermaßen »die Arschkarte gezogen«, weil »der
Ami war ja schon da, und dann kam Potsdam«.

Vorher kam Bach, und zwar nach Arnstadt. Dort sitzt er
heute noch als sein eigenes Denkmal vor der Kirche, und zwar
breitbeinig und ohne Perücke. Außerdem schaut er von der
Kirche weg, was ein Befehl der DDR war. Unbedingt empfehlenswert ist die völlig restaurierte Bach-Orgel mit nach oben

gewölbten Tasten und ohne Cis im Pedal, denn zu Bachs Zeiten wurde ohne Daumen gespielt. Sodann empfiehlt sich ein Besuch im nahe gelegenen Dornheim, wohin auch Bach über die Stoppelfelder samt Hochzeitsgesellschaft wanderte, um in der völlig restaurierten Kirche (also heute) seine erste Frau heiraten. Dornheim präsentiert übrigens ein interessantes Modell: Wer selbst kein Genie ist, der freunde sich mit einem an. So geschehen vom Dornheimer Pfarrer, und deswegen musizierte Bach dann auch auf dessen Hochzeit. Wer kann das schon von sich sagen? Zusammenfassend kann dagegen gesagt werden: Thüringen ist Spitze und erträgt alles, außer mit Sachsen verwechselt zu werden. Wenn der Thüringer »Nö« sagt, meint er ja, und wenn er sieht, daß im Westen seine berühmte Bratwurst in Öl statt auf Holzkohle gebraten wird, kriegt er Zustände. Hinfahren und ausprobieren!

Entspannt fliegen

Das Schicksal wollte es, daß LH-Flug 924 von Köln nach München technische Probleme hatte. Natürlich wäre es eine schöne Möglichkeit gewesen, an diesem heißen Sonntagnachmittag schnelle hundertfünfzig Mark zu verdienen, die allen angeboten wurden, die sich auf einen späteren Flug umbuchen lassen. War aber irgendwie doch nicht so gemeint, denn in der Maschine waren ja noch Plätze frei.

Warum also in Köln eine ungewisse Zeit lang warten, während in Düsseldorf LH-Flug 800 nach München startklar ist. Zum Glück stand draußen noch mein Wagen, Last-Minute-geparkt. Last-Minute-parken geht so: Man fährt ganz knapp vor Abflug der Maschine am Flughafen vor und stellt fest, daß alle Parkplätze dicht sind. Auch der für Kurzparker, die Viertelstunde für zwei Mark, was bei einer mehrtägigen Reise schon mal leicht ins Geld gehen kann. Wenn aber wie gesagt alles dicht ist, fährt man einfach ins absolute Halteverbot vor dem Eingang und läßt den Wagen dort stehen. Diese Methode erübrigt auch eine lange Suche bei der Rückkehr, denn man läßt sich gleich per Taxi zur Abschleppzentrale fahren, was bei exaktem Timing immer noch günstiger ist als der Kurzparker-Parkplatz. Mein Auto stand aber noch da, sogar ohne Strafzettel. Vom Kölner bis zum Düsseldorfer Flughafen sind es zwanzig Minuten, wenn man die StVO als Partitur empfindet, die zum Klingen gebracht werden will.

In der Maschine saß eine merkwürdig fröhliche Reisegruppe, die eher in eine Chartermaschine gepaßt hätte. Per Durchsage erfahren wir: Es ist eine Arbeitsgruppe für »entspanntes Reisen«. Damen und Herren, die, vorbildlich betreut, schon vor dem Start Atemübungen machen, auf dem Sitz wippen und – sofern weiblich – durch kurze, schrille Schreie auch Angst kundtun. Rechts vom Gang sitzt eine Frau, die nicht zur Reisegruppe gehört, mir aber irgendwie bekannt vorkommt. Kurz darauf schreibe ich für die entspannt reisende Gruppe vierzehn Autogramme. Auch die Dame rechts vom Gang möchte überraschenderweise ein Autogramm, und zwar in ein FOCUS-Exemplar. Jetzt erkenne ich sie: Es ist Angela Häßler. Wahnsinn! Angela Häßler will ein Autogramm von mir. Dabei habe ich sie gerade noch beobachtet, wie sie eine zur Hälfte in Schokolade getauchte Erdbeere vernaschte, während sie einen FOCUS-Bericht über die EM las. Eine entspannt fliegende Dame im Sitz vor mir legt beide Hände über ihrem Kopf auf die Nackenstütze. Für eine Sekunde überlege ich, ob ich ihr den Schmuck abziehen soll. Fände ich aber irgendwie unfair.

Lesen Sie demnächst: Wie sich Jimmy Levine sonnt, indem er sich auf der Maximilianstraße neben einen Parkautomaten stellt.

Meine Bahn

Das könnte der neue Trend in diesem Winter werden, die wirklich coole Art zu reisen: Fahr doch mit der Bahn!

Kürzlich hatte ich einen Termin in Stuttgart, um 11.00 Uhr. Die passende LH-Maschine (operated by partners) verläßt Köln um 6.55 Uhr. Selbst wenn ich die planmäßige Verspätung von einer Stunde einkalkuliere, muß ich mir noch gut zwei Stunden in Stuttgart um die Ohren schlagen. Da kommt mir die Knalleridee: Fahr doch mit dem Zug! Schließlich bin ich früher nur Zug gefahren, zum Beispiel Augsburg – München auf der Toilette ohne abzuschließen, um einerseits dem Schaffner zu entgehen und andererseits den Schaffner nicht durch das rote Zeichen auf die verschlossene Tür aufmerksam zu machen. EC Enzian, ab Köln 7.28, an Stuttgart 10.47. Klappt dikke mit meinem Termin, und falls ich mich trotzdem verspäte, schieb ich's auf die Bahn. Ist zwar irgendwo gemein, glaubt aber jeder. Man sollte öfter mal zum Bahnhof gehen! Mit dem Kölner Hauptbahnhof kann kein Flughafen der Welt mithalten. Als erstes wird mal in der *Cafeteria* ein fabelhafter Kaffee getrunken. Danach kann man selbst im Café lange suchen, vom flüssigen Sodbrennen auf dem Flughafen gar nicht zu reden. Nette Verkäuferin, gut gelaunt – der Tag fängt schon mal gut an. Die nächste Freude auf dem Bahnsteig: Ich erwische noch bequem den IC 609 *Rheinland* von Münster nach Basel, planmäßig zwar ab Köln 6.54 Uhr, leider aber 20 Minuten verspätet, so daß ich glücklich um zwanzig nach sieben einen Zug besteigen kann, für den ich normalerweise eine halbe Stunde früher hätte aufstehen müssen. Kurz vor Koblenz lese ich in der Zeitung, was der Bahnchef, Herr Mehdorn, noch alles für mich als Fahrgast plant: einen rollenden Supermarktwaggon, ein kleines Fischmenü im Bistro, sogar Eier, Butter und Milch soll ich fürs Abendessen vorausbestellen und am Zielbahnhof in Empfang nehmen können. Zwar esse ich abends meistens Brot, Schinken und Bier, aber die Idee gefällt mir trotzdem.

In Mannheim steige ich um 9.51 in meinen ab sofortigen Lieblings-ICE *Franz Kruckenberg*. Schon der Name erfordert, daß man diesen ICE von Hamburg nach Stuttgart mindestens einmal wöchentlich benutzt. Auf der Rückfahrt, im EC *Tiziano*, schielt ein Herr krampfhaft auf meinen Zettel, um zu sehen, was ich schreibe. Was er nicht weiß: Kurz vorher habe ich ihn beobachtet, wie er krampfhaft auf seinen eigenen Zettel zum Thema »Widerstandsfähige Zweikomponentenbeschichtung auf Epoxidharzbasis« gestarrt hat. Kann einen ja nicht wirklich interessieren.

Fassen wir zusammen: Bahnfahren macht Spaß! Teilweise luxuriöse Bahnhöfe, freundliches Personal, und wer schon mal im kalten Bus fünf Minuten bei offener Tür drauf gewartet hat, daß er durch den Regen zum Flugzeug gehen darf, wird die Reise mit dem Zug als nahezu klassisch komfortabel empfinden.

Leihwagen, Paris

Nehmen wir an, in einem Scorsese-Film wie *Casino* oder *GoodFellas* betritt Joe Pesci den Lift in einem Parkhaus, und kurz bevor die Tür sich schließt, drängen sich noch zwei Schwuchteln in den Lift, obwohl sie dort gar nichts zu suchen haben. Außer der Nähe zu Joe Pesci: Er hat die beiden schon eine Weile zuvor aus den Augenwinkeln beobachtet, wie sie um ihn rumschlichen, als er die Formalitäten für einen Leihwagen erledigte.

Und nun zur Frage: Ist das Gesicht der beiden noch erkennbar, wenn sich die Lifttür wieder öffnet? Sehen wir sie einfach nur als blutige Klumpen in der Ecke liegen, während Mr. Pesci scheinbar teilnahmslos den Lift verläßt und sich nur etwas das Jackett zurechtrückt? Oder gibt es zuvor einen Schnitt in den Lift, und wir sehen den deutlich kleineren Pesci, wie er außer sich vor Haß mit dem Kolben seines Revolvers auf die beiden einschlägt und dabei schreit: »Was macht ihr hier, hä? Was macht ihr in diesem gottverdammten Lift, ihr miesen kleinen Scheißer. Warum schleicht ihr mir die ganze Zeit hinterher, ihr dreckigen Schwuchteln?«

Schnitt. Muttertag im Parkhauslift des Flughafens Charles de Gaulle in Paris. Die beiden Bundesbürger mit vermutlich homoerotischen Tendenzen, die neben mir im Lift stehen, wissen nicht, daß sie auf eventuelle Tauglichkeit in einer kurzen Scorsese-Sequenz überprüft werden. Sie sind klein, dick, tragen Khakishorts und haben beide blond behaarte Schenkel. Auf dem Weg zum Leihwagenschalter sind sie mir in einigem Abstand hinterhergeschlichen.

»Harald, Harald«, zischte es leise hinter mir. Bin ich Frau Lot, die sich gleich umdreht? Die beiden drängen sich also mit ihren fetten Schenkeln und schwitzenden Glatzen noch in den Lift, allerdings folgen sie mir nicht aufs Parkdeck (zuviel Scorsese gesehen?), sondern fahren wieder auf Ebene O, wo sie hingehören. Sonst hätten sie sehen können, wie ich den Mercedes öffnete und dann nicht starten konnte.

Mehrfach probiert – zwecklos. Der freundliche junge Sixt-Mitarbeiter weist mich darauf hin, daß ich im falschen Auto sitze. Ach so. Und die Tür konnte ich öffnen, weil sie einfach nicht abgeschlossen war. Hat mit dem Schlüssel gar nichts zu tun. Ähem, räusper, irgendwie peinlich und aus Scorsesefilmen eher weniger bekannt. Dabei hätte ich gar keinen Leihwagen gebraucht, wenn ich nicht meinen Flug verpaßt hätte. Aber Stau (bouchon, passiver Wortschatz), wegen zwei Autos auf dem Dach und eins brennend. Der Fahrer bedient die Zentralverriegelung, als die ersten Herrschaften aus den Autos um uns die Wagen verlassen. In der klimatisierten S-Klasse kommt mir die Berliner Rede unseres Bundespräsidenten in den Sinn. Von der unterschiedlichen Beurteilung multikulturellen Zusammenlebens aus der Perspektive eines klimatisierten Wagens und umringt von Fremden in Bus und Bahn. Aber wie ist es, wenn man in der klimatisierten S-Klasse umringt ist von jenem Typ französischen Staatsbürgers, ohne den die Equipe tricolore noch immer zweitklassig wäre? In einem der nächsten Hefte folgt die Analyse von Menschen, die bei Stau den Wagen verlassen und an der Leitplanke Dehnübungen machen. Es lebe Michel Houellebecq.

Skisaison

Um mal gleich zu Beginn eine Floskel zu vermeiden: Wenn man bedenkt, was wir letzte Woche für ein Wetter hatten, obwohl doch Allerheiligen war, dann konnte man fast nicht glauben, daß schon Oktober war. Noch weniger konnte man da glauben, daß bald schon Weihnachten ist. Mehrmals war am 24. Oktober der Satz zu hören: »Man glaubt es nicht, aber in zwei Monaten haben wir schon wieder Weihnachten.« Kinder, wie die Zeit vergeht. Von Jahr zu Jahr schneller. Rast nur so dahin.

Apropos rasen. Sicher, das ist eine der armseligsten Überleitungen aus der Steinzeit des Kabaretts, aber wo doch der herbstliche Rasen bald mit Schnee bedeckt sein wird, darf man ruhig dran erinnern, daß bald die Raserei auf unseren Skihängen beginnen wird. Muß mal erlaubt sein. Denn vor den Schuß hat der Herr das Stretching gesetzt. Sollte man meinen. Leider ignorieren vor allem viele Wochenendskifahrer (Motto: sechs Uhr Abfahrt in Stuttgart, acht Uhr Frühstück in Tirol) diese fachmännischen Hinweise. Resultat: ein Jahr auf Krücken. Kann man vom Laien Einsicht erwarten, wenn auch der Eishockeyprofi mit besoffenem Kopp wettet, daß er es schafft, aus dem Stand in die stählerne Mülltonne zu springen und auch wieder raus?

Ergebnis: ein Jahr ambulante Reha. Wobei der Profisportler in der Reha irgendwie noch armseliger wirkt als der Amateur, der sich über die Jahre durch solide falsche Lebensweise (die je nach Denkschale auch die genau richtige sein kann) das Skelett samt Zubehör ruiniert hat. Der Amateur schleppt sich im veralteten Trainingsanzug – ausgebeulte Knie kommen Minuten vor dem Restkörper um die Ecke – bleich und untrainiert an die Geräte, was in sich stimmig wirkt. Der Profi hat einen muskulösen Oberkörper mit Gel am Kopf und den profimäßigen Bewegungsablauf, aber dann kommt das dünne Rehabeinchen.

Ehrlich: sieht saukomisch aus. Der Amateur erweckt Mitleid, beim Profi denkt man: selbst schuld. Ungerecht, isaberso.

Muß man überhaupt Sport treiben, um sich nachhaltig zu beschädigen? Schon mal von dem reifen Gentleman gehört, der beim Entkleiden mit der Spitze des großen Zehens in der Unterhose hängen blieb, das Gleichgewicht verlor, auf den Couchtisch krachte und sich drei Rippen brach? Kennen Sie nicht die adrette Hausfrau und Mutter, die beim Golf Zentimeter tief in die Bepflanzung hackte und es sogar auf vier angeknackste Rippen brachte? Und dann diese Glastüren ohne schwarze Vögel drauf am Eingang zum Naßbereich! Platzwunde am Kopf und gespaltene Kniescheibe in einem Aufwasch! Mit Brille wär' das nicht passiert. Lesen Sie deshalb demnächst: Wie sich jemand von einem Topspezialisten die Augen lasern ließ und seither spitze sieht und nur ein leichtes Brennen tagsüber und nachts so einen Druck hinter den Augen spürt.

Törtchen

Auch dieses Jahr stellte sich am Ende des Urlaubs wieder die Frage: Was tun mit den Lebensmitteln, die übrig sind?

Aus Gründen, die für unsereinen immer unerfindlich bleiben werden, findet zwei Tage vor der Heimreise noch mal ein Großeinkauf statt, für die Größe eines Büffets, mit dem eine schwäbische Kleinstadt ihren katholischen Vikar in die Ehe verabschieden könnte. Mehrere Käsesorten, unzählige Honigmelonen, Wasserflaschen, Wein, Cornflakes, Paté, Wurst, Fisch, Oliven und wer weiß was sonst noch. Wer die acht bis zehn Plastiktüten sieht wird nicht glauben, daß wir im Westen aufgewachsen sind.

In stummer Wut fängt man an, den Kühlschrank leer zu machen. Ein besonders sinnloser Vorgang, da er ja schon leer war. Trotzdem bleibt am Abreisetag jede Menge übrig. Was tun? Zurücklassen für die Putzfrau? Für die Nachmieter? Für den Verwalter. Einiges bestimmt. Den Schampus zum Beispiel, der sich durch einen genaueren Blick auf Etikett als Schaumwein geoutet hat. Natürlich erst zu Hause. Hätte gerade noch gefehlt, daß einem der Fusel im Auto explodiert. Joghurt bleibt sowieso da. Melone auch. Wird so gelegt, daß der matschige Teil nicht gleich zu sehen ist. Toast ist angeschimmelt, kann weg. Zwei Mousse au Chocolat werden im Stehen vor dem offenen Kühlschrank gegessen. Ist doch zu blöd, die mitzunehmen. Wäre aber auch zu schade, sie hierzulassen. Jetzt der Käse. Bestimmt sind alle Sorten auch in Deutschland zu kriegen. Aber nicht so. Der Käse stinkt das ganze Auto voll. Ist doch wurscht. Ist doch ein Leihwagen, wird doch am Montag abgeholt. Der Käse wird mitgenommen.

Dann kommt das eigentliche Problem. Sechs kleine Törtchen, Meisterwerke aus der Patisserie. Die gibt es in Deutschland definitiv nicht. So nicht, und auch nicht anders. Mit Rumschokoladencreme, Pistaziencreme, Himbeeren, Mokka,

Erdbeeren und Calvadossahne. Sehr elegant verpackt in einer kleinen Schachtel, bei der sich beim Verschließen automatisch ein Henkel bildet. Daß die bloß nicht zermatschen! Unter den Sitz? – Zu eng. In eine Reisetasche? – Die kippen um und verschmieren alles. Das Auto ist so vollgepackt, daß kein Mensch mehr den Fahrer dem zentraleuropäischen Sprachraum zuordnen würde. Aber zwischen den Buggy und das Reisebett könnte die Schachtel mit den Törtchen passen. Da hat sie Halt. Liegt sie auch nicht in der Sonne? In welche Himmelsrichtung fahren wir eigentlich? Ich stelle die Schachtel auf den zusammengeklappten Buggy auf der Ladefläche des Mercedes-T-Modells. Ziemlich wacklig. Wenn ich schnell die Klappe zumache, hält es. Die Klappe des Mercedes wird nicht einfach zugeknallt. Die wird sanft angetippt und die letzten Zentimeter angesaugt. Als ich die Hand wegnehme, geschieht es wie in Zeitlupe: Die Schachtel fällt, öffnet sich, die Schokoladentörtchen landen auf der Stoßstange, die Pistaziencreme im Gras. Ich hätte heulen können.

Kein ethnischer Konflikt der letzten Zeit hat mich so berührt wie die runtergefallenen Törtchen. Ich war es dem deutschen Volk in diesen Zeiten schuldig: Ich habe die Schokoladencreme von der Stoßstange geleckt und die Pistaziencreme mit den Fingern aus dem Gras gegessen. Die Würde des Menschen ist unantastbar.

Taxidriver

Travis Bickle lebt. Er ist jetzt Ende fünfzig und ein Kölscher Jung. Er fährt noch immer Taxi. Als ich einsteige, hat gerade ein Kollege vor ihm erst Gas gegeben und dann plötzlich gebremst. Delle in der Hintertür des Kollegen, der erste Unfall in der Karriere von Travis. Unschuldig. Und grundlos. Aggressionspegel von Travis am Anschlag. Beide Fäuste knallen geballt aufs Lenkrad. Der Kollege mit der Delle wird als Muskel am Ende des Darms tituliert, in einem Wort. Im Wutanfall sieht Travis fast zu spät eine Verkehrsberuhigungsschwelle, durch die jähe Bremsung schafft es aber ein Ehepaar mit Gepäckwagen noch über die Straße. Travis hat seinen ersten Tag nach dem Urlaub. Das Darmende muß wieder herhalten. Der Urlaub vom Chef hat heute angefangen. Der wird sich freuen. Travis Kopf ist hochrot. Wenn die Fäuste nicht aufs Lenkrad knallen, krampfen sich die Finger drum. Ich versuche Schlagzeilen vom plötzlichen Herztod am Steuer zu verdrängen. An was Lustiges denken. An die junge Medienschaffende, die fragte, wer den Film Tom Stones schon gesehen hat. Mit Laura Kraft. Viel Verwechslung für einen Titel. Andere Medienschaffende versuchen trotz Hitze und Prosecco zu klären: Lara Kraft.

Nicht Laura. Kraft mit C. Tom Stones klingt zwar nach Sexbomb und Tiger, aber auch nach Grabstein. Tombstone. Trotz der Ankündigung »Tom Stone mit Laura Kraft« wissen alle, welcher Film gemeint ist: Tomb (Tuhm) Raider mit Angelina Jolie als Lara Croft. »Arschloch«. Es läßt sich nicht länger umschreiben, denn im Rhythmus dieser beiden Silben tritt Travis in die Bremsen. Vor ihm hat ein Wohnmobil die Spur gewechselt. Ich überlege, falls Travis plötzlich tot zusammensackt (der Ärger, die Hitze): Wird der Wagen ins Schlingern geraten? Brückenpfeiler? Gegenfahrbahn? Kann ich von der Rückbank schnell genug nach vorn klettern und ins Steuer greifen? Größere Überlebenschancen bei hinten angeschnallt, oder unangeschnallt aufs Gras geschleudert werden? Alternativ Baum? Vor uns jetzt ein Renault Laguna. Die Bremslichter blinken. »Wieso bremst der dauernd? Ist der bekloppt? Der braucht doch jeden Monat neue Beläge?« In der Kurve zieht Travis am Renault vorbei. Der Fahrer telefoniert! Mit Handy! Keine Freisprechanlage! »Wieso telefonieren die überhaupt? Ist doch eh alles Quatsch. Hör ich doch, wenn die bei mir im Taxi sitzen: Bin gleich da. Setz Kaffee auf. So ein Jeschbräsch müßte hundert Mark kosten. Dann wär Schluß!« Wir nähern uns dem Ziel, Travis hat sich beruhigt. Hat noch einen für mich: Wat sucht 'ne Blondine im Ketchup? Den Heinz! Tschö mit ö.

KLEINES TRINITY-COLLEGE FÜR DAHEIM:
Literatur und Lebensphilosophie

Beim Lesen der folgenden Texte empfiehlt sich, einen Schür-
haken in der Hand zu halten. Wittgenstein-Kenner wissen war-
um.

Mehr Bildungsprotzerei könnte an dieser Stelle leicht als un-
angenehm empfunden werden, aber wenn es zuviel wird, wie
wäre es mit der Überprüfung einer Behauptung des großen
Denkers: Die Möbel sind nur vorhanden, solange man sich im
Zimmer aufhält. Beim Verlassen lösen sie sich auf, kehrt der
Leser zurück, sind auch die Möbel wieder da.

Sie können das Buch dabei ja in der Hand behalten.

Buchhändlerinnen

Für den wahren Bücherfreund wird der Einkauf im Internet nie eine Alternative zum Gang in die Buchhandlung darstellen.

Denn auch dem schnellsten Buchverschicker mit dem sichersten Service bei Angabe der Kreditkartennummer fehlt die entscheidende Instanz, die jeden Literatursüchtigen manisch in den Laden zieht: Die Buchhändlerin. Die Buchhändlerin gehört zum Buch wie der Klüngel zu Köln. Dieser Berufsstand ist zum Synonym geworden für Erotik, die quasi erst hinter dem Regal explodiert. Gut, die Metapher ist jetzt vielleicht ein bißchen verrutscht, aber ist doch wohl klar, was gemeint ist. Die Buchhändlerin regt die Fantasie an. Wir sind gespannt darauf, in welcher Verfassung sie heute hinten aus dem kleinen Büro kommt. Haare offen oder Pferdeschwanz? Brille oder nicht? Jeans oder Rock? Kurzer Rock oder Wadenlänge? Zum Rock Sandalen oder Turnschuhe? Aus rätselhaften Gründen glauben wir, die Buchhändlerin habe alle Werke der Weltliteratur selbst gelesen, wenn nicht gar geschrieben. Besonders gute Buchhandlungen bieten mindestens zwei Typen von Buchhändlerinnen auf: eine etwas ältere blonde, die schon über eine gewisse Routine verfügt, der aber doch ein gewisses Flackern in die Augen tritt, wenn man etwa *Jardin des Plantes* von *Claude Simon* verlangt. Man sollte immer wissen, welches Buch man bei welcher Buchhändlerin bestellt.

Der zweite Typus ist deutlich jünger, Auszubildende, trägt lange dunkle Locken und eine schwarze Hornbrille. Feste Brüste unter H&M sowie eine leicht gelangweilte Ausstrahlung, was aber täuscht. Wahrscheinlich ist sie ein bißchen verträumt. Bei ihr kauft man *Anna Karenina*. Einfach deshalb, weil Anna Karenina bestimmt so ähnlich ausgesehen hat. Die Liste von Anna-Karenina-Ausgaben ist so lang wie die mit Heimniederlagen des VfB Stuttgart. Unserer Buchhändlerin fallen beim Suchen im Computer die Haare ins Gesicht, auf der Oberlippe bilden sich zarte Schweißtropfen. Gebunden, Leinen, Leder, Aufbauverlag ... Welche Übersetzung ist denn die beste. Moment, sie fragt mal. Wo hast du das zu bieten, Internetbuchhandel?

Daß die Bestellung von Anna Karenina von den Frauen nebenan mitgehört wird, am Bestsellertisch, die daraufhin leicht verschämt die Fingerspitzen von den Leon-de-Winter- und Ingrid-Noll-Büchern nehmen und zu Sprachcassetten mit der »Kleinen Hexe« flüchten? Na also. Deshalb der Aufruf: Deutsche, kauft im guten, alten Buchhandel. Denn das Lesen fängt schon an, wenn die Buchhändlerin sich streckt, um von oben die *Reise ans Ende der Nacht* zu holen. Der Rest ist E-Commerce. Nix für Genießer.

Kurzweil

Für alle, die nicht die Zeit haben, Ray Kurzweils Buch HOMO S@PIENS (Kiepenheuer und Witsch) zu lesen (weil sie zum Beispiel noch mit der Nahrungszubereitung beschäftigt sind oder gerade Sex mit einem Partner aus der vermeintlich realen Welt haben), hier das Wichtigste in Kürze: Es gilt, bis mindestens 2050 durchzuhalten, danach kann nichts mehr schief gehen! Chips im Kopf und Computer in der Wäsche garantieren ein Leben, daß es die wahre Freude ist. Wer hier ethische Bedenken anmeldet, sollte dringend Jack kennenlernen. Jack ist eine liebenswert altmodische Figur in Kurzweils Buch, die sich noch mit Problemen rumschlagen muß, die auch unsereinem nicht fremd sind: Das Gehör läßt nach, die Pumpe macht Spierenzchen, die Linse wird trüb. Jack hat aber das Glück, hier einen Chip und dort ein Ersatzteil eingepflanzt zu bekommen, und schon geht's ihm aber hallo, und kein Mensch käme doch wohl auf die Idee zu sagen, unser Jack sei nicht mehr der alte. Nur eben mit ein paar Funktionen, die jetzt besser sind als vorher. Bei allzugroßen Bedenken in Sachen Ethik also einfach an Jack denken – und schon sind wir wieder einen Schritt weiter. Genau wie Molly. Sie ist die zweitwichtigste Figur im Buch, eine amerikanische, Kekse mampfende Studentin, die sexuell stark unterfordert ist und permanent gegen ihr Übergewicht kämpft. Am Ende jedes Kapitels stellt die dickliche Molly Autor Kurzweil schlaue Fragen, die er dann noch schlauer beantwortet, womit das Kapitel noch mal rekapituliert wäre. So fett und langweilig Molly zu Beginn des Buches ist, so hip und trendy wird sie gegen Ende. Zwar hat sie ein Kind und einen Mann (beide real), aber das Kind scheint doch ein bißchen vor dem Computer zu verblöden und mit dem Alten läuft's nicht mehr so richtig, worauf sie ihm den Laufpaß gibt, denn Molly hat jetzt einen virtuellen Lover. Man kann sich denken, wie da die E-Mail (früher Post) abgeht. Alles ist möglich. Außer Berühren. Und das Kind muß auch nicht drunter leiden, weil es in der virtuellen Welt mit beiden Eltern zu Abend ißt, ohne daß Vati Mutti sehen muß. (Gibt es heute allerdings auch schon in der realen Frühstückswelt, mit Zeitung vor dem Gesicht). Irgendwie geht zu diesem Zeitpunkt dann schon keiner mehr so richtig arbeiten. Alle nehmen nur noch Wissen auf (vergl. auch heute schon Peter Glotz). Und wenn's kribbelt, dann sind das die Nanobots, die in unserem Blut für Ordnung sorgen. Nanobots sind Miniroboter, die zum Beispiel Krebs wegmachen. Etwas größere Roboter gibt es auch. Die machen völlig selbständig die Wohnung sauber und entleeren sogar selbst ihren Müllbeutel. Noch ethische Bedenken? Kurz darauf fangen die Maschinen an, Bewußtsein zu kriegen (vergl. Felix Magath und Eintracht Frankfurt). Und wenn das Jahrhundert dann zur Neige geht, wird es keinen Unterschied mehr zwischen Mensch und Maschine geben (siehe Energie Cottbus). Der Mensch, wie wir ihn heute kennen, hat ausgedient. Auch Ray Kurzweil, obwohl er sich in seinem Buch nur wenige Seiten nach Isaac Newton selbst zum ersten Mal erwähnt.

Bleibt noch die Frage: Dehnt sich das Universum zum Schluß unendlich aus, oder fällt es (dies würde Ray ästhetisch bevorzugen) wieder in einem Punkt zusammen? Mal überlegen, während der Nanobot in mir zum Kühlschrank geht (real), Bier holen (sehr real). Gsund samma!

Bücherherbst

Wir sind Nobelpreisträger. Das verpflichtet. Bücherkauf muß sein in diesem Herbst, und durch die Flut von Neuerscheinungen will hier ein selbsternannter Lesemoses führen, der das Bestsellermeer teilt und ins gelobte Land der geistigen Erbauung durch Lesegenuß führen will. So weit die grandiose Metapher. Nun zum Einkaufszettel.

Als erstes erstehen wir zwei Bücher vom Mann der Saison, *Michel Houellebecq*, nämlich *Elementarteilchen* und *Ausweitung der Kampfzone*, zwei Romane, die ausgesprochen gute Laune machen, vorausgesetzt, man ist wie die Helden in den Büchern Anfang vierzig und mit dem Burn out auf du und du. Schwer nachzuvollziehen, warum die Bücher in Frankreich für Skandale gesorgt haben, auf jeden Fall ein *must* für alle, denen es seit *American Psycho* und *Sabbaths Theater* zu kuschelig im Bücherschrank geworden ist. Wobei wir gleich bei eben erwähnten Autoren bleiben und *Glamorama* und *Mein Mann, der Kommunist* mit ins Körbchen nehmen, aber eher als Fans, die alles von *Bret Easton Ellis* und *Philip Roth* lesen.

Nun greifen wir zu *Bildung* von *Professor Schwanitz*. Das Buch, auf das die Infotainment-Elite gewartet hat. Hegel, Napoleon, Nietzsche, Marx, Newton, Dickens, Cervantes undsoweiterundsofort – alles kein Problem mehr, wir haben den Überblick, das nächste Jahrhundert kann kommen. Aufregen kann man sich auch wie Sau, denn wenn man des Professors Urteil über *Madame Bovary* liest, fragt man sich, ob er echt den Roman von *Flaubert* meint. Es wird Zeit für einen schweren Brocken. *Byron*, die Biographie des Goetheverehrers von *Benita Eisler*. Siebenhundertneunzig Seiten über einen Mann, von dem man sich fragt, warum er nicht längst zur Megakultfigur des ausgehenden Jahrhunderts erklärt wurde. Everybodys Byron: Egal ob schwul, manisch, wahnsinnig, Neue Mitte oder alles gleichzeitig – ein Künstler muß für ein breites Publikum entdeckt werden. Puh! Schalten wir ein paar Gänge runter und greifen wir zu *Regenroman* von *Karen Duve*. Gleich von drei Verlegern in der WamS empfohlen, das macht neugierig. Aber wehe, das Buch enttäuscht. Dann können sich die Herren *Conradi*, *Blessing* und *Moritz* warm anziehen. Auf den Roman angesprochen, urteilte ein befreundeter Literaturkenner: »Ich fand's scheiße, meine Frau fand's toll.« Wir berichten weiter.

Wer nach Lord Byron nicht mehr in die Niederungen von immer nachvollziehbarem Schriftbild und Satzzeichen zurückkehren will, sollte sich *Jardin des Plantes* von *Claude Simon* beschaffen. Parallel dazu empfehlen wir die letzten Tagebücher von *Julien Green*, in denen Rudi Völler ebenso auftaucht wie die Evangelisten und in denen einem der allwissende *Eric* nach circa fünfzig Seiten leicht auf den Zeiger geht. Habe ich schon *Ein hinreißender Schrotthändler* von *Arnold Stadler* erwähnt? Ist bei mir noch eingeschweißt, aber ein Büchnerpreisträger wird prinzipiell gelesen.

Mit diesen wertvollen Tips kommen Sie locker bis Weihnachten, und dann kommen ja auch schon neue Bücher. Wie wär's mit *Mein Jahrhundert*, von Nobelpreisgünni? Insidermeinung: Wird viel gekauft, aber nicht gelesen. Frohes Fest!

Einkaufstüten

Wenig war bislang über die kulturgeschichtliche Bedeutung der Einkaufstüten zu lesen. Dabei verraten sie uns nahezu alles über ihre Benutzer, egal ob aus Plastik, Pappe, Papier oder wattsonstnoch. Nehmen wir die schlichte, um nicht zu sagen gute alte Plastiktüte, für die heutzutage gern mal zwanzig Pfennig (Umwelt!) Unkostenbeitrag erhoben wird. Ganzen Völkern dient sie als Koffer. Vor allem solchen, in denen die Frau sämtliche Tüten schleppt, zwei bis drei Kinder an der Hand, und in würdevollem Abstand dem Manne folgt. Imagefaktor dieser Tüte: gleich null. Man will sie eigentlich nicht, jedesmal nimmt man sie zwangsweise mit dem Vorsatz: Nächstes Mal hab ich eine Tasche dabei (respektive Rucksack, ein must). Besonders nutzlos ist das »Tütchen«, aus dem Satz »Soll ich's Ihnen in ein Tütchen geben?«, gerne gehört in Apotheken, wo Kopfschmerzmittel und Zahnseide zusammen mit Gratisbonbons und Brillenwischtuch nur mühsam aus einem Tütchen ferngehalten werden können.

Anders sieht es aus bei Tüten aus Modegeschäften. Signal hier: Ja, ich kauf bei. Hier wird Lebensgefühl verkauft, allerdings sollte in diesem schon formal das Mediokre sprengenden Lifestylebotschaften maximal ein T-Shirt oder ein Pulli liegen. Schuhe oder Underwear kauft man ja wieder woanders. Sonst sind wir schnell wieder in der Nähe der zum Turnbeutel umfunktionierten Plastiktüte, in der verschwitztes T-Shirt und alte Arztsocken wochenlang vor sich hinmiefen. Es hat häufig etwas stilistisch Ärgerliches, wenn die Frau nicht zur Tüte paßt. Musterbeispiel: Tüten mit *Bergdorf-Goodman-* oder *Saks-5*th*-Avenue*-Aufdrucke. Die Flugschifftüten aus Manhattan, die am besten kommen, wenn sie von einer 85jährigen Imperiumserbin in Canel zum wartenden Bentley getragen oder von einem reichen Trottel mit Goldknöpfen am Blazer und in Tod's Schuhen zum leicht zu langen Ölnackenhaar einem Topmodell hinterhergeschleppt werden. Paare, die mit Blutstau in den Fingern mit einer Saks und vierzehn GAP-Tüten verschwitzt Richtung Disney-Store schleichen, dürfen sofort auf deutsch angesprochen werden. Das gilt auch für Paare in Paris, bei denen er eine Goretex-Komplettmontur für spontane Everest-Besteigungen trägt (könnte regnen!), und sie ein Guerlain-Tütchen, und zwar mit vor der Brust verschränkten Anorak-Armen vor sich her. Dieses Tütchen wird dann den ganzen Tag durch die Stadt der Liebe geschleppt, schmuddelt ein, reißt an den Trageschnürchen aus, fällt einmal von einem Straßencafétisch im Marais und wird kurz nach sechs in der Metro vergessen. Der Goretexmann würde jetzt einen Haßanfall kriegen, aber er hat nach dem überraschenden Frühlingsausbruch zwanzig Liter Schweiß verloren und ist fast bewußtlos. Aber die dm-Drogerietüte mit den Nikesandalen steht im Hotel. Merde.

Frauenbücher

Michael Schumacher hat in seinem Kurzurlaub auf Phuket zwei Bücher gelesen, obwohl er »sonst eigentlich nicht liest«. Gerne hätten wir erfahren, um welche Bücher es sich dabei handelte, aber der amtierende Weltmeister läßt immerhin soviel wissen: Er liegt einigermaßen durchschnittlich im Trend.

Laut *Forsa*-Umfrage lesen nämlich fünfunddreißig Prozent der Deutschen jährlich ein bis fünf Bücher. Neun Prozent lesen sogar mehr als dreißig Bücher im Jahr und gelten damit als Vielleser. Früher hätte man eher gesagt Leseratten, aber heute ist das wahrscheinlich zu diskriminierend. Auch für den Menschen. Leider wird aus der Umfrage nicht deutlich, ob diese ein bis dreißig Bücher dem Kanon für Leitkultur entsprechen oder ob es sich dabei um *Frauenliteratur* handelt. Was wie ein schlimmes Vorurteil klingt, ist in Wirklichkeit noch viel schlimmer. Die deutsche Durchschnittsfrau (Anfang dreißig, drei Kinder, eigene börsennotierte Internetfirma, Spitzenköchin, Topmodel und Nobelpreisträgerin), liest zwar doppelt soviel wie die Männer, jedoch überwiegend Bücher, die von ihrem literarisch umfassend gebildeten Gatten mit der Bemerkung »Meiner Frau gefällt's« hinreichend qualifiziert sind. *Frauenliteratur* bedeutet deshalb sowohl Bücher mit frauenspezifischen Themen (Erziehung, Partnerschaft, Orgasmus), als auch Werke, deren einziger Vorteil darin besteht, von einer Frau geschrieben worden zu sein (außer Hera Lind, denn nur in sehr eng vertrauten Männerrunden ist ein ähnliches Vokabular zu hören wie beim Kaffeeklatsch junger Mütter, wenn die Sprache auf Hera Lind kommt). Aus juristischen Gründen lautet der folgende Satz so: »Die Begeisterung vieler Frauen für Donna Leon und Ingrid Noll erschließt sich etlichen Männern nicht auf Anhieb.« Tolle Frauen und glänzende Schriftstellerinnen alle beide, aber warum liegt dann der echt spannende und intelligente Krimi wochenlang mit Seite achtundzwanzig nach unten neben dem Bett? Warum überhaupt sind nicht mehr Frauen in der Lage, die Urlaubskasse ein bißchen aufzubessern, indem ihnen so was wie *Harry Potter* einfällt, hm? Kann doch so schwer nicht sein. Man setzt sich mit dem Kinderwagen ins Café und fängt einfach mal an! Statt dessen hören wir von der Lektüre über die Situation der Frauen unter Mao. Ganz schlimm war das. Massenweise blutjunge Dinger hat sich der »alte Sack« vom Land heranschaffen lassen und sich nie die Zähne geputzt. Wir setzen schnell die Sonnenbrille auf, um den Glanz in unseren Augen zu verbergen. Wir haben es immer gewußt: Bei Mao war nicht alles schlecht!

Lesen Sie demnächst: Wie Sie sich als männlicher Big-Brother-Intellektueller interessant machen können, wenn Sie von »Verbrechen und Strafe« sprechen, das der Wetten-dass-Pöbel nur als »Schuld und Sühne« kennt.

Leitkultur

Friedrich Merz ist es zu danken: Plötzlich diskutiert man in Deutschland über Kultur! Wir ersparen der geneigten Leserschaft an dieser Stelle die Frage, ob vollendete Multikultiintegration dann erreicht ist, wenn deutsche Mädchen mit Kopftuch und Kreuz um den Hals im evangelischen Kindergarten »Die Reise nach Jerusalem« spielen – dafür gibt es fundamentale Integrationsexperten, allüberall. Wir fragen uns vielmehr: Warum hat der CDU-Fraktionsvorsitzende überhaupt mit der Kultur angefangen? Kultur ist absolut nicht mehrheitsfähig, in der ARD eingestellt, im ZDF verboten und bei den Privaten ein Entlassungsgrund. Kein Stammtisch spricht über Kultur, die überwiegend von Spinnern gemacht wird und den Steuerzahler Millionen kostet.

Wenn überhaupt, dann sind die Deutschen ein Volk zwischen Hydrokultur und Parkhausphilosophie. Wohnkultur, Eßkultur, Spaßkultur – darüber kann man mit uns reden. Und da kann von Deutschtümelei doch wohl keine Rede sein, oder wurde in der Medienszene schon mal der Satz gehört: »Ich hab 'nen Tisch bei meinem Lieblingsdeutschen reserviert«? Wieviel Häme und Verachtung mußte der Saumagen ertragen – eine echte Delikatesse, wenn gekonnt zubereitet – und wer frißt nicht alles die Pizza im Gehen in der Fußgängerzone aus der Hand? Wenn wir Kultur wollen, dann fahren wir nach Italien oder Frankreich, welches dank mustergültiger Integration von Kabylen und Kanaken sogar Welt- und Europameister wurde. Der *Neuen Zürcher Zeitung* verdanken wir weiterhin die Erkenntnis, daß die deutsche Leitkultur seit Jahrzehnten amerikanisch ist. Und die amerikanische Leitkultur wiederum ist der Dollar: Mit zwei Blechkoffern und einer Ziege an der Freiheitsstatue vorbeigeschippert – und zwei Generationen später regiert der Enkel Hollywood! Daran sollten wir uns ein Beispiel nehmen! Hören wir auf mit der garstigen Unsitte, Menschen nach ihrer Religion oder Herkunft zu beurteilen. Stellen wir endlich Fragen, die an die Wurzeln des Menschseins rühren: Wieviel Millionen machst du pro Jahr? Wieviel GmbHs hast du im letzten Jahr gegründet? Warum ist dein Gemüseladen nicht rund um die Uhr geöffnet (wie bei Onkel Wang in Manhattan)? Aber während Manhattan nur ein Stadtteil auf einer ziemlich zugigen Insel vor New Jersey ist, hat Gesamtdeutschland das Zeug zum Big Erdäppel. The Country that never sleeps, so laut schallen die Freudengesänge der Migrantenströme. Und es wird sein wie in den USA: Die Kultur wird bezahlt aus den Spenden der superreichen Enkel bettelarmer Einwanderer. Schluß mit dem falschen Elitedenken, Kultur für alle. Kultur für die Leit. Leitkultur. (Aua, mußte aber sein!)

Schmusig

Viele hätten an dieser Stelle vielleicht eine satirische Auseinandersetzung mit dem Fall Schröder erwartet, welcher durch das Zuspiel von Holzmann und CDU einen Popularitätsschub bei der Masse erfahren hat, wie man ihn so kurz vor dem Fest wohl doch nicht erwartet hätte.

Zu banal. Zu berechenbar. Sinnvoller scheint es, auf den Büchnerpreisträger Arnold Stadler hinzuweisen und sein Buch *Ein hinreißender Schrotthändler*. (In Augenblicken der nachlassenden kabarettistischen Selbstdisziplin hätten wir uns diesen Titel auch für den aktuellen Kanzler erlaubt. Heute nicht. Soll nur drauf hingewiesen sein.)

Schon mehrfach ist es mir passiert, von Kundigen zu hören, daß der *Schrotthändler* »leider nicht sein bestes Buch« sei. Ist aber auch zu schade. Enthält nämlich trotzdem die wunderbare Passage, die sich nicht nur gegen *schmusen* und *kuscheln* wendet, sondern auch *einen Ekel vor dem Gestreicheltwerden* artikuliert. *Schmusen* wird dorthin verwiesen, wo es hingehört: in das Hamburg der sechziger Jahre.

Allein schon für diese halbe Seite hätte Stadler den Büchnerpreis verdient. Wer unvorbereitet von dem Satz *Ich bin heute so schmusig* erwischt wird, der wünscht sich doch unversehens auf ein Holzmanngerüst, gern auch ohne Bürgschaft. Die Gelegenheit muß genutzt werden, andere Wörter zu nennen, deren Erwähnung beim Verfasser dieser Zeilen ein Gefühl auslöst, als sende die Prostata einen eisgekühlten Stromstoß in die Nackenhaare. *Gemütlich* zum Beispiel. Auch in der Variation als *behaglich*. Am besten noch vor einem flackernden Kaminfeuer, mit einer selbstverständlich *schönen* Flasche Rotwein, und dann schön *kuschelig* auf dem Sofa. Da wir gerade dabei sind: Es ist an der Zeit, auch die Verwendung der Formulierung *nicht wirklich* und *nicht so prickelnd* unter Strafe zu stellen. Wer bringt eigentlich immer einen derartigen Scheiß auf, und wie kommt es, daß er in Windeseile *all over Germany* von allen benutzt wird? Irgendwie nicht so prickelnd. Und was ist übrigens von Diskussionsteilnehmern zu halten, die *Hinterhalt* sagen, wenn sie *Hintergrund* meinen? Und *Rechthaberkeit* statt *Rechthaberei.* Was ist von jemand zu halten, der *den Rasen wachsen hört*?

Adventliche Strenge ist angebracht, denn verrutschte Metaphern oder leicht falsch zitierte Sprichwörter sind oft der Tropfen, der den Krug zum Überlaufen bringt, wenn es um partnerschaftliche Zwistigkeiten geht. Dabei hätte der Held in Stadlers Roman seiner Gabi noch einen Sonnenschirm übers Grab gespannt, weil er wußte, wie gern sie im Schatten lag. So sehr hat er sie einmal geliebt.

Nasebohren

Ein erster schicker Trend kann im noch jungen Jahr vermeldet werden: Europa bohrt wieder öffentlich in der Nase. Jahrelang als Zeichen von schlechten Manieren verpönt, wird jetzt gebohrt, was die Scheidewände halten. Erfreulich daran: Vor allem in den gehobenen Kreisen von Vielfliegern, Loungebenutzern und Goldkarteninhabern verschwindet der Zeigefinger oft bis zum zweiten Glied. Dabei ist Bohren 2001 keineswegs nur mehr auf den Zeigefinger beschränkt. Mag dieser in unserem Staat als bohrender Leitfinger gelten, Menschen aus beispielsweise der Balkankultur nahestehenden Ländern nehmen gerne auch den Mittelfinger. So sah ich kürzlich auf dem Pariser Flughafen einen orientalisch wirkenden Herrn, der sich in der Hauptstadt der Mode neu eingekleidet hatte. Umringt von Einkaufstüten führender Designer lag er halb auf einer Bank und drehte den rechten Mittelfinger hundertzwanzig Grad von rechts nach links und zurück ins rechte Nasenloch. Daß er dabei die Oberlippe rechts hochzog, schien den Bohrvorgang zu vereinfachen. Dabei starrte er vor sich hin, was der Situation etwas Meditatives verlieh. Aus Angst, eventuell religiöse Gefühle zu verletzen, schaute ich ihm nicht länger auf die Nase, sondern auf den Bauch, wo das Versace-Hemdchen in drei Nummern größer vielleicht verhindert hätte, daß es nach oben rutscht und einen komplett behaarten Fettring oberhalb des Hosenbundes freilegt. Zurück in die Heimat, in einen jener geliebten Busse, welche uns auf den Flughäfen zu den eher kleineren Maschinen bringen. Hier konnte kürzlich in Stuttgart die Hand-an-Haltestange/kleiner-Finger-in-Nasenloch-Technik bestaunt werden. Dabei hält sich der Bohrer fest und legt den Kopf so nahe an die Hand, daß ein Eindruck von Grübeln entsteht. Die Stirn ruht auf den umklammernden Fingern, und mit dem kleinen Finger wird zunächst wie beiläufig an der Nasenkuppe herumgespielt. Als ob ein kleines Hautteilchen wegzuschnippen sei. Was übrigens auch mal sein kann, wie kürzlich bei einem Herrn mit roter Knollennase (Frost?, Alk?) beobachtet, dem eine Schuppe vom Kopf auf eben diese geschwebt war. Wie am Anfang von Forrest Gump, nur in unappetitlich. Was ist übrigens von aufgedunsenen Vollbartträgern in Missoni-Jacken zu halten, die sich, während sie beim Italiener auf die Vorspeise warten, mit dem linken Zeigefinger – Ellbogen auf der Fensterbank – das Ohr säubern. Auch hier wird Nachdenklichkeit vorgetäuscht, soll die Aktion zufällig wirken. Deshalb wird nach der Säuberung auch zunächst mal überlegend der Bart gerieben, wobei der Finger mit der Schmalzprobe leicht abgewinkelt wird.

In einem unbeobachteten Augenblick wandert die Hand dann unter den Tisch und – entscheiden Sie selbst!

Außerdem wollte ich noch fragen, ob es politisch korrekt wäre, wenn ich hier demnächst mal das Vokabular aufschreibe, welches ich stumm in mich hineinfluchte, als ich mitkriegte, wie die Stewardeß bei der Landung in Paris zu dem äußerst lässig auftretenden afrikanischen Mitreisenden sagte: »Um Gottes willen, hatten Sie Ihr Handy während des Fluges an?«

Mein 68

Muß ich zurücktreten? Hat meine Biographie einen Bruch, der sie eigentlich erst spannend macht? Ist es nicht notwendig zuzugeben, daß ich mich von etwas losgesagt habe, weil ich ja niemals zugesagt habe? Habe ich an einer Spontisitzung teilgenommen? Sie gar geleitet? Wurden in meinem Wagen Waffen transportiert? Habe ich Steine geschmissen? Sind Freunde von mir in den Untergrund gegangen? Wollte ich sie daran hindern? Hätte ich ihnen Geld gegeben, wenn sie zu erkennen gegeben hätten, daß sie einen Ausstieg planen? Uff! Meine persönlichkeitsinterne Fragestunde hat ergeben: Wieder einmal habe ich ein »absolut reines Gewissen«. Das kommt aber daher, weil ich per Gnade der mittendrin Geburt keiner medial bedeutenden Generation angehöre. Weder war ich Achtundsechziger (geb. 57, kann ich per offizieller Urkunde des Systems beweisen, auch durch Fotos, steht auch in Taschenbüchern von mir, die Kiepenheuer und Witsch veröffentlicht hat), noch gehöre ich zur Generation Golf. Ich bin Generation Ente. Im Sinn von Döschewo. Mit der Ente von der Mutter vonnem Kumpel sind wir nämlich nach dem Abi nach Frankreich gefahren. Muß ungefähr zu der Zeit gewesen sein, als Sartre von Frankreich nach Stammheim fuhr. Für genauere Recherche fehlt leider die Zeit. Vielleicht bin ich auch Generation Stufenschnitt. Lange Haare haben meine Eltern nämlich nur erlaubt, wenn sie an den Seiten abgestuft waren (Beweisfotos hat BUNTE!).

Hätte mich natürlich gegen meine Eltern auflehnen können. Wäre aber zu stressig gewesen, mit eigener Wohnung und so. Außerdem hatte ich ja eigenen Schlüssel. Auf meinem schlurfenden Gang zu mir selbst wurde mir klar: Ich wollte das System nie verändern. Was mich am System allerdings immer gestört hat, war seine doch lange Weigerung, mich als führenden Repräsentanten entsprechend zu würdigen und zu entlohnen. Um 68 rum habe ich als Pfadfinder an der Osteraktion »Flinke

Hände, flinke Füße« teilgenommen. Bedeutete: Auto waschen, Schuhe putzen, Keller aufräumen, und das eingenommene Geld wurde für »Projekte in der Dritten Welt« gespendet. Praktisch sah das so aus, daß ich am kalten Ostersamstag auf dem Schillerplatz in Nürtingen mit ungebrochenem Idealismus Schuhe putzte, und die älteren Pfadfinder saßen im geheizten Zelt bei Spezi und Leberkässemmeln. Und wahrlich, es fiel mir wie Schuppen aus den Haaren (ist von Otto!): Das System ist prima, aber du (im Sinn von ich) bist am falschen Ende der Skala, und ich beschloß, das System von unten nach oben umzukehren (vergl. auch Bert Brecht: »Lied vom Flicken und vom Rock«). Jetzt kann ich zweimal am Tag warm essen, obwohl ich nicht Bundestrainer geworden bin. Und später erzähle ich mal, warum ich am 20. April innerhalb von fünf Minuten auf dem Kreiswehrersatzamt in Stuttgart zum Zivi gemacht wurde.

Dylan

Zum sechzigsten Geburtstag des Meisters fällt mir ein: Auch Nürtingen hatte seinen Dylan. Eigentlich hieß er Hartmut, aber weil er der größte Dylanfan weit und ziemlich breit war, nannten ihn alle bloß Dylan. Es gab auch einen Jagger in Nürtingen (bürgerlich: Ekkehard), der hieß aber Jagger nur wegen seiner Lippen. Wie der echte Jagger war auch er ziemlich ehrgeizig und hatte in über der Hälfte aller Fächer Einsen. Dylan hieß Dylan, weil er alle Platten von Dylan hatte, jeden Song konnte und teilweise auch mit Gitarre in die Schule kam. Dylans Mutter arbeitete in einer Strickwarenfabrik, wofür Nürtingen damals ziemlich berühmt war, daher auch der Spitzname für die Bewohner, »d'Stricknodla«. Im Gegensatz zu mir durfte Dylan lange Haare haben, also nicht richtig lang, sondern dylanmäßige Strubbelwolle. Manchmal holte Dylan seine Mutter in der Strickwarenfabrik ab und lief dann mit dem Gitarrenkoffer neben ihr her zur Bushaltestelle. Dabei rauchte er. Daß der damals ungefähr sechzehnjährige Dylan im Beisein seiner Mutter auf der Straße rauchen durfte, war eine echte Sensation, die meine Mutter aber darauf zurückführte, daß Dylans Mutter geschieden war und seiner nicht »Herr wurde«. Das absolut Größte war, daß Dylan dieses Mundharmonikagestell wie der echte Dylan hatte, das damals in Nürtingen unmöglich gekauft werden konnte. Genau wie übrigens eine Brille mit grünlich getönten Gläsern, die seitlich gebogen waren, so wie Peter Fonda sie in *Easy Rider* trug. Ein Kumpel hatte Dylan das Gestell aus München mitgebracht. Es versteht sich, daß Dylan, wenn er zum Beispiel im »Liedle« *How many roads* sang, klang wie der echte Dylan. Einmal gab es fast Krach, weil Stöpsel (bürgerlich: Waldemar) behauptete, *Blowin' in the wind* hieße *How many roads*. Dann bestätigten aber alle, daß Dylan natürlich recht hatte, und Stöpsel mußte einen Stiefel zahlen. Im »Liedle« wurden häufig Stiefel getrunken, meistens während die anderen in

Reli oder Geschi saßen. Dabei spielte Dylan Gitarre und Mundharmonika und hatte neben der Mundharmonika eine Zigarette im Gestell, an der er zwischen den Strophen zog. Überraschenderweise ging Dylan dann als einer der wenigen zum Bund. Alle hätten gedacht, daß Dylan auf jeden Fall verweigert, aber er wollte den LKW-Führerschein machen. Irgendjemand erzählte, Dylan habe sich sogar zwölf Jahre verpflichtet (»Z-Grabstoi«), denn nur dann wäre der LKW-Führerschein möglich gewesen. Später habe ich Dylan noch mal auf dem Stuttgarter Hbf getroffen. Er kam mit seiner Frau (ich bin nicht ganz sicher, aber ich glaube, es war Nympho-Uschi aus der Parallelklasse) vom »Weindorf«. Eigentlich wollte er kurz zuvor zum Dylankonzert nach Balingen. Aber da hatte sein Ältester Konfirmation. Vielleicht klappt's in Gmünd. Tschüßle.

Parallellesen

Sicher, die Überschrift hat schon rein optisch ihren Reiz. Wer jedoch meint, das sei vielleicht ein bißchen viel »el« und ein »ess« vergessen, dem sei verraten: Gemeint ist, mehrere Bücher nebeneinander zu lesen.

Fangen wir an mit Henry James, *Der Wunderbrunnen*. Gerade zum ersten Mal in deutscher Übersetzung erschienen. Mehr als zehn Seiten schaff ich nicht, dann fallen mir die Augen zu. Liegt's an der Übersetzung? Ist Henry James im Original eine Sensation? Hätte ich mit *Portrait of a Lady* anfangen sollen? Es geht um einen Mann, der auf einer Einladung bemerkt, daß eine wesentlich ältere Frau auf Kosten ihres jungen Gatten immer mehr aufblüht. Jetzt bin ich auf Seite achtzig, und der Beobachter ist nur damit beschäftigt anderen mitzuteilen, wer sich auf wessen Kosten verjüngt und wer gerade wessen Blick nicht standgehalten hat. Als sich wieder mal Spannung im Sinn von »Wir traten ins Freie« ankündigt, greife ich zu *Inzest* von Christine Angot. Eine Frau und Mutter ist für drei Monate homosexuell. Wegen einer Ärztin. Die neue literarische Sensation aus Frankreich. Alles so gut wie authentisch. Ist auch faszinierend. Geschrieben. Aber. Die Interpunktion ist teilweise. Etwas merkwürdig. Strengt. An. Beim Lesen. Im ersten Kapitel *No man's land*. Im zweiten (*Weihnachten*) wird der Rhythmus ruhiger und die Interpunktion klarer. Aber häufiger Wiederholungen. Wiederholung. Wiederholungen. Wiederholungen. Wiederholungen. Wieder Holungen. Hohle Lungen. Irgend jemand hat AIDS in diesem Roman. Bisher habe ich nicht kapiert, wer. Die Erzählerin? Der Vater der Tochter? Ihr Vater, der sie mißbraucht hat? Es folgt eine ausführliche Auflistung sämtlicher Formen von Geisteskrankheit. Paranoia, Hysterie, Schizophrenie usw. Das liest sich interessant. Aber verglichen mit Mme. Angot ist Monsieur Houellebecq ein totaler Normalo mit leichten Beziehungsproblemen. Nach zwanzig

Minuten Lektüre von Anrufen, Heulkrämpfen, Schüttelfrost, wieder Anrufen, Schüttelkrämpfen, schnell Auflegen usw. greife ich zu Dostojewskis *Verbrechen und Strafe*. Ich weiß, ich weiß. Aber in meiner Übersetzung von Swetlana Geier heißt das Buch *Verbrechen und Strafe*. Bekannt als *Schuld und Sühne*. Ein Selbstversuch. Seit der Lektüre von Nabokovs *Die Kunst des Lesens* (S. Fischer Verlag) ist mir Dostojewski nämlich verleidet. Ein Krimiautor. Sentimental. Platt. Abgedroschen. Sagt Nabokov. Muß natürlich nix heißen, aber Nabokovs Götter heißen Flaubert und Tolstoi und ein bißchen auch Tschechow, und da hänge ich natürlich an seinen Lippen (übrigens ein abgedroschenes Bild). Ich lese also die elend lange Erzählung von Marmeladow im Wirtshaus, bin leider gerührt, als im Traum das »Pferdchen« zu Tode geprügelt wird, und stelle fest, daß der Brief von Raskolnikows Mutter besser wirkt, wenn man ihn langsam liest. Aber dann kann ich es nicht lassen und greife gierig wieder zu Nabokov, um nachzulesen, warum Dostojewski fast so zweitklassig ist wie Gorki. Nachts träume ich von einer heulenden Ärztin, die Iso Camartin anruft: Iso Camartin, bekannt und beliebt als Bachmannpreisjuror, schreibt im Nachwort vom *Wunderbrunnen* sinngemäß, daß man sich am besten in den Roman einliest, wenn man berücksichtigt, daß einem der Erzähler mit seinen ständigen Analysen auf den Geist geht. Mach ich morgen.

Turboabi

Saarland, wir folgen dir! Der sympathische Zwergstaat rund um Dudweiler hat als erstes westlich orientiertes Bundesland beschlossen, das Abitur schon nach 12 Schuljahren an Interessierte zu verteilen. Gut so, denn jeder, der schon mal ein Abi gebaut hat, weiß: Das letzte und 13. Jahr bringt eh nichts mehr.

Da wird nur noch gefeiert, nachts in Freibädern bekifft über Zäune geklettert oder gemeinsam mit Kumpels in der Turnhalle gefetet, in die man sich nach Schulschluß vom Hausmeister hat einschließen lassen. Bleiben also 12 Jahre für die Ausbildung, wobei das 12. Jahr eigentlich auch nicht mehr viel bringt, denn wer die richtigen Leistungskurse gewählt hat, für den läuft es ab der 11 von allein. Normalerweise wird die 11 wiederholt, so auch vom Verfasser dieser Zeilen, denn bis dahin haben sich so viele Lücken angesammelt, daß außer Lücken praktisch überhaupt nichts mehr im Schülerhirn vorhanden ist. Wer also das Abi einigermaßen bestehen will, muß die 11 wiederholen, um in Latein wieder ein Verb von einem Städtenamen unterscheiden zu können oder im Französischdiktat nicht länger nach Gehör schreiben zu müssen, sondern das Satzende in etwa auch grammatikalisch bestimmen zu können. Da fällt mir auf: Damals, in den siebziger Jahren des vorigen Jahrhunderts, als ich eine glanzvolle Reifeprüfung im intellektuellen Hochleistungsland Baden-Württemberg abgelegt habe (Selbsteinschätzung), da wurden noch Diktate geschrieben. Gibt's das heute noch? Und wird noch Mathe, Physik und Chemie unterrichtet? Das könnte man nämlich gleich einstellen, bringt doch nichts. Das würde die Schulzeit glatt nochmals um zwei bis drei Jahre verkürzen, womit wir langsam dahin kämen, daß 14jährige mit dem Studium beginnen könnten. Da wäre der Inder platt vor Staunen!

Mit Mathe, Physik und Chemie ist es nämlich so, daß es im Grunde ja einfach ist. Wer in Mathe gut ist, kapiert auch die beiden anderen Fächer. Das sind normalerweise drei Typen pro Klasse, der Rest sitzt rum und tut sich schwer. Außerdem braucht später niemand Mathe, der Euro wird automatisch umgestellt, und sonst gibt's Taschenrechner, ohne Chemie wären unsere Flüsse sauber und Physiker haben die Atombombe erfunden.

Weiß man das in unseren Kultusministerien? Natürlich hat Chemie auch gute Seiten, zum Beispiel Medikamente, und ohne Physik würde der Apfel nicht vom Baum fallen, aber die, wo das interessiert, wissen es sowieso, und der Rest kann es ja später als Suchbegriff eingeben, falls er es mal braucht. So gesehen könnte man noch ein Jahr streichen. Gute Fächer, die niemand überfordern und einen prima auf später vorbereiten, weil jeder mal was sagen kann, ohne genau Bescheid zu wissen, sind Deutsch und Reli. Warum legt man die beiden nicht einfach zusammen und nennt sie *Schwafelkunde*? Wie beurteilen Sie Faust? Ist die Bergpredigt für den modernen Menschen noch sinnvoll? Was halten Sie vom Epischen Theater? Wäre Jesus heute in der RAF? – Wer zu diesen Themen nicht mindestens 10 Seiten schwungvoll und stilistisch ansprechend füllen kann, muß sich fragen lassen, ob er für den Standort Deutschland nicht zur Belastung wird. Was Not tut, ist eine Schulpolitik der ruhigen Hand. Gaaanz ruhig. Werden unsere Jugendlichen mit zuviel Detailwissen belastet, sind sie später nur noch sehr bedingt als Führungskräfte geeignet, von denen vor allem visionäre Gesamtkonzepte erwartet werden, deren detailgenaue Erarbeitung Fachkräften, gerne auch ausländischen, überlassen werden sollte.

Fassen wir zusammen: Im Zeitalter der Globalisierung kann Deutschland den Sprung aus dem Elend in die Armut nur schaffen, wenn bereits 10jährige an Stammzellen forschen. Das nötige Grundwissen hierfür erhalten Erstsemester via UMTS aus Call-Centern. Auf unseren Gymnasien sollte kalt geduscht und bei offenen Fenstern rhythmisch geklatscht werden. Das härtet ab und schützt vor allzuhohen Erwartungen. Drei Jahre Schule sind genug, den Rest regelt der Markt. Setzen!

Errata

Wir wollen das neue Jahr starten mit einer Empfehlung für alle Abiturienten, auch die weiblichen, für die es sich eigentlich nicht gelohnt hat, weil sie später sowieso heiraten. Eine Empfehlung also, die nahezu ultimativ die Frage beantwortet: Haste mal 'n Tip, was man so lesen kann? Hamwa! Wir gehen davon aus, daß sich nichts geändert hat seit 1977, dem Jahr, in dem der Verfasser dieser Zeilen in baden-württembergischer Idylle das Zeugnis der Reife erlangte. Man verläßt das Gymnasium ahnungslos! Ist doch so, oder?

Im Idealfall bleibt da eine Ahnung, daß es so was gibt wie Troja, Bach und Brecht, aber nix genaues weiß man nicht. Nun sei ein Buch empfohlen, welches eine Orientierungshilfe sein kann für alle, die zumindest nicht dumm sterben wollen. Das Buch heißt *Errata. Bilanz eines Lebens*. Von George Steiner. Da steht alles drin, was man so braucht, und noch ein bißchen mehr. Warum zum Beispiel Racine doch noch einen Zacken besser ist als Shakespeare. Warum es sich lohnt, Heidegger zu lesen, auch wenn man davon kein Wort versteht. Und warum auswendig lernen mit das Wichtigste überhaupt ist. Kritische Stimmen könnten jetzt anmerken, das sei alles stark vereinfacht. Stimmt.

Aber es soll ja nur ein Anreiz sein, das Buch zu lesen. Wie entdeckt man überhaupt solche Bücher? Das kommt so: George Steiner ist ein Universalgelehrter, den man schon hin und wieder mal zitiert hat, um sich auf dünnem Eis abzusichern. Von dem hat man also schon mal gehört. Dann wird einem eines Januartages im Café Landmann in Wien von Herrn Ankowitsch und Herrn Malchow nahezu unisono das Buch *Von realer Gegenwart* (Autor: George Steiner) empfohlen. Man schreibt sich den Titel auf und nimmt sich ein gutes Jahr lang vor, das Buch zu kaufen. Kommt aber irgendwie nicht dazu, obwohl man viele Bücher kauft. Dann steht man kurz vor Jahresfrist in der Küche und ißt ein Salamibrot. Nicht so sehr weil man Hunger hat, sondern weil die Salami weg muß. Dabei blättert man in der *ZEIT*. Dort werden Menschen interviewt, die das gerade vergangene Jahrhundert nahezu komplett durchlebt haben. Wie zum Beispiel Marika Rökk. Fantastisch. Zauberhaft. Alles wunderbar. Oder auch Norberto Bobbio, von dem unsereins vorher noch nie gehört hat, der aber als bedeutendster lebender Philosoph Italiens gilt. Man darf sagen, daß Norberto Bobbio das zwanzigste Jahrhundert in Nuancen anders beurteilt als Marika Rökk. Vor allem aber erwähnt er das Buch *Errata*, welches ihn im vergangenen Jahr am meisten beeindruckt hat. Also kaufen wir das Buch, beginnen zu lesen, und beginnen zu ahnen, wovon er spricht. Deshalb: kaufen, lesen, Leben ändern.

MEDIEN – Traumjob für alle

Dieses Kapitel können Sie getrost als Betriebsanleitung lesen: Learning on the job!

Wozu lange Jahre mit aufwendigem Studium oder teurer Ausbildung vertrödeln?

Einfach rein in die Welt des Glitzers und Glamours – und das Geld liegt auf der Straße. Schon bald werden Sie jemand finden, der sich auch noch für Sie bückt.

Selbst aufheben, das war mal. Also: Die nächsten Seiten sind pures Geld, Blatt für Blatt. Und falls es doch mal schiefgeht – einfach in umgekehrter Reihenfolge noch mal probieren.

Rabatt

Jetzt wird Rabatt gemacht! Dieser Kalauer muß erlaubt sein, denn nach siebzig dürren Jahren befinden sich die Deutschen im Ermäßigungstaumel. Allerdings beschleicht einen der Eindruck, unsere Landsleute seien noch nicht ganz so geübt wie etwa befreundete Völker rund ums Mittelmeer, wo ja Handeln im Basar gewissermaßen zum guten Ton gehört. Schon der freudige Ausruf »Jetzt wird gefeilscht wie im Basar« war in der Lokalpresse nie ohne die unmittelbar folgende Anmerkung zu finden, *feilschen* und *Basar* seien keineswegs abwertend gemeint, sondern geradezu Komplimente in Sachen Lebensfreude, die uns Deutschen bekanntermaßen abgeht. Nur ganz sattelfeste Edelfedern der linksliberalen Presse trauten sich gar an das Verb *Schachern*. Dabei ist es so einfach: Warum machen Sie es nicht einfach wie der Produktionsleiter einer Fernsehanstalt, der schon vor Jahren mit engen Freunden im teuren Restaurant edle Weine orderte.

Zunächst wurde der Wein als in Ordnung bewertet, kaum hatte der Ober den Tisch verlassen, kippte die fesche Männerrunde nahezu dreiviertel der Flasche auf ex. Dann wurde der Kellner an den Tisch zurückbeordert, und es hieß: »Tut mir leid, der Wein korkt.« Anstandslos wurde eine neue Flasche gebracht, und es hieß sogar: »Den alten können Sie hier lassen.« Zwei Flaschen zum Preis von einer, in diesem Fall sogar doppelt wurscht, weil die Rechnung sowieso dem Sender reingewürgt wurde.

Überhaupt die Medienwelt. Außenstehende hören hier vielleicht zum ersten Mal vom *Journalistenrabatt*, in der Regel 15 %. Und zwar auf so ziemlich alles und noch mehr. Gestandene Journalisten mögen sich an dieser Stelle vielleicht verwundert die Augen reiben, aber ich habe auch noch nie einen Journalisten mit Presseausweis gesehen. Presseausweise sind nämlich weniger was für Presseleute, sondern eher was für Medienschaffende, die zwar das Alphabet nicht unbedingt flüssig parat haben, dafür aber ein großes Auto mit vorne Platz zum Reinlegen. Auf die Ablage, meine ich. Man staunt oft nicht schlecht, wer alles mit Pressekarten in ausverkauften Konzerten auf den teuersten Plätzen sitzt.

Man sieht also, Ermäßigung oder gleich Nulltarif waren schon immer eine Frage der individuellen Gestaltungsmöglichkeiten. Geradezu rührend nehmen sich da die Tips aus, die jetzt gegeben werden, um im Umgang mit hartherzigen Verkäufern das Optimum rauszuholen: a) Ich habe nicht mehr Geld, b) es ist für meine arme Oma, oder gleich c) ich bin ein Freund vom Chef.

Auch wurde noch niemand gesehen, der die neue Einbauküche ohne Preisnachlaß, dafür aber mit einem mundbemalten Vesperbrett als Dreingabe gekauft hätte. Ein bißchen Übung kann allerdings nicht schaden, denn mir ist noch die Erzählung eines der Könige der Volksmusik im Ohr, der während einer Nahosttournee einen echt antiken Teekessel – selbstverständlich ein Unikat – von vierhundert auf siebzig Mark (»Der Lump hatte Tränen in den Augen«) heruntergehandelt hatte. Wieder im Hotel, bog ein mitgereister Fan um die Ecke. Selber Teekessel, zwanzig Mark, und eine Handtasche für die Frau. Sakra, diese Hunde bescheißen dich, wo es nur geht.

Mogul

Viele junge Menschen in unserem Land stehen in Sachen Berufswahl vor der Frage: Wie werde ich Mogul? Weder gibt es hierfür ein klar umrissenes Berufsbild noch einen gar mit staatlichen Mitteln geförderten Ausbildungsweg, es hilft nur eins: Tag und Nacht am Telefon hängen und es irgendwie packen.

In diesem Zusammenhang kann die neu erschienene Biographie »The Operator« von Tom King hilfreich sein, die den Werdegang von David Geffen beschreibt. David wer? Auch in der Prada-verseuchten deutschen Medien-In-Szene ist dieser Name nicht unbedingt jedem geläufig, dabei ist dieser Mann nun wirklich einer der ganz Großen, der es aus ebenso ganz kleinen Verhältnissen in Brooklyn bis an die absolute Spitze in Hollywood geschafft hat. Die Verhältnisse waren allerdings nicht ganz so klein wie Tom Cruise, der sich während der Dreharbeiten zu »Interview mit einem Vampir« heimlich Schuhe anfertigen ließ, die ihn größer machten als Brad Pitt. Dies wurde von der Filmvorführerin weitergetratscht, die dies während einer täglichen Sichtung der Muster von Mr. Geffen aufgeschnappt hatte und selbstverständlich sofort gefeuert wurde. Ja wo simmer denn? In Hollywood, und dort, so ist zu lesen, ist vieles so, daß es einen an Köln-Hürth erinnert, irgendwie. Zum Beispiel gibt es da die Firma »Dreamworks«, in deren Kinovorspann ein Junge so süß im Mond sitzt. Diese Firma gehört den Herren Spielberg, Katzenberg und Geffen. Drei Moguln (korrekter Plural, übrigens), die sich zusammengeschlossen haben, um ihre Einzelpower synergetisch zu nutzen. Hieß es. Jetzt sieht es so aus: Herr Spielberg muß massiv bekniet werden, auch mal einen Film für die eigene Firma Dreamworks zu drehen, weil alle Drehbücher, die ihn interessieren, gehören anderen Firmen. Herr Katzenberg hat sein Leben der Aufgabe verschrieben besser zu sein als Disney, und Herr Geffen hat sich das alles anders vorgestellt und trauert ansonsten ein bißchen seiner Zeit im Musikgeschäft nach. Dort hat er übrigens nicht nur die Eagles entdeckt, sondern auch Guns'n Roses. Besser gesagt, sein Mitarbeiter Tom Zutant, aber Mr. Geffen hat den notwendigen Scheck organisiert. Axel Rose wollte nämlich bis Freitagabend 75 000 Dollar, und die Tante von der anderen Plattenfirma wäre sogar bereit gewesen, für einen Vertrag mit G'n'R nackt die Straße in Hollywood runter zu gehen, aber der Scheck von Geffen war schneller. Einmal wurde Mr. Geffen übrigens mal von einem attraktiven jungen Mann aus seiner Villa ein Picasso geklaut. Als die Polizei ihn fand, wollte er ihn gar nicht wiederhaben, denn er hatte von der Versicherung 75 000 Dollar (schon wieder!) bekommen und selber nur 35 000 dafür bezahlt. So sind sie, die Moguln! Erschienen ist das Buch bei Random House, und das gehört selbstverständlich Bertelsmann! Mr. Geffen hat übrigens Mr. Middelhoff, den Chef von Bertelsmann, persönlich angerufen, um das Buch zu stoppen. Aber Mr. Middelhoff hat Mr. Geffen an den Chef von Random House verwiesen. Stand in der besten Zeitung der Welt und klingt ziemlich cool. Laut Mr. Ertegun, einem anderen Mogul in diesem Buch, wird man übrigens Mogul, indem man sehr langsam geht und vielleicht in ein Genie rennt, das einen reich macht. Marsch!

Begegnungen

Im Restaurant. Ein Herr, den ich nicht kenne, kommt an meinen Tisch und gibt mir die Hand. Genauer gesagt streckt er mir die Hand so hin, daß ich nicht anders kann, als sie zu ergreifen. »Harald Schmidt?«, sagt er und setzt sich.

Er hat mich kürzlich gesehen. Beim Sechzigsten von Curd Jürgens. Oder mit Sechsundsechzig. Udo. Udo Jürgens. War gut. Hat ihn überrascht. Der Jürgens hat ja immer verschiedene Klaviere. Mal weiß, mal durchsichtig. Daß ich auch Klavier gespielt habe, hätte er nicht erwartet. Hat mich von einer völlig anderen Seite gezeigt. War gut. Kennen sich eigentlich die Entertainer so untereinander? Ach so. Der andere war auch gut. Der Berühmte. Der Schauspieler. Wie heißt jetzt der! Lampert? Nee. Krüger? Udo Krüger? Krug! Genau! Manfred Krug!! Singt ja auch. War überraschend. Ne, war gut. Muß man sagen. Der Herr selbst gibt Englischunterricht auf privater Basis. Meine Late-Night-Show sieht er nicht so häufig, aus zeitlichen Gründen. Aber wenn – sehr auflockernd. Wie da Leute noch mal aufgelockert werden. Das ist möglich, wenn einer mit so Gags vorgeht. Wie in diesem Film mit Sandra Bullock, den der Herr mal gesehen hat. Zweimal. Er wollte feststellen, ob man an anderen Stellen lacht, wenn man den Film schon kennt. Ist so. Tatsächlich. Zum Beispiel donnerstags, wenn nur ein paar Leute im Kino sind. Da merkt man, wenn der vor einem lacht, findet man's auch witzig. Sandra Bullock hatte in dem Film was mit einem, der schon mit einer anderen verlobt war, aber durch ihre moderne Einstellung hat sie ihn aufgelockert. Ein anderer Herr kommt an meinen Tisch. Guten Abend. Er hat mich schon vorhin erkannt, als er auf dem Parkplatz an mir vorbeigefahren ist. Gleich erkannt. Aber jetzt, wo ich fertig gegessen habe, darf er nicht nach Hause kommen ohne Autogramm für seine Kinder. Riesenfans. Mmh, mmh, macht der erste Herr zustimmend nach jedem Satz des anderen Herrn. Schönen Abend noch. Danke. Gut, jetzt weiter mit der Geschichte von Sandra Bullock. Irgendwas mit Hochzeit. Nicht so direkt wie mit dem Gear und Julia Roberts in »Die Braut, die sich nicht traut«, aber sie sind auf einem Zug. Auf einer wunderschönen Landschaft. Irgendwas mit Sturm. Weil der Sturm filmisch sehr schön umgesetzt ist. Und er schreit das so raus und sie lockert ihn auf. Und die Braut wartet schon. Und die Schwiegereltern werden immer nervöser, ob der Bräutigam kommt oder nicht. Das war der Durchbruch von Sandra Bullock. Und am Schluß geht der Bräutigam und entscheidet sich doch für die Braut. Oder nicht? Das weiß der Herr jetzt leider nicht mehr: Also dann, schönen Abend noch. Tschüss. Hilfe: Was war das für ein Film?

Jason Robards

Mit Jason Robards ist einer meiner Lieblingsschauspieler gestorben. Leider hatte ich nicht mehr das Glück, ihn auf der Bühne zu erleben; denn alleine den Fotos in meinen Schauspielführern nach zu urteilen, muß er grandios gewesen sein. Drei Filmrollen bleiben vor allem im Gedächtnis: Der Chefredakteur in »Die Unbestechlichen«, Cheyenne in »Spiel mir das Lied vom Tod« und – mein Favorit – der Poststationsbetreiber in »Abgerechnet wird am Ende«. Leider ist mir der Rollenname entfallen, dafür sind zwei Szenen um so präsenter: In der einen nagelt Jason Robards die Blechteller auf dem Holztisch fest, damit sie ihm nicht geklaut werden. Wenn er abspült, kippt er einfach einen Eimer Wasser drüber. Und in meiner Lieblingsszene in diesem Western kippt er den beiden Ganoven, die ihn zu Beginn ohne Wasser in der Wüste zurückließen, einen Korb voll Klapperschlangen in die Sandgrube, in der sie nach der Goldkiste suchen. Das Ganze sehen wir in Zeitlupe! Kaum einer kennt allerdings Jason Robards bei seinem wirklichen Namen.

Wenn überhaupt, kann man ihn anderen mit seinen Rollen ins Gedächtnis rufen. Leider häufig ist festzustellen, daß Schauspieler nur an ihren Rollennamen wiedererkannt werden. Schwierig wird es, wenn weder der bürgerliche Name noch jener der Figur präsent ist. Dann wird es schnell »der, der in Schindlers Liste den KZ-Leiter gespielt hat«. Richtig. Ralph Fiennes. Und die Rolle hieß Amon Göth. Über die korrekte Aussprache von Ralph Fiennes lassen sich auch Vorträge von mittlerer Dauer füllen. Wirklich Spaß macht es, wenn das Gegenüber in Sachen Film richtig beschlagen ist. Neulich zum Beispiel lief ich im Restaurant mit der Andeutung »Kuck mal, da kommt Kevin Kline mit Frau Who« ziemlich ins Leere. Kevin Kline kennt nämlich auch kaum jemand, man muß ihn immer als »den mit dem Schnäuzer« aus »Ein Fisch namens

Wanda« erklären. Und Frau Who sieht aus wie die Whos im »Grinch«, starke Backen und verkürzte Oberlippe. War also eine nicht unkomische Situation, wie sich Otto und Frau Who am Tisch vorbeischoben. Dabei habe ich gar nicht Otto gesagt, denn sonst wäre gekommen: »Wieso, der sieht doch nicht aus wie Otto.« Obwohl natürlich nicht Ottifanten-Otto gemeint war. Und wenn man erst erklären muß, daß ein drahtiger Dunkelhaariger mit Schnäuzer nicht das kleine Ottili sein kann, macht's ja auch keinen Spaß mehr.

Ärgert mich jetzt aber schon, daß mir nicht mehr einfällt, wie Jason Robards in diesem Film hieß. Die Prostituierte, zu der er immer ging, hieß Hildy. Hatte sie nämlich im Latz ihrer Lederhose eingestickt. Aber ich wußte letzte Woche ja auch nicht, wer das berühmteste Mathematikbuch aller Zeiten geschrieben und wieviel Rippen der Mensch hat. Nicht mal mit Nachzählen bin ich drauf gekommen. Bei den Rippen.

Hannibal

Das Buch war aber besser! Natürlich ist dieser Satz ebenso ungerecht wie verboten, denn als Oberlehrer wissen wir, daß es sich bei Buch und Film um zwei völlig verschiedene Medien handelt – wer hätte das gedacht! Und dennoch: Als wir damals zwischen den Jahren in zwei Nächten das auch nicht wirklich gute Buch (zu anmaßendes Urteil? Nö. Immerhin erfüllt der Bestseller von *Thomas Harris* alle Kriterien in der Kategorie »spannend zusammengenagelt mit viel hineingepropftem und etwas angelesem wirkenden Wissen über Dante und Florenz«) verschlungen, stellte sich als erste Frage: Wer spielt Mason Verger und wie kriegen sie das mit der Maske hin? Gespielt wird er von Gary Oldman, was aber ähnliches bewirkt wie schon der Grinch von Jim Carrey: Man sagt dauernd: Das ist Jim Carrey, das ist Jim Carrey. Jim Carrey hätte man sich übrigens an Stelle von Ray Liotta als korrupten FBI-Mann Krendler gewünscht, ausschließlich für die Schlußsequenz, in der Krendler mit abgenommenem Skalp sein eigenes Hirn löffelt. Das hätte mit Carreys Mimik ein echter Knaller werden können. Die Maske von Gary Oldman sieht so aus, als hätte man Michael Jackson für eine Whiskasreklame zu stark bestrahlt. Sie sieht aber auch ein bißchen so aus wie eine deutsche Schauspielerin, die es in Hollywood geschafft hat, bei der es aber nach mehreren Liftings eher den Eindruck von Totenkopf mit altem Fußball drüber hat und die wir leider aus juristischen Gründen nicht nennen können. Als Nachfolgerin von *Jodie Foster* ist *Julianne Moore* ein erfrischender Totalausfall. Wer sie durch den Wald stampfen sieht hat immer Angst, die Luft könnte knapp werden, bevor die zehn Sekunden-Einstellung gedreht ist.

Am meisten habe ich bedauert, daß die Schwester von Mason Verger im Film komplett wegfällt. Eine knackige Kampflesbe, die es zwischen ihren Schenkeln rauspreßt wie die aktuelle Lebensgefährtin unseres Bundeskulturministers in ihrem gefeierten Romandebüt. Wahrscheinlich hat man in Hollywood wieder keinen Star gefunden, der eine Lesbe mit inzestuösen Tendenzen spielen will. Warum hat man nicht Schwarzenegger gefragt? Wenn ich es im Halbschlaf richtig mitgekriegt habe, hat sich Hannibal am Schluß die Hand abgehackt. Das läßt für die Fortsetzung Spannendes vermuten: Näht er sich die Hand selber wieder dran? Spielt er als Einhändiger Bach in Litauen? Geht die Hand selbständig auf Jagd nach Dr. Lecter?

Ich jedenfalls gehe aus Protest gegen die zwölf Oscarnominierungen für *Gladiator* in drei deutsche Filme hintereinander. Ach wenn's mich doch nur gruselte!

Comedyschule

Mit großem Interesse und noch größerem Erstaunen darf zur Kenntnis genommen werden, daß derzeit allüberall in Deutschland Comedy-Schulen und Gagakademien aus dem Boden schießen. Einerseits verständlich, glaubt man doch beim Fernsehen an einen noch immer wachsenden Markt für Lustiges. Andererseits irritierend, denn Dogma Nummer eins lautet: Witz kann man nicht lernen! Schon sind die Einwände zu hören von »Handwerk« und »harter Arbeit« und »grundsätzliche Regeln«, leider werden sie fast immer von Menschen vorgebracht, die es selber nicht können und rätselhafter Weise jetzt an Gagakademien unterrichten.

Erst kürzlich waren in einer Kölner Zeitung die Fotos von sechs grimmassierenden Menschen zu sehen, Untertitel: Sie haben es geschafft! Man hätte gerne ergänzt: Aber sie werden es nie schaffen. Sie haben es nämlich geschafft, an die Kölner Comedy Schule aufgenommen zu werden, und dort üben sie jetzt, was die Gesichtsmuskulatur hergibt. Generell sind solche Menschen zu bedauern, denn sie verlieren wertvolle Lebenszeit auf ihrem Weg als Sozialarbeiter oder Versicherungskaufmann im Glauben an eine Karriere im Fernsehen. Zwar bieten die Sender derzeit jedem und vor allem jeder, die mittels Perücke oder leichter körperlicher Behinderung für komisch erklärt wird, ein komfortables Auskommen, doch das Ende ist in Sicht. Hat man je gehört, das Eddie Murphy, Jerry Lewis oder Woody Allen eine Comedyschule besucht haben? Von Eddie Murphy wird der Satz zitiert: »Ich bin der erste Murphy, der Rasen sieht, wenn er aus dem Fenster schaut.« Da steckt alles drin. Ein Mann will nach oben. Nicht in den Fernsehgarten. Die großen Comedyschulen sind nach wie vor das Schützenhaus in Hankensbüttel, der Hasper Hammer in Hagen-Haspe oder das Soldatenheim in Kempten. Zehn Zuschauer im Anorak, und hinten im Saal wirft die Küchenhilfe einen Blick durch die Schiebetür, während sie Teller abtrocknet. Wer das übersteht, wird auch alles andere schaffen. Die Ochsentour kann durch nichts ersetzt werden, schon gar nicht durch Wochenendkurse bei gescheiterten Leuten. Die es auf der Bühne geschafft haben, sind Getriebene. Jahrelang gehen sie ihrer Umgebung mit Witzeterror auf die Nerven, weil jede Gelegenheit genutzt werden muß, um zu testen. Alles und jeder muß als Material herhalten. Erfreulicherweise regelt alles Weitere der Markt. Auf den Comedydarwinismus ist Verlaß, wobei derzeit geradezu würdelos auch Organismen am Witzeleben gehalten werden, die nachweislich bereits hirntot sind. Aber die Gier der Sender macht auch vor Verblichenen nicht halt. Doch schon ist Neues in Sicht. Comedy gerät ins Hintertreffen, denn die Anstalten stürzen sich auf alles, was nach Big Brother riecht oder Quiz klingt. Schluß mit lustig? Das Zitat von Oscar Wilde ist oft strapaziert, aber nicht weniger richtig: »Witz ist der Intellekt auf Reisen.« Auf geht's!

Reich werden

Während ich diese Zeilen schreibe, kann ich nicht wissen: Hat die Telekom noch den alten Chef, wenn die geneigte Leserschaft das Heft in den Händen hält? Steht irgendwo schon ein telekommunikativer Magath bereit, der dem Telekomkurs das nahezu erotische (tiefer, tiefer, tiefer ...) nehmen kann. Just, da mir diese Zeilen aus dem Füller geflossen sind, steht die T-Aktie bei 26,30 Euro. Wo steht sie, während Sie diese Zeilen lesen? Es hilft alles nichts: Man muß wieder arbeiten gehen! Aber in welcher Branche? Autos – Übernahmekandidaten. Internet – siehe Telekom. Auf'm Bau – zu kalt. Arzt – erfordert Ausbildung. Politik – zahlt schlecht. Doch halt! Warum nicht in *die* Zukunftsbranche wechseln? Gehen Sie auf die Bühne! Werden Sie lustig! Mit nix wird man so schnell reich wie mit einem eigenen Comedyprogramm. Selbst wenn man bloß 60/40 spielt. Sechzig für den Künstler (die Anführungszeichen bei Künstler laß ich weg, aber wenn man den Text auf der Bühne spricht, sollte man das Wort Künstler so betonen, daß die Zuschauer die Anführungszeichen hören) und vierzig für den Veranstalter. Wenn also zum Beispiel ein Kleinkünstler bei zwanzig Mark Eintritt vor hundert Zuschauern im *Hosentuch* in Wutzendorf oder im *Theater im Brotkorb* in Bad Knallingen spielt, dann macht das zwanzig mal hundert sind zweitausend Mark, sechzig Prozent für ihn sind zwölfhundert Mark. Pro Abend! Frage: Verdienen Sie (Leserin und Leser) zwölfhundert pro Tag? Na also! Ab auf die Bühne! Als Kabarettist, Kleinkünstler, Wortartist, Querdenker, unbequemer Mahner, Comedian, moderner Eulenspiegel, konsequenter Verweigerer oder was auch immer. Kündigen Sie noch heute Ihren Job als Nachtschwester oder Bilanzbuchhalter, brechen Sie Ihr Studium ab und verlassen Sie das Gymnasium: Schneller können Sie kein Geld verdienen. Und die zwanzig Mark im *Hosentuch* sind erst der Anfang. Schon Wochen später werden Sie Hallen mit dreitausend Zuschauern füllen. Schnittpreis 30 Mark. Macht neunzigtausend Mark Abendkasse, macht bei sechzig/vierzig 54 000 DM für Sie. Schon wieder Luft geholt? Ich sag's doch, das ist erst der Anfang. Ein Schnittpreis von 30 Mark ist noch richtig human. Und wenn Sie erst mal statt 60/40 auf 90/10 gehen, sieht die Sache noch mal anders aus. Macht in obigem Fall 81 000 DM für Sie. Natürlich haben Sie auch örtliche Kosten. Hallenmiete, Beleuchtung, Ton, Plakate und so. Am besten brummen Sie das einem Veranstalter auf. Sie verlangen 90 000 DM fest pro Abend, und der Rest ist für den Veranstalter. Auf geht's!

Geheimsache

Wie kommt eigentlich was raus? So wie gerade kürzlich in der großen Politik, als per Fax aus Amerika mitgeteilt wurde, was beispielsweise der Kanzler von Putin oder Herr Powell über Herrn Arafat wirklich denkt. Zu geringe Geheimhaltungsstufe auf dem Fax (Diplomatensprachenfachausdruck: Draht). So ziemlich jeder konnte es lesen. Erstaunlich: Es scheinen auch ziemlich viele gelesen zu haben. Einige haben sogar den Marktwert der Nachricht erkannt und sich damit hoffentlich nicht zu knapp was dazuverdient. Normalerweise bleiben solche Nachrichten mindestens ein langes Wochenende inkl. subjektivem Brückentag lang auf dem Faxgerät liegen. Vor Jahren beispielsweise faxte der Marktführer unter den deutschen Fernsehsendern den neuen, fünfzehnseitigen Vertrag für einen holländischen Entertainer (Name dem Verf. bekannt, der Verf.) an die Unterhaltungsabteilung der größten ARD-Anstalt, wo der erfolgreichste Showmaster Europas damals noch beschäftigt war. Niemand nahm davon Notiz, bis ein eifriger junger Praktikant im Rahmen seiner fast täglichen Kontrollgänge durch die Büros, Schubladen und Unterschriftenmappen des Dokuments ansichtig wurde und wir alle uns davon überzeugen konnten, daß die Zahlen weit niedriger waren als vermutet. Für den Normalbürger interessanter ist vermutlich: Wie kommt Privates raus? Hier gilt CIA-Regel Nr. 1: Wenn es längst die Spatzen nach Athen tragen, glauben die, die wo es betrifft, immer noch, daß es keiner weiß! Nehmen wir etwa die Megatarnung, im Abstand von zehn Minuten durch verschiedene Ausgänge eine Betriebsfeier zu verlassen, um sich auf dem Hof neben dem Lastenaufzug zu treffen. Was nutzt diese zweifellos todsichere Tarnung, wenn die Frau in ihrer hormonell bedingten Orientierungslosigkeit a) den verabredeten Treffpunkt nicht findet und b) auf der Suche danach von einem weiteren Kollegen gesehen wird, der sich auf der Rückkehr zum Fest befindet, weil er schon einen im Tee

hat und sich wenige Augenblicke zuvor an eben jenem Lastenaufzug übergeben mußte? Dringend abgeraten werden muß
von Handytelefonaten auf Damentoiletten, auch wenn diese
vorschriftsmäßig durch Türen und Wände von der Herrentoi-
lette getrennt sind. Merke: Parole Rigips, wir leben im Zeitalter des Trockenbaus. Wer durch Absinken der Flow-Kurve gezwungen ist, sich länger als gewöhnlich am Pissoir aufzuhalten,
kann nicht weghören, wenn es durch den Putz hysterisch gellt:
»Mama, die soll es weg machen lassen!« Weiß das die Ethikkom-
mission? Läuft das noch unter Präimplantationsdiagnostik? Lesen Sie demnächst: Wie ein Ausstattungsleiter bei einer Fern-
sehpreisverleihung am Garderobenständer eine zeitlos schöne
Schauspielerin zwischen die Pelzmäntel zerren wollte.

Satellitenschüssel

Gerade auf dem Lande ist man in diesen Zeiten gern gründlich informiert. Fernsehen kommt über die Schüssel ins Haus. Die ist aber nicht in eine Balkonecke geklemmt oder aufs Dach gestellt, sie steht hinter Büschen im Garten. Man hat ja Platz. Was der Städter kaum noch weiß, in ländlichen Gefilden aber hautnah mitzuerleben ist: Draußen kommt es häufiger vor, daß es stürmt und schneit. In solchen Fällen grisselt das schüsselgespeiste Fernsehbild gerne ein bißchen. Einzelne Kanäle sehen aus wie Premiere World ohne Decoder, aber bisher ging es entweder von alleine wieder weg, oder man schlug mal kurz mit der flachen Hand gegen die Schüssel und das Bild war wieder da. Letzten Samstag war aber nichts zu machen. Schon bei Herrn Jauch waren die Antworten kaum noch zu lesen, bis Wetten, dass …? mußte die Störung behoben sein. Also runter in den Garten. Autsch! Total eingewachsen, das empfindliche Hightechteil. Von einer riesigen Distel. Das ist zwar in keinem Lehrbuch zu finden, aber das weiß der Fachmann: Disteln stören den Empfang. Also muß die Distel weg. Aber deswegen extra noch mal ins Haus zurück, eine Gartenschere holen? Unsereins ist nicht zimperlich, das machen wir mit bloßen Händen. Man biegt, man zerrt, man reißt: Schon ist die Distel weg. Man kann sagen, das war ein Fehler. Denn jetzt fällt die Schüssel leicht nach vorne, kein Flimmern und Rauschen mehr, sondern kein Bild mehr auf allen Kanälen. Das sollte man sich doch mal genauer anschauen, aber um diese Jahreszeit hat die Nacht schon ihr schwarzes Kleid über die Fluren gelegt (Poesie), wir brauchen eine Taschenlampe – überraschend schnell ist eine gefunden, welch Rätsel, sie lag an ihrem Platz: Schublade links. Leider ohne Batterien. Hätte man wissen können. Also Feuerzeug. Im milden Licht der kleinen Flamme sehen wir: eine verdorrte, abgerissene Distel, eine nach vorn geneigte Schüssel, einen morschen Holzbalken, an dem die Schüssel befestigt ist und in dem sich von drei Schrauben eine komplett gelöst hat. Hält man ein Wegwerffeuerzeug länger mit offener Flamme, wird der Daumen heiß. Feuerzeug aus. Mal gucken, ob man sich gebrannt hat. Leider ist es dunkel, Feuerzeug ist ja aus. Also Feuerzeug in die andere Hand und – huch – da wäre ich doch fast mit der Flamme an das Kabel gekommen, daß von diesem gurkenartigen Teil vorne unter der Schüssel durch mein Haus verläuft. Aber die Gurke kann man sich ja mal anschauen. Da ist vorne so was Glasartiges drauf, und das ist kaputt. Daran kann der schlechte Empfang aber nicht liegen, denn gerade hat er ja noch funktioniert, als die Schüssel von der Distel gegen den morschen Stamm gedrückt wurde. Stehen Disteln nicht überhaupt unter Naturschutz? Auf dem Boden sehe ich einen schmalen Holzspan. Das könnte helfen. Wenn ich den Holzspan zwischen den morschen Balken und die Metallplatte mit der komplett lockeren Schraube schiebe, müßte es halten. Tut es auch. Das Bild ist wieder da. Zwar schlechter als vorher, aber immerhin. Als ich mich abwende höre ich das Geräusch »Metall auf morschem Holz«. Die Schüssel neigt demütig ihr Haupt, wie eine Pietà des Informationszeitalters. Schade. Keine Beckhams, kein Pierre Brice. Montag muß der Fernsehfritze kommen. Was heißt eigentlich »morscher Holzbalken« auf französisch?

Impotent?

Ausgerechnet am internationalen Tag der Arbeit riß mich eine Meldung im Videotext meines Heimatsenders aus der Lethargie: Die Moderation von Fernsehsendungen kann zu Impotenz führen! Besonders gefährdet sind Nachrichtensprecher. Kein Wunder. So ganz geheuer waren mir Wickert, von Lojewski und Kollegen nie, aber jetzt kannte man wenigstens den Grund. Da sitzen sie also tagaus tagein, und was wir für berufsspezifische Distanz hielten, ist in Wirklichkeit die Trauer über Tempi passati. Das Ende einer kochenden Leidenschaft. Warum aber wirkt Peter Kloeppel (!) so fröhlich? Und was ist erst mit Peter Hahne, dem die Lebensfreude gewissermaßen al dente aus dem Gesicht strahlt? Wissen sie nichts von der Gefahr, ist es ihnen egal, oder suchen sie den Grund woanders?

Doch es besteht kein Anlaß, hämisch auf die Kollegen aus dem Nachrichtengewerbe herabzusehen. Auch Showmoderatoren sind betroffen, wenn auch nicht ganz so stark. Grund: Die Selbstverliebtheit in dieser Branche, kombiniert mit dem starken Streß. Hier müssen Zweifel erlaubt sein. Denn der einzige Grund, warum sich Männer in die Showbranche begeben, ist der erhofft gesteigerte Erfolg beim vorwiegend anderen Geschlecht. Dabei fällt auf: Wie ist es eigentlich, wenn sich in gleichgeschlechtlicher Liebe ein Nachrichtensprecher und ein Showmoderator zugetan sind? Nach den aktuellen Ergebnissen wird da doch wohl nur gekuschelt. Doch ist das noch gar nichts, verglichen mit dem zwar seltenen, aber durchaus existenten Fall, in welchem ein Nachrichtensprecher auch »Ausflüge« ins Showgeschäft unternimmt, als Moderator von Schlagerparaden und ähnlichem. Hoffte man auf Heilung durch die Glamourwelt, bevor die Wissenschaft mit dem Damoklesschwert ausholte? Wahrscheinlich war es eher so, daß hier ein Fall von exorbitanter Leistungsfähigkeit vorlag, die auch durch tägliches Vorlesen der Nachrichten nicht gedämpft werden konnte, und man suchte Linderung im Tingeltangel. Es widerstrebt mir, aber ich muß von mir sprechen. Niemand wird es wundern, daß ich Begriffe wie »Impotenz« oder »Potenzstörung« nicht mal aus dem Wörterbuch kenne. Viagra schlucke ich zur Abkühlung, und mehr als einmal bin ich auf dem Flughafen nach einem Waffenschein gefragt worden. Na gut, das sind jetzt mehr so Fantasien, aber in meinem Fall hat sich die Wissenschaft wieder mal geirrt. Warum auch sollte Selbstverliebtheit zu Impotenz führen? Ist man da nicht eher den ganzen Tag im Training, athletisch gesprochen sogar im Höhentraining? Und was heißt schon Streß! Wir Showmoderatoren sitzen ja nicht hinter einem Schreibtisch, der nichts mehr gestattet (… obwohl, da fällt mir auf …) nein, freihändig und breitbeinig stehen wir vor unserem Publikum, von A wie Moik bis Z wie Dubinsky. Männer in den besten Jahren, wie einst Samson vor dem Kurzhaarschnitt. Doch ich gestehe: Kurz nach der Hiobsbotschaft im Videotext zappte ich zum ZDF, und da stand Tony Marshall am Lago Maggiore. Irgendwie wirkte er auf mich wie der Neue vom heute-journal. Das Wetter.

Harald Schmidt
Tränen im Aquarium

Ein Kurzausflug ans Ende des Verstands
KiWi 318
Originalausgabe

Anfangs gab sich Harald Schmidt noch verzagt: »Warum dieses Buch? Ich weiß es nicht«. Dann sah er ein: »Wahrscheinlich braucht der Verlag mal wieder einen Nobelpreis.« Eine Lektüre für die ganze Familie.

»Ein Buch, das in keinem Haushalt fehlen darf, wo ein Tischbein zu kurz ist.«   *Herbert Feuerstein*

»Der Mann verkörpert die letzten Werte des Abendlandes.«
Bettina Böttinger

Paperbacks bei Kiepenheuer & Witsch      www.kiwi-koeln.de

Harald Schmidt
Mulatten in gelben Sesseln

Die Tagebücher 1945–52
Mit zahlreichen Fotos
KiWi 913
Originalausgabe

In seinem neuen Buch veröffentlicht Harald Schmidt vorab
Auszüge aus seiner Autobiographie. In den Tagebüchern
1945–52 geht es vor allem um das Hollywood der siebziger
Jahre, in dem Schmidt eine zentrale Rolle spielte. »Wenn ich
an all die scharfen Bräute denke, die schon morgens auf
dem Studiogelände auf mich warteten, tut es mir leid, dass
ich die meiste Zeit so zugedröhnt war. Trotzdem drehten
wir jeden Tag bis zu 200 takes, und abends schmissen wir
das Material in irgendeinen gottverdammten Pool.« Auch
Privates wird schonungslos offen gelegt: Die Vaterschafts-
prozesse in Kirgisien sowie der völlige Zusammenbruch, als
Schmidt trotz 180 kg Körpergewicht am Ironman-Triathlon
auf Hawaii teilnahm.
Im 2. Teil des Buches erhält der Käufer zusätzlich die traditionelle Auswahl der aktuellsten FOCUS-Kolumnen (statt DVD
oder Reisetoaster).

»Eine satirische Abrechnung mit der Welt, der politischen
Vergangenheit und dem heutigen Sprachgebrauch, den gän-
gigen Klischees, denen Schmidt immer noch eines drauf-
setzt – ein fantastischer Albtraum.«

Kölner Stadtanzeiger

Paperbacks bei Kiepenheuer & Witsch  www.kiwi-koeln.de

Harald Schmidt
Warum?

Neueste Notizen aus dem beschädigten Leben
Die Focus-Kolumnen
KiWi 452
Originalausgabe

Das Beste aus der Feder des Meisters – Harald Schmidt
ist der Mann, der gebraucht wird, wenn es klemmt: Soll
ich Immobilien kaufen? Kann man nach Mallorca fahren?
Ist Babyfunk abhörsicher? Warum vergeht die Zeit immer
schneller? Erstmals tritt der für Bescheidenheit und
Diskretion bekannte Autor mit seiner Bekenntnisschrift
»Ich bin heterosexuell« fast nackt vor den Leser.

Paperbacks bei Kiepenheuer & Witsch   KiWi PAPERBACK   www.kiwi-koeln.de

Harald Schmidt
Wohin?

Allerneueste Notizen aus dem beschädigten Leben
Die Focus-Kolumnen
KiWi 557

Von der Kamera an den Schreibtisch – der Meister des
gesprochenen Wortes wechselt das Terrain und schreibt
auf, was aufgeschrieben werden muss.

»Meine Bewunderung ist grenzenlos.«
Gregor Gysi über Harald Schmidt

Paperbacks bei Kiepenheuer & Witsch  www.kiwi-koeln.de

Helge Schneider
Globus Dei

Vom Nordpol bis Patagonien
Ein Expeditionsroman
KiWi 865
Originalausgabe

Um vor seinem 50. Geburtstag noch einmal etwas zu erleben, hat Helge Schneider eine Weltreise unternommen, deren Frucht dieser Reiseroman ist.
Zu Fuß und mit anderen Verkehrsmitteln trug es ihn in alle Himmelsrichtungen, nun hat er alles aufgeschrieben. Ein Roman, durch den man die Welt ganz neu sieht, auch wenn man selbst schon mal irgendwo war.
Und dachte: Das kenne ich. Aber eben nicht!

»Helge Schneider hat es geschafft: er ist in Deutschland ›weltberühmt‹.« *Süddeutsche Zeitung Magazin*

»Der Meister der verhedderten Erzählfäden.« *Die Zeit*

»Der Titan des Tiefsinns im Trivialen.«
Süddeutsche Zeitung

Paperbacks bei Kiepenheuer & Witsch KiWi PAPERBACK www.kiwi-koeln.de

Christine Westermann / Jörg Thadeusz
Aufforderung zum Tanz

Eine Zweiergeschichte
KiWi 942
Originalausgabe

Die beiden Bestsellerautoren Christine Westermann und Jörg Thadeusz kannten sich kaum, bevor sie beschlossen, gemeinsam ein Buch zu schreiben. Was hat sie dazu getrieben? Eine riesige Neugier aufeinander: Jeder will herausfinden, wie der andere – anderes Geschlecht, anderes Lebensalter – die großen und kleinen Themen des Lebens betrachtet. Entwaffnend aufrichtig und hochgradig charmant nähern sie sich Themen wie Liebe, Treue, Eifersucht, Älterwerden, Arbeit und Nichtstun, Scham und Angst.
Dabei überraschen sie den Leser stets mit unerwarteten Ansichten und Schlussfolgerungen, mit Pirouetten oder einem rasanten Marsch übers Parkett. Eines gilt für dieses Buches ganz sicher: Hinterher ist man immer schlauer.

Paperbacks bei Kiepenheuer & Witsch   KiWi PAPERBACK   www.kiwi-koeln.de